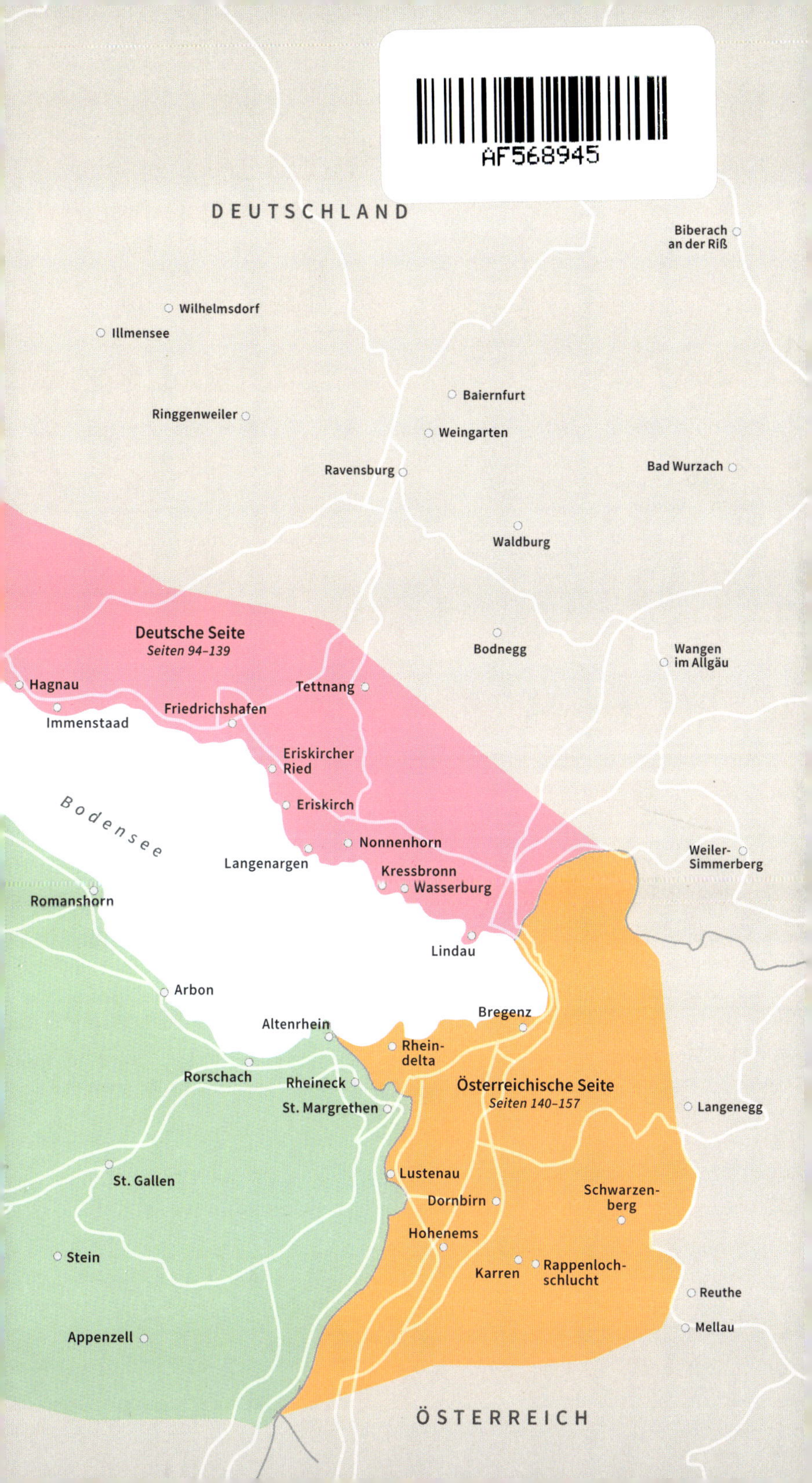

DEUTSCHLAND

Biberach an der Riß

Wilhelmsdorf

Illmensee

Baiernfurt

Ringgenweiler

Weingarten

Ravensburg

Bad Wurzach

Waldburg

Deutsche Seite
Seiten 94–139

Bodnegg

Wangen im Allgäu

Hagnau

Tettnang

Immenstaad

Friedrichshafen

Eriskircher Ried

Bodensee

Eriskirch

Nonnenhorn

Weiler-Simmerberg

Langenargen

Kressbronn

Wasserburg

Romanshorn

Lindau

Arbon

Bregenz

Altenrhein

Rhein-delta

Rorschach

Rheineck

Österreichische Seite
Seiten 140–157

St. Margrethen

Langenegg

Lustenau

St. Gallen

Dornbirn

Schwarzen-berg

Hohenems

Stein

Karren

Rappenloch-schlucht

Reuthe

Appenzell

Mellau

ÖSTERREICH

INSPIRIEREN / PLANEN / ENTDECKEN / ERLEBEN

BODENSEE

BODENSEE

INHALT

DEN BODENSEE ENTDECKEN 6

WILDER BODENSEE 50

DEN BODENSEE ERLEBEN 84

REISE-INFOS 182

Touren

Links: *Der Fischersteg in Bregenz dient im Sommer als Sunset Bar*
Vorherige Doppelseite: *Gemächliches Dahingleiten auf dem Bodensee mit den Alpen als Kulisse*
Umschlag: *Weinberg am Bodensee*

DEN BODENSEE **ENTDECKEN**

Kloster Reichenau auf der Insel Reichenau

WILLKOMMEN AM BODENSEE

»Da erfüllt uns doch das Glück, in dieser einzigartigen, milden, gesegneten Landschaft mit ihren lebendigen, verschiedenartigen Kulturregionen leben zu dürfen.« Der Schweizer Autor Dino Larese (1914 - 2001) hat dem Bodensee, seinen Landschaften und Menschen in seinen Werken ein Denkmal gesetzt. Hier verbindet sich imposante Naturschönheit mit einer Kulturlandschaft, die im deutschsprachigen, ja im europäischen Raum ihresgleichen sucht.

1

2

3

4

1 *Die Basilika Birnau, umgeben von Weinstöcken*

2 *Buntes Fasnettreiben*

3 *Der Fischersteg in Bregenz, ein beliebter Treffpunkt*

4 *Die berühmte Hafeneinfahrt von Lindau mit Bayerischem Löwen*

Die wunderbare Landschaft am Bodensee macht nicht nur der See an sich mit all seinen Wassersportmöglichkeiten aus. Am Ufer liegen viele Obst- und Weinanbauflächen, durchzogen von Wander- und Lehrpfaden sowie Radwegen. Und auch Bergfexe kommen mit dem Pfänder, der Rappenlochschlucht und dem Säntis nicht zu kurz. Das kulturelle Leben spielt in diesem uralten Siedlungsraum ebenfalls eine wichtige Rolle: In fast jedem Ort lockt ein Museum mit interessanten Ausstellungen. Und will man mal die Seele baumeln lassen, wartet der Bodensee mit etlichen Thermen und Wellnesseinrichtungen auf. Wie gut, dass die Region auch kulinarisch einiges zu bieten hat!

Es gibt am Bodensee also viel zu entdecken und genießen – und das dank des milden Klimas und vieler Veranstaltungen das ganze Jahr über.

Die Bodensee-Region ist in diesem Reiseführer in die drei farblich kodierten Anrainerstaaten Deutschland, Österreich und Schweiz aufgeteilt, die in den folgenden Kapiteln vorgestellt werden – samt Experten- und Entdeckertipps. Auch die wichtigsten Lebensräume sowie typische Tiere und Pflanzen werden beschrieben. Praktische Infos und detaillierte Karten helfen Ihnen, die perfekte Reise zu planen, egal, ob Sie nur ein paar Tage oder länger bleiben wollen. Viel Spaß am Bodensee!

LIEBENSWERTER BODENSEE

Der Bodensee ist eine beliebte Urlaubsregion - und dafür gibt es unzählige Gründe: seine Natur, die reiche Geschichte, faszinierende Traditionen und geschichtsträchtige Städte. Hier unsere Favoriten.

1 Auf dem See unterwegs

Eine Schifffahrt ist ein Muss – mit einem Dampfer, einem Katamaran, einer Solarfähre, einer Lädine *(siehe S. 40f)* oder nostalgisch auf der *Hohentwiel (siehe S. 114f)*.

Prähistorische Pfahlbauten *2*

Machen Sie eine interessante Reise in die Vergangenheit und besuchen Sie die Pfahlbauten im archäologischen Freilichtmuseum Unteruhldingen *(siehe S. 117–119)*.

3 Wichtige Naturschutzgebiete

Am Bodensee liegen einige bedeutende Naturschutzgebiete wie das Wollmatinger und das Eriskircher Ried *(siehe S. 108, 134f)*, die eine reiche Flora und Fauna schützen.

Mit dem Rad rund um den See 4

Auf dem Bodensee-Radweg *(siehe S. 86 – 93)* lernt man alle Facetten des Sees kennen. Und dank der guten Verkehrsanbindung kann man auch immer abkürzen.

Geschichtsträchtiges Konstanz 5

Konstanz ist das wirtschaftliche und kulturelle Zentrum der Region mit vielen Gebäuden aus der ruhmreichen Vergangenheit und jungem Flair als Universitätsstadt *(siehe S. 98 –105)*.

Eintauchen in Blumenpracht 6

Die Insel Mainau ist zu jeder Jahreszeit einen Besuch wert: Dank des milden Klimas wachsen auf der »Blumeninsel« auch subtropische und tropische Pflanzen *(siehe S. 120f)*.

7 Kirchen auf der Insel Reichenau

Die bereits von den Römern besiedelte Reichenau wartet mit drei karolingischen Kirchen auf, die man am besten zu Fuß oder mit dem Rad entdeckt *(siehe S. 106f)*.

8 Zeppelin in Friedrichshafen

Der Bodensee hat schon immer Erfinder angezogen, darunter auch Ferdinand von Zeppelin. Im Zeppelin Museum erfährt man mehr über seine Flugschiffe *(siehe S. 126–131)*.

9 Altstadtinsel Lindau

Lindaus Altstadt bietet viele Sehenswürdigkeiten: den Hafen, die Seepromenade, Türme, Kirchen und Museen sowie viele schöne Lokale und Cafés sowie Shoppingmöglichkeiten *(siehe S. 136–139)*.

10 Kulturzentrum Bregenz

Bregenz wartet nicht nur mit den berühmten Festspielen auf, sondern auch mit vielen Museen, alten Gemäuern und einer reichen kulinarischen Szene *(siehe S. 146–151)*.

Alt und neu in St. Gallen 11

In St. Gallen gehen Altertum und Moderne eine gelungene Mischung ein: auf der einen Seite der mittelalterliche Stiftsbezirk, auf der anderen modern gestaltete Plätze und Gebäude *(siehe S. 166–171)*.

Abwechslungsreiche Kulinarik 12

Die Bodensee-Region ist bekannt für ihre vielen kulinarischen Genüsse – von frischen regionalen Produkten über typische Gerichte der Anrainerstaaten bis zu gutem Wein *(siehe S. 24f)*.

DER BODENSEE
AUF DER KARTE

Für diesen Reiseführer wurde die Bodensee-Region in drei Kapitel aufgeteilt, jedes mit einer eigenen Farbe, wie auf der Karte ersichtlich.

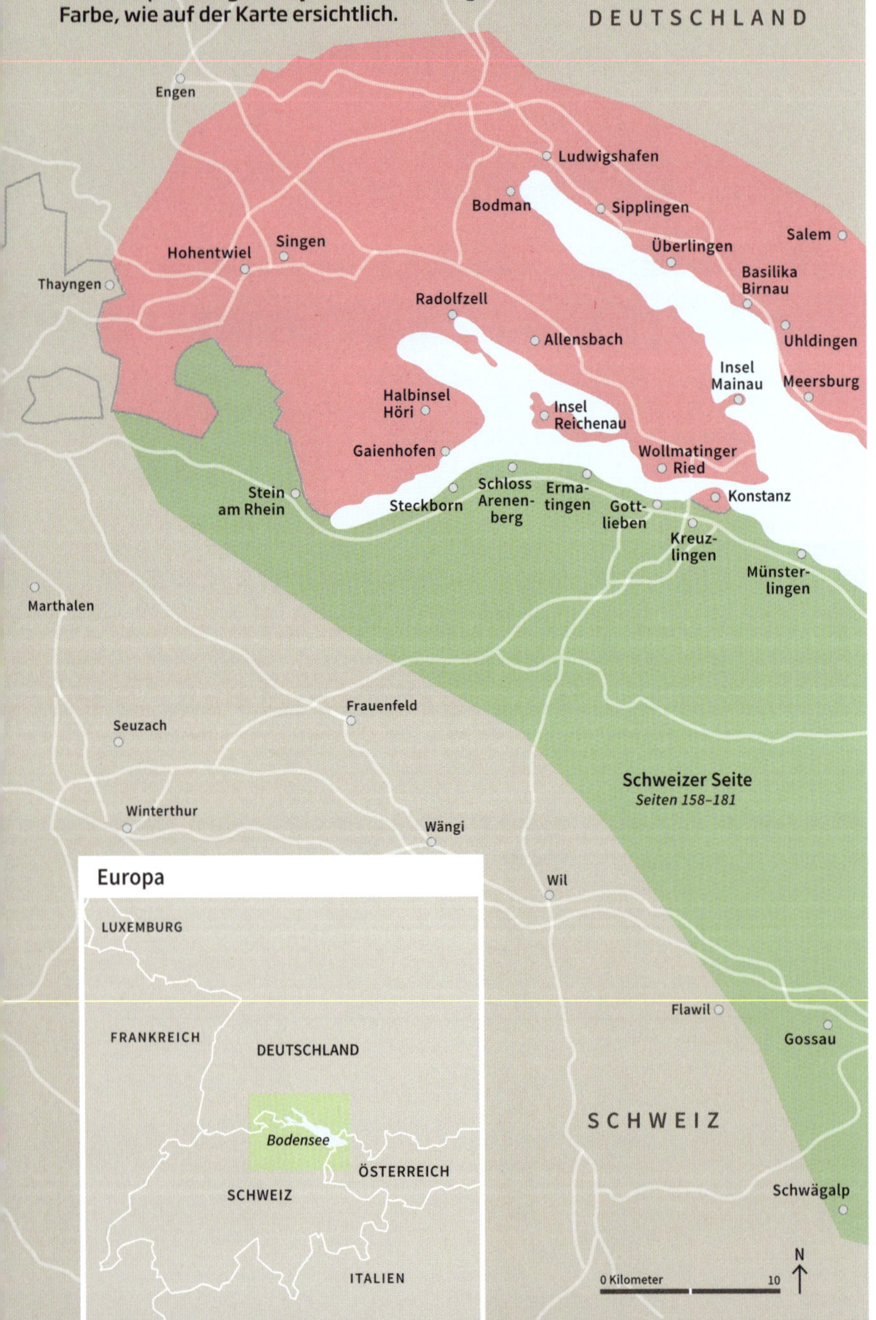

Biberach an der Riß
Wilhelmsdorf
Illmensee
Baiernfurt
Ringgenweiler
Weingarten
Ravensburg
Bad Wurzach
Waldburg
Deutsche Seite
Seiten 94–139
Bodnegg
Wangen im Allgäu
Tettnang
Hagnau
Immenstaad
Friedrichshafen
Eriskircher Ried
Bodensee
Eriskirch
Nonnenhorn
Langenargen
Weiler-Simmerberg
Kressbronn
Wasserburg
Romanshorn
Lindau
Arbon
Altenrhein
Bregenz
Rhein-delta
Rorschach
Rheineck
Österreichische Seite
Seiten 140–157
St. Margrethen
Langenegg
St. Gallen
Lustenau
Schwarzen-berg
Dornbirn
Stein
Hohenems
Karren
Rappenloch-schlucht
Reuthe
Mellau
Appenzell
ÖSTERREICH

DIE REGIONEN DES BODENSEES

Der Bodensee bietet für jeden etwas: Rings um den See mit seinen vielen Wassersportmöglichkeiten locken stimmungsvolle Ortschaften mit wunderbar erhaltenen Altstädten und interessanten Museen sowie eine grandiose Landschaft mit vielen Naturschutzgebieten und endlosen Möglichkeiten, Outdoor-Sportarten nachzugehen.

Seiten 94–139

Deutsche Seite

Das deutsche Ufer des Bodensees erstreckt sich von Lindau bis Konstanz, und jedes der 27 Städtchen ist mit seinen idyllischen Gassen und historischen Häusern einen Besuch wert. In etlichen locken auch Burgen und Schlösser. Kulturell ist ebenfalls viel geboten, von prähistorischen Pfahlbauten bis hin zu modernsten Erfindungen im Zeppelin Museum oder im Dornier Museum. Und nicht zu vergessen die wunderschöne Landschaft als Kulisse.

Entdecken
Die Inseln Mainau und Reichenau, Schloss Salem und die Festung Hohentwiel

Sehenswert
Konstanz, Meersburg, Lindau

Genießen
Trinken Sie ein Glas Wein auf der Terrasse des Staatsweinguts Meersburg mit Blick über den See

Seiten 140 – 157

Österreichische Seite

Das österreichische Bodensee-Ufer liegt im Bundesland Vorarlberg. Bregenz mit seiner berühmten Seebühne bietet neben interessanten Museen, kulturellen Highlights und alter k. u. k. Pracht beste Shoppingmöglichkeiten. Auch Dornbirn und Hohenems sind einen Besuch wert. Pfänder, Karren und Bregenzerwald locken mit vielen schönen Wanderwegen und Outdoor-Sportmöglichkeiten. Naturfreunde zieht es zum Rheindelta mit dem Naturschutzgebiet Rheinau.

Entdecken
Rappenloch- und Alplochschlucht

Sehenswert
Pfänder, Bregenz, Dornbirn, Hohenems, Bregenzerwald

Genießen
Besuchen Sie das Restaurant auf dem Karren mit Blick über das Rheintal

Seiten 158 – 181

Schweizer Seite

Am Schweizer Ufer des Bodensees liegen viele kleine Ferienorte, Kreuzlingen mit seiner langen Seeuferanlage bildet mit Konstanz auf deutscher Seite fast eine Doppelstadt. Am Untersee sollte man Schloss Arenenberg und das malerische Stein am Rhein mit wunderschönen historischen Bürgerhäusern besuchen. St. Gallen beeindruckt mit seiner herrlichen Altstadt und der weltberühmten Stiftsbibliothek. Wem der Sinn mehr nach Natur steht, sollte den Säntis und das Appenzellerland erkunden.

Entdecken
NaturErlebnispark Schwägalp/Säntis

Sehenswert
Rorschach, St. Gallen, Appenzell, Gottlieben, Schloss Arenenberg, Stein am Rhein

Genießen
Probieren Sie im Appenzellerland den gleichnamigen Käse

1

2

3

4

←

1 *Die* Imperia *im Hafen von Konstanz von Bildhauer Peter Lenk*

2 *Die Kathedrale im Stiftsbezirk St. Gallen*

3 *Skulptur beim Sand-skulpturen Festival Rorschach*

4 *Unterstadtstraße mit Vorderem Seetor in Meersburg*

3 TAGE
am Bodensee

Tag 1

Vormittags Erkunden Sie zuerst Konstanz *(siehe S. 98–105)*, die größte Stadt am Bodensee, mit seinen vielen Museen, alten Plätzen und Gebäuden sowie Läden. Fahren Sie danach zur Insel Reichenau *(siehe S. 106f)*, wo es neben kulturellen Highlights auch viel Natur zu entdecken gibt. Auf der Insel finden sich auch etliche Gasthäuser für ein gemütliches Mittagessen.
Nachmittags Fahren Sie mit dem Schiff nach Uhldingen und besuchen Sie das Pfahlbaumuseum *(siehe S. 117–119)*. Tauchen Sie ein in die Steinzeit und erfahren Sie beim Rundgang durch das rekonstruierte Pfahlbaudorf vieles über Leben, Menschen und Kultur der Stein- und Bronzezeit. Machen Sie danach einen Abstecher ins Hinterland zum Affenberg Salem *(siehe S. 124)* mit Berberaffen in freier Wildbahn und zu Schloss Salem *(siehe S. 124)*, einem der schönsten Kulturdenkmäler am Bodensee.
Abends Kehren Sie zum Abendessen nach Konstanz zurück mit seinen vielen Restaurants. Sehr fein speist man im Ophelia (www.restaurant-ophelia.de).

Tag 2

Vormittags Beginnen Sie den Tag in der schönen Altstadt von Meersburg *(siehe S. 124f)* mit Burg und Neuem Schloss. Von dort geht es nach Friedrichshafen *(siehe S. 126–131)* und seinen interessanten Museen zur Luft- und Raumfahrt.
Nachmittags Erkunden Sie die Insel Lindau *(siehe S. 136–139)* und besuchen Sie das Stadtmuseum – Haus zum Cavazzen. Mieten Sie sich ein Fahrrad und fahren Sie direkt am Ufer entlang nach Bregenz *(siehe S. 146–151)*. Hier können Sie entweder auf den Pfänder *(siehe S. 144f)* fahren und die Aussicht genießen oder eines der interessanten Museen, etwa das Kunsthaus Bregenz *(siehe S. 146)* oder das vorarlberg museum *(siehe S. 147)*, besuchen.
Abends Zur Festspielzeit sollten Sie sich unbedingt eine Opernaufführung auf der Seebühne *(siehe S. 150f)* ansehen. Ansonsten gibt es viele Restaurants zur Auswahl.

Tag 3

Vormittags Ausgangspunkt ist Rorschach *(siehe S. 163)* am Schweizer Seeufer. Im August findet hier das Sandskulpturen Festival *(siehe S. 163)* statt. Weiter geht es nach St. Gallen *(siehe S. 166–171)* mit dem beeindruckenden Stiftsbezirk und vielen modernen Aspekten, wie etwa der Stadtlounge *(siehe S. 167)*.
Nachmittags Bei der Fahrt durch das Appenzellerland Richtung Säntis *(siehe S. 174f)* können Sie ins ländliche Leben eintauchen und in einer Schaukäserei *(siehe S. 172, 173)* zusehen, wie Käse hergestellt wird. Vom Säntisgipfel ist der Sonnenuntergang besonders schön zu beobachten.
Abends Essen Sie in einer der vielen Wirtschaften im Appenzellerland zu Abend.

1

2

5 TAGE
am Bodensee

Tag 1

Nehmen Sie an einer Stadtführung durch Konstanz *(siehe S. 98–105)* teil oder bummeln Sie selbst durch die Altstadt. Vor allem in der Niederburg, dem ältesten Stadtteil, bekommt man einen guten Einblick, wie die Menschen im Mittelalter gelebt haben. Fahren Sie danach zur Insel Mainau *(siehe S. 120f)*. Dort werden Sie zu jeder Jahreszeit von einem Blütenmeer empfangen. Auf Rundgängen kann man die Insel und all ihre Attraktionen entdecken. Im Anschluss geht es über den Damm auf die Insel Reichenau *(siehe S. 106f)*. Statten Sie unbedingt den drei romanischen Kirchen einen Besuch ab. Weiter geht es am Schweizer Ufer des Untersees. Legen Sie in einem der hübschen Städtchen, etwa Ermatingen *(siehe S. 180)* oder Steckborn *(siehe S. 180f)*, eine Pause ein, bevor Sie in den wunderbaren mittelalterlichen Ort Stein am Rhein *(siehe S. 181)* fahren.

Tag 2

Bummeln Sie durch Meersburg *(siehe S. 124f)* und besuchen Sie Altes und Neues Schloss. In Unteruhldingen lohnt ein Besuch des Pfahlbaumuseums *(siehe S. 117–119)*, Teil der UNESCO-Welterbestätte »Prähistorische Pfahlbauten um die Alpen«. Die Basilika Birnau *(siehe S. 117)*, eine der schönsten Barockkirchen im ganzen Bodensee-Gebiet, ist auch nicht weit. Füttern Sie nachmittags auf dem Affenberg Salem *(siehe S. 124)* Berberaffen und besuchen Sie danach Schloss Salem *(siehe S. 124)*. Das dazugehörige Zisterzienserkloster vermittelt ein gutes Bild vom Reichtum der früheren Abtei. Von Salem geht es wieder ans Seeufer nach Überlingen *(siehe S. 116f)*. An der längsten Uferpromenade am See findet man immer ein schönes Plätzchen.

Tag 3

In Friedrichshafen *(siehe S. 126–131)* können Sie sich entweder im Zeppelin Museum und im Dornier Museum über die Luft- und Raumfahrt informieren oder selbst eine Fahrt mit dem Zeppelin NT *(siehe S. 37)* unternehmen. Legen Sie nachmittags auf dem Weg nach Lindau einen Stopp im Natur-

1 Schöner Erker in Stein am Rhein ↑
2 Ein Bewohner des Affenbergs Salem
3 Die Lindauer Promenade mit dem Mangturm
4 Der Schlosssteg in Friedrichshafen
5 »Die Welle« am Hafen von Bregenz

schutzgebiet Eriskircher Ried *(siehe S. 134f)* ein, machen Sie einen Spaziergang auf dem Naturlehrpfad und beobachten Sie die vielen Vögel. Bummeln Sie danach durch die Lindauer Altstadtinsel *(siehe S. 136–139)*, sehen Sie sich den berühmten Hafen mit Bayerischem Löwen und Leuchtturm an sowie die Kirchen St. Stephan und Münster Unserer Lieben Frau am Marktplatz. Als Abendgestaltung lohnt der Besuch der Marionettenoper *(siehe S. 138)* oder der Spielbank Lindau.

Tag 4

Beginnen Sie den Tag oben auf dem Pfänder *(siehe S. 144f)* und genießen Sie den schönen Blick. Flanieren Sie in Bregenz *(siehe S. 146–151)* an der Uferpromenade entlang und besuchen Sie eines der Museen oder eine Galerie für moderne Kunst. Und wer noch nicht genug von Bergen hat, steigt zum Mittagessen auf die Burg Hohenbregenz *(siehe S. 149)*. Fahren Sie danach das Rheintal entlang nach Dornbirn *(siehe S. 155)* mit dem naturgeschichtlichen Museum inatura und weiter Richtung Gütle. Entdecken Sie nach dem Besuch des Rolls-Royce Museums *(siehe S. 156)* die beeindruckende Kulisse der Rappenlochschlucht *(siehe S. 156)*. Beschließen Sie den Tag in Hohenems *(siehe S. 155)*. Besuchen Sie das sehenswerte Jüdische Museum oder vielleicht ein Konzert der Schubertiade.

Tag 5

Neben dem herausragenden Stiftsbezirk hat St. Gallen *(siehe S. 166–171)* viele interessante Museen, schöne Läden und sehr gute Confiserien zu bieten. Das Textilmuseum *(siehe S. 167)* ist ebenso sehenswert wie das Historische und Völkerkundemuseum *(siehe S. 168f)*. Der Nachmittag gehört dem Appenzellerland. Besuchen Sie in Stein *(siehe S. 172)* die Appenzeller Schaukäserei und bummeln Sie durch das schöne Appenzell *(siehe S. 172f)*. An der Schwägalp *(siehe S. 173)* können Sie auf einem der Themenwege im NaturErlebnispark wandern oder gleich auf den Gipfel des Säntis *(siehe S. 174f)* fahren.

Schlösser und Burgen

Zahlreiche Schlösser und Burgen rund um den Bodensee bestechen mit einem atemberaubenden Blick über die Region – sei es die mittelalterliche Festungsruine Hohentwiel *(siehe S. 114f)* oder das Neue Schloss in Meersburg *(siehe S. 124)*. Auch mit ihrer Ausstattung überzeugen die Bauten. Nachdem das Neue Schloss Tettnang 1753 abgebrannt war, wurde es im Barockstil wieder aufgebaut und von damals führenden Künstlern eingerichtet.

→ *Das Neue Schloss Tettnang wurde als Prestigebau gestaltet*

ARCHITEKTUR
AM BODENSEE

Von romanischen Kirchen über barocke Schlösser bis hin zu modernen Betonbauten: Die Architektur am Bodensee ist so vielfältig wie die gesamte Region. Sie zeugt von der reichhaltigen Geschichte, von der Blütezeit der Klöster und bildet die Kulisse für allerhand Kultur.

Fachwerkhäuser

Mit seinen pittoresken Fachwerkhäusern lädt Meersburg *(siehe S. 124f)* zum Flanieren ein. Heute stehen die Gebäude aus dem 16. und 17. Jahrhundert unter Denkmalschutz. Die Skelettbauten sind Teil der Deutschen Fachwerkstraße und können von Besuchern bewundert werden. Bis Anfang des 20. Jahrhunderts war das Holz noch unter Putz versteckt.

Idyllisch: Blumen und Fachwerkbauten in Meersburg ↑

Kirchen und Klöster

Im frühen Mittelalter prägten Mönche die Bodensee-Region. Bis heute leben einige Orden in den prächtigen Bauten, die in unterschiedlichen Architekturstilen errichtet wurden. Das Konstanzer Münster *(siehe S. 102f)* vereint Elemente aus Barock, Gotik und Romanik. Der Stiftsbezirk von St. Gallen *(siehe S. 170f)* besticht mit seiner opulenten gotischen Architektur und ist seit 1983 UNESCO-Weltkulturerbe. An ihm arbeiteten die bedeutendsten Bildhauer und Architekten der damaligen Zeit unter der Leitung von Johann Michael Beer von Bildstein und Peter Thumb.

→ *Bei Führungen lernen Besucher den Stiftsbezirk kennen*

Leuchttürme

Um Leuchttürme zu bestaunen, muss man nicht immer ans Meer fahren, denn auch am Bodensee findet man welche. Der in Lindau *(siehe S. 136)* ist nicht nur der südlichste in Deutschland, sondern bietet auch eine fantastische Aussicht. Die Uhr, die seine Fassade ziert, ist ein für Leuchttürme seltenes Detail.

← *Einen schönen Empfang für die Schiffe bietet der Leuchtturm in Lindau*

Moderne Architektur

Liebhaber moderner Architektur kommen in Bregenz voll auf ihre Kosten. Das dortige Kunsthaus *(siehe S. 146)* ist ein Betonkubus, in den das Tages- und Kunstlicht nur über Geschosszwischendecken in die Ausstellungsräume leuchtet. Auf ungewöhnliche Materialien setzten die Architekten des preisgekrönten vorarlberg museums *(siehe S. 147)*. Die Fassade zum Kornplatz hin besteht aus PET-Flaschen. Innen sorgt eine 23 Meter hohe Lehmputzwand für einen Kontrast und den passenden Hintergrund zu den historischen und volkskundlichen Ausstellungsobjekten.

→ *Die von PET-Flaschen verzierte Fassade des vorarlberg museums in Bregenz*

Käse

Appenzeller Käse, Thurgauer Rahmkäse, Bergkäse aus dem Bregenzerwald, Hochalpkäse, Weinkäse und Räßkäse – der Bodensee ist auch ein Paradies für Käseliebhaber. Am bekanntesten ist sicher der würzige Appenzeller Käse. Und viele Sorten kann man nicht nur einfach so oder auf einem Brot genießen, sondern sie verfeinern auch viele Gerichte.

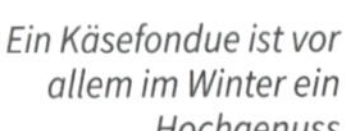

Ein Käsefondue ist vor allem im Winter ein Hochgenuss

DER BODENSEE FÜR FOODIES

Die Bodensee-Region ist nicht nur wegen der Landschaft, der Kulturdenkmäler und des Freizeitangebots beliebt, auch Feinschmecker kommen hier auf ihre Kosten. Die Frische der regionalen Produkte ist einzigartig, dazu locken die typischen, traditionellen Gerichte der drei Anrainerländer – von badisch und bayerisch über die Vorarlberger bis zur St. Galler und Thurgauer Küche.

Bodensee-Fisch

Der beliebteste und bekannteste Bodensee-Fisch ist der Felchen (bayerisch Renke), ein forellenähnlicher Lachsfisch. Als zweithäufigster Fisch auf den Speisekarten folgt der Kretzer, dessen Filets in der Schweiz Egli genannt werden. Etwas seltener sind Seeforelle, Hecht, Zander und Bodensee-Aal im Angebot.

Lecker: in Brotkrumen gebratenes Fischfilet mit Kartoffeln ↑

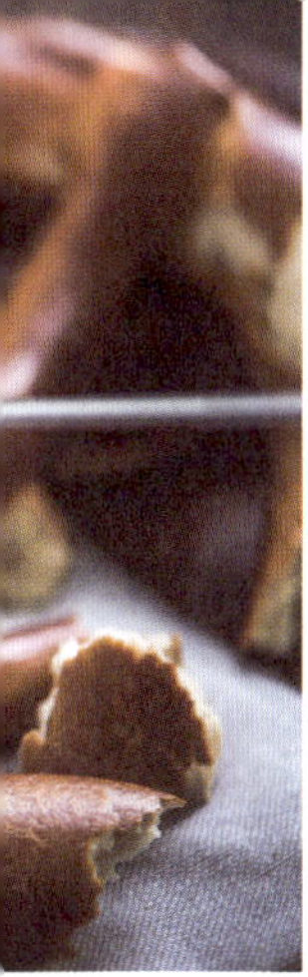

Gebäck

Eine Appenzeller Spezialität ist der Biber, ein mit Mandeln oder Marzipan gefüllter Bild-Lebkuchen, der vor dem Backen in ein Model gepresst wird und den es das ganze Jahr über gibt. Eine weitere Schweizer Spezialität sind Hüppen, gerollte Waffeln mit unterschiedlichen Füllungen. Und dann natürlich Schmalzgebäck, das es rund um den See in den unterschiedlichsten Formen während der Fasnetzeit gibt.

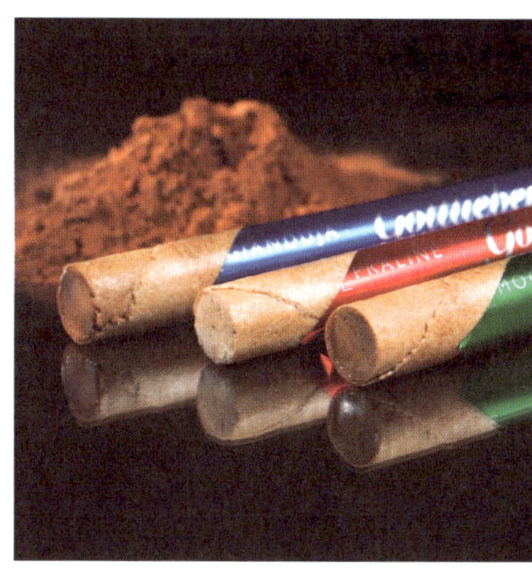

→

Gottlieber Hüppen mit Cremefüllung

Obst

Die Bodensee-Region zählt zu den größten Obstanbaugebieten Europas. Rund um den See gibt es etwa 1600 Obstbaubetriebe. Der Obstanbau in der Region reicht bis in die Römerzeit zurück, später beschäftigten sich die Klöster mit der Veredelung von Obstsorten. Neben Äpfeln werden auch diverse Birnensorten, viele Beeren sowie Zwetschgen, Mirabellen, Süßkirschen und natürlich Weintrauben angebaut.

←

Am Bodensee werden fast 20 Apfelsorten angebaut

Süßspeisen

Aufgrund des großen Angebots an frischem Obst gibt es am Bodensee natürlich eine unglaubliche Vielfalt an Obstdesserts. Die österreichische Küche ist vor allem für ihre hervorragenden Mehlspeisen berühmt, auch die Torten sind verführerisch. Als typische Vorarlberger und Schweizer Süßspeise findet man immer öfter Riebel (Maisbrei) mit Apfelmus auf der Speisekarte.

←

Apfelküchle – in Brandteig ausgebackene Apfelscheiben

Mostereien

Der Bodensee ist eines der bedeutendsten Obstanbaugebiete Deutschlands. So verwundert es nicht, dass es in der Region auch hervorragende Fruchtsäfte und Moste gibt. In der Mosterei Möhl in Arbon (www.moehl.ch) am Schweizer Ufer kann man sich nicht nur durch das Sortiment probieren, sondern im Mosterei- und Brennereimuseum MoMö auch viel über die Geschichte und die Herstellung erfahren.

Die »Probierstube« im MoMö in Arbon

SHOPPING
AM BODENSEE

Ausgedehntes Shopping ist in allen größeren und kleineren Städten rund um den Bodensee möglich. Auch die Auswahl lässt keine Wünsche offen, am Bodensee ist alles vertreten vom großen Einkaufszentrum und Outlet-Shop über bekannte Marken bis hin zu kleinen, individuellen Läden.

Schon gewusst?

Schon Hortense Bonaparte liebte Gottlieber »Gaufrettes«, als sie auf Schloss Arenenberg lebte.

↑ *Die Gottlieber Hüppen gibt es mit unterschiedlichen Füllungen*

Schokolade

Schokolade steht für absoluten Genuss, und die Schweiz ist für ihre Schokoköstlichkeiten weltbekannt. Auf der Schweizer Seite des Bodensees stellen hervorragende Chocolatiers ihre feinen Pralinen her und verkaufen sie rund um den See. Aber auch die Erzeugnisse deutscher und österreichischer Konditormeister brauchen sich nicht zu verstecken. In der Schoggibox in Stein am Rhein (www.schoggibox.ch) kann man sich einen guten Überblick verschaffen: Dort werden 300 Sorten Schweizer Tafelschokoladen von über 60 Confiserien angeboten. Sehr beliebt sind auch die Gottlieber Hüppen. Die Waffelröhren sind mit einer exquisiten Schokoladenmischung gefüllt. Ein Traum!

Entspanntes Shopping in der Bodensee-Region

In den meisten Städten am Bodensee befinden sich rund um das Stadtzentrum Fußgängerzonen mit vielen kleinen Läden – von Galerien, kunsthandwerklichen bis zu Spezialitätenläden, die nicht selten Überraschendes bieten. So lässt es sich sehr entspannt stöbern und einkaufen. Und will man eine Erholungspause einlegen, ist das nächste Café ebenfalls nie weit entfernt.

↑ *Fußgängerzone in Stein am Rhein mit vielen kleinen Läden und Cafés*

TOP 3 Bodensee-Shopping

Mode
Im Mittelalter war die Bodensee-Region ein Zentrum der Textilherstellung und Stickerei. Auch heute finden sich hier international bekannte Modedesigner, etwa Schiesser (www.schiesser.com), Wolford (www.wolford.com), Strellson (www.strellson.com) und Akris (de.akris.com).

Obst und Gemüse
Zur jeweiligen Erntezeit kann man Obst und Gemüse in Hofläden oder an Straßenständen erntefrisch kaufen.

Käse
In der ganzen Region findet man feinste Käsesorten – von Weich- und Rahmkäse, Berg- und Alpkäse über Räßkäse und Emmentaler bis zum berühmten Appenzeller.

↑ *Auslage der Vinothek im Schloss Friedrichshafen*

Wein

Der Bodensee-Raum ist ein bekanntes Weinbaugebiet. Viele Winzer haben einen Verkauf direkt ab Hof. Alternativ gibt es Genossenschaften, wo die Auswahl größer ist, etwa die Winzervereine Meersburg und Hagnau. Die älteste noch existierende Spitalkellerei Deutschlands ist die Spitalkellerei Konstanz. Größter Winzer am Bodensee ist der Markgraf von Baden auf Schloss Salem.

Thermentrio

Der Bodensee wartet gleich mit drei Thermen direkt am Ufer auf. Die Bodensee-Therme Konstanz (www.therme-konstanz.de) ist die jüngste. Alle acht Becken werden von Mineral-Thermalwasser gespeist. Im Westflügel sind vier Saunen. In der Bodensee-Therme Überlingen (www.bodensee-therme.de) machen Unterwassermusik und Lichtprojektionen das Baden in Thermalwasserkaskaden zum Erlebnis. Direkt am Ufer schwitzt man mit Blick auf den See. Die Meersburg Therme (www.meersburg-therme.de) bietet ein großes Thermalbecken mit Außenbecken. Draußen wird in drei Pfahlbausaunen sauniert. Innen warten weitere fünf.

↑ *Außenbecken der Meersburg Therme*

WELLNESS
AM BODENSEE

Am Bodensee hat man die besten Voraussetzungen, um sich vom Alltagsstress zu erholen. Es gibt viele Hotels mit eigenen Wellnessabteilungen und Spa-Bereichen, wunderschöne Thermen direkt am Ufer des Bodensees mit großen Saunalandschaften und traditionsreiche Heilbäder.

Hotels

Hotel Hirschen
Wellnesshotel auf der Halbinsel Höri.

D4 Kirchgasse 3, D-78343 Gaienhofen
hotelhirschen-bodensee.de

Park-Hotel Inseli
Modernes Hotel in Parklandschaft.

F5 Inselistr. 6, CH-8590 Romanshorn
hotelinseli.ch

(SF)(SF)(SF)

→ *Eine Massage in freier Natur ist gleich doppelt so entspannend*

Heilbäder

Das Mineralheilbad St. Margrethen (www.mineralheilbad.ch) bietet ein Außen- und ein Innenbecken, Liegesprudelbecken und Mineralwasserfließbad, ein Kneipp-Becken, eine Dampfgrotte, einen Saunapark, Massagen und Physiotherapie. Das Wasser des Appenzeller Heilbads (www.heilbad.ch) entstammt einer Schwefel- und Mineralquelle. Die Bäderlandschaft besteht aus einem Innen- und einem Außenbad sowie zwei Kneipp-Grotten.

Sauna

Saunagänge reinigen den Körper und sorgen für Tiefenentspannung. Neben den Saunalandschaften in den drei Bodensee-Thermen gibt es noch weitere Möglichkeiten zu schwitzen, etwa in der Bora Sauna in Radolfzell (www.bora-sauna.de) mit Erdsauna, Kelo-Sauna, Sanarium, Rauchsauna, Bambussauna und japanischem Onsenbad.

↑ *In der Bodensee-Therme Überlingen gibt es einen eigenen Saunagarten*

Massagen

Massagen sind nicht nur gut für den ganzen Organismus, sie sorgen auch für ein hervorragendes Körpergefühl. In den verschiedensten Einrichtungen am Bodensee, sei es der Spa-Bereich eines Hotels, in den Thermen oder Heilbädern, gibt es ein vielfältiges Angebot an den unterschiedlichsten Massagen – von klassischen medizinischen Massagen über Lomi Lomi und Hot Stone bis zu asiatischen Behandlungen.

St. Galler Festspiele

St. Gallen steht jährlich im Juni und Juli im Zeichen der St. Galler Festspiele. Im Klosterhof des Stiftsbezirks finden vor der spektakulären Ostfassade der Kathedrale Opernaufführungen statt. Zweiter Programmpunkt ist der Tanz. In der St. Galler Stiftskirche wird eine eigens hierfür choreografierte Tanzaufführung gezeigt (www.stgaller-festspiele.ch).

Bühnenbild der Verdi-Oper I Lombardi alla prima crociata

DER BODENSEE FÜR MUSIKLIEBHABER

Am Bodensee ist das Angebot an Veranstaltungen so groß und vielfältig, dass sich für jeden etwas findet. Für Opernfreunde sind sicher die Bregenzer Festspiele ein absolutes Highlight. Aber auch sonst kommen Liebhaber klassischer Musik auf ihre Kosten. Im Sommer locken viele Open-Air-Events, darunter das Bodenseefestival.

Schubertiade

Die Schubertiade in den Vorarlberger Orten Schwarzenberg und Hohenems gilt als bedeutendstes Schubert-Festival der Welt. Von Ende April bis Anfang Oktober finden im Angelika-Kauffmann-Saal und im Markus-Sittikus-Saal Liederabende, Kammerkonzerte, Klaviermatineen und Orchesterkonzerte statt (www.schubertiade.at).

↑ *Konzert im Angelika-Kauffmann-Saal in Schwarzenberg*

Auch Kirchenchöre treten während des Bodenseefestivals auf ↑

Bodenseefestival

Das grenzüberschreitende Kulturfestival findet alljährlich im Mai / Juni (bis Pfingsten) an zahlreichen Veranstaltungsstätten in den vier Ländern rund um den Bodensee statt. Die bis zu 80 Veranstaltungen haben einen jährlich wechselnden thematischen Schwerpunkt und bringen hochkarätige Künstlerinnen und Künstler aus Musik, Tanz, Theater und Literatur in den Bodenseeraum (www.bodenseefestival.de).

→ *Caroline Wüst mit Bassklarinette beim Bodenseefestival*

Schon gewusst?

Zu den Bregenzer Festspielen zählen Spiel auf dem See, Oper im Festspielhaus und Konzerte.

Bregenzer Festspiele

Im Juli/August findet am Bodensee eines der bekanntesten Kulturfestivals statt, die Bregenzer Festspiele (www.bregenzerfestspiele.com). Zum großen Erfolg tragen nicht nur die Wiener Symphoniker und die internationalen Solisten bei, sondern auch die Spielstätte auf dem See. Auf der größten Seebühne der Welt kommen bekannte Opern zur Aufführung. Das Publikum sitzt am Ufer, Orchester und Sänger sind auf einer schwimmenden Plattform.

↑ *Bühnenbild der Oper* Carmen *auf der Seebühne in Bregenz*

Bräuche
Viele Orte haben eigene Narrenregeln, überregional ist das »Narri-Narro!«-Ritual: Der Narr ruft »Narri!«, das Publikum antwortet mit »Narro!«. Die »Verkleidung« (Häs) wechselt nicht von Jahr zu Jahr, sondern wird beibehalten. Typische Figuren der schwäbisch-alemannischen Fastnacht sind Teufel, Blätzlenarren mit aus bunten Stoffläppchen (»Blätzle«) zusammengesetzten Kostümen, Wilde Männer und Hexen. Die Narren traktieren die Zuschauer mit dem Hexenbesen oder der Ratsche.

→

Fasnetumzug der Latschari-Zunft aus Kirchen-Hausen

Schon gewusst?

Die Fasnet hat ihren Ursprung in Festen, um verderbliche Lebensmittel vor der Fastenzeit aufzubrauchen.

FASNET
AM BODENSEE

Die »Fasnet« unterscheidet sich deutlich vom Karnevalstreiben in anderen Regionen. Zum einen durch die Kostüme, zum anderen durch die Umzüge der Narrenzünfte: Hier wird nicht das politische Geschehen aufs Korn genommen, sondern mit den Zuschauern Schabernack getrieben.

Gruselige Konstanzer Mäschgerle auf einem Umzug ↑

Masken
Jede Fasnetzunft hat eigene Häser (Kostüme) und Masken. Letztere werden von den Zunftmitgliedern selbst, häufiger von professionellen Maskenschnitzern gefertigt. Neben den Holzmasken gibt es auch Masken aus Stoff, Papier, Ton, Blech oder Draht. Oft werden die kunstvollen Masken von Generation zu Generation weitervererbt.

Hexenverbrennung

Den Endpunkt der schwäbisch-alemannischen Fasnet bildet die »Hexenverbrennung«. Nach einem Umzug mit viel Schluchzen, Heulen, Wehklagen und einer Trauerrede wird die alte Fasnet – symbolisch in Form einer Strohpuppe – verbrannt. Diese spektakuläre Verbrennung am Vorabend des Aschermittwochs markiert das Ende der verrückten Zeit: Der Narrenbaum wird gefällt, die Fastenzeit beginnt.

→

Der Faschingsdienstag endet mit dem Fällen des Narrenbaums

Ablauf

Am »Schmotzigen Dunschtig« erstürmen die Narren das Rathaus und entheben den Bürgermeister seines Amts. Nachmittags wird der Narrenbaum aufgestellt, abends ziehen die Hemdglonker mit Laternen und Lärminstrumenten durch die Straßen. Die »Narrensprünge« (Umzüge) finden meist zwischen Fastnachtssamstag und -dienstag statt. Die Fastnacht endet am Dienstag mit der »Usfegete« (Kehraus).

Abenteuerparks

Im Wild- und Freizeitpark Allensbach *(siehe S. 108)* trifft man nicht nur auf Wildtiere, es gibt auch einen großen Abenteuerspielplatz. Rund ums Klettern geht es im Abenteuerpark Kressbronn (www.abenteuerpark.com), im Abenteuerpark Immenstaad *(siehe S. 125)* und im Erlebniswald Mainau (www.erlebniswald-mainau.de). Conny-Land *(siehe S. 179)* ist der größte Freizeitpark der Schweiz mit vielen Attraktionen. Und auf dem Pfänder *(siehe S. 144f)* gibt es ebenfalls einen großen Spielplatz.

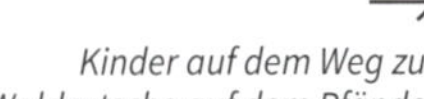

Kinder auf dem Weg zur Waldrutsche auf dem Pfänder

DER BODENSEE FÜR FAMILIEN

Der Bodensee ist ein wahres Paradies für Kinder. Die Region ist familienfreundlich und bietet viele Ausflugsziele. Natürlich lockt bei schönem Wetter in erster Linie der See, aber auch wenn das Wetter einmal nicht ganz so mitspielt, gibt es eine Vielzahl an Möglichkeiten, Interessantes zu erleben und Spaß zu haben.

Museen

Ob Geschichte, Natur oder Technik, die Bodensee-Region wartet mit etlichen Museen auf, deren Ausstellungen speziell für Familien konzipiert sind, etwa Pfahlbaumuseum Unteruhldingen *(siehe S. 117)*, Burg Meersburg *(siehe S. 124)*, Napoleonmuseum *(siehe S. 180)*, inatura *(siehe S. 155)* oder Zeppelin Museum *(siehe S. 130f)*.

←

Die Unterwasserwelt-Ausstellung im Naturschutzzentrum Eriskirch

Weitere Attraktionen

Mainau-Kinderland
Jede Menge Spaß bietet das Mainau-Kinderland mit »Wasserwelt«, »Blumis Uferwelt« und »Zwergendorf« *(siehe S. 120f)*.

Segeln
Fast jede Segelschule am Bodensee bietet auch spezielle Kurse für Kinder und Jugendliche an.

Planeten
Auf den Wegen des Planetariums Kreuzlingen erfährt man viel über das Sonnensystem (bodensee-planetarium.ch).

Erlebnisbäder

Natürlich gibt es rund um den Bodensee unzählige Bäder mit speziellen Einrichtungen für Kinder wie Rutschen, Kletter- und Wasserspielbereich. Eine Zusammenstellung von Strand- und Freizeitbädern am Bodensee findet man auf den Portalen www.bodensee.de und www.bodenseewest.eu.

← *Riesenwasserrutsche im Wellenfreibad Ailingen*

Zoos und Tierparks

Rund um den Bodensee gibt es etliche Möglichkeiten, mehr über Tiere zu erfahren. Am ungewöhnlichsten ist der Affenberg Salem *(siehe S. 124)*. Der Haustierhof Reutemühle *(siehe S. 117)* liegt nördlich von Überlingen. Im Sea Life Konstanz *(siehe S. 101)* kann man in die Unterwasserwelt eintauchen. Sehenswert ist auch der Alpenwildpark am Pfänder *(siehe S. 144f)*. Walter Zoo in Gossau *(siehe S. 172)* beherbergt zahlreiche Tiere von allen Kontinenten.

→

Tiere ganz nah sieht man im Alpenwildpark am Pfänder

TOP 5 **Golfplätze am See**

Golf-Club Konstanz
Ältester Platz am See.

Golfclub Owingen-Überlingen
Vom Golfplatz hat man einen wunderbaren Blick auf den See.

Golfclub Bodensee-Weißensberg
Er gilt als einer der schönsten der Region.

Golfpark Bregenzerwald
Einmalige Lage mit Alpenpanorama.

Golfclub Erlen
Der Platz liegt inmitten einer sanft hügeligen Obstbaumlandschaft.

Klettern
Am Bodensee locken in freier Natur sowohl Klettersteige (www.outdooractive.com) als auch Klettergärten mit zahlreichen Parcours unterschiedlicher Schwierigkeitsgrade und Hochseilgärten. Sollte das Wetter mal nicht mitspielen, kann man auch eine Kletterhalle besuchen.

↑ *Der Klettersteig Känzele bei Bregenz ist nur für geübte Kletterer*

DER BODENSEE FÜR OUTDOOR-FANS

In der Bodensee-Region gibt es fast keine sportliche Aktivität, die man nicht ausüben könnte – sommers wie winters, von gemütlich bis ambitioniert, für ein paar Stunden oder sogar über mehrere Tage hinweg. Und das alles inmitten einer wunderschönen, abwechslungsreichen Landschaft.

Wintersport
Wegen des milden Klimas bleibt der Schnee direkt am See nur selten länger liegen. Die schneesichersten Gebiete liegen in den Schweizer Voralpen am Säntis und im Bregenzerwald. Die Skipisten auf dem Pfänder sind zwar eher kurz, dafür ist die Aussicht traumhaft. Außerdem gibt es ein 30 Kilometer langes Wegenetz für Winterwanderungen. Das nächstgelegene Skigebiet im Bregenzerwald ist das Bödele *(siehe S. 157)*.

Schneeschuhwanderer auf dem verschneiten Pfänder

↑ *Gemütlicher Familienausflug mit dem Fahrrad*

Radfahren

Die Bodensee-Region verfügt über ein sehr gut ausgebautes Fahrradnetz. Ein Großteil des Bodensee-Radwegs *(siehe S. 86 – 93)* verläuft in Ufernähe. Und da Ufer und See in allen drei Ländern gut mit Bahn und Schifffahrtslinien erschlossen sind, kann man auch nur Teilstrecken befahren.

Zeppelin fahren

Ein unvergessliches Erlebnis und eine Flugerfahrung der besonderen Art ist die Fahrt mit einem Zeppelin. Seit 2001 kann man wieder als Passagier in einem Zeppelin mitfahren und die Bodensee-Region aus einem ganz neuen Blickwinkel kennenlernen. Von der Zeppelin Werft in Friedrichshafen erhebt sich der Zeppelin NT majestätisch in die Lüfte (zeppelinflug.de).

← *Eine Fahrt mit einem Zeppelin ist ein unvergessliches Erlebnis*

Wandern

Die Landschaft rund um den Bodensee ist so abwechslungsreich, dass sie sowohl für Spaziergänger als auch für ambitionierte Wanderer eine breite Palette an Möglichkeiten bereithält. Für Bergtouren eignen sich Wanderungen auf den Säntis und in den Appenzeller Alpen, etwas gemütlicher ist die Besteigung des Pfänder.

Wanderer in den Appenzeller Alpen

Stand-up-Paddling

Stand-up-Paddling (SUP) hat sich mittlerweile zu einer beliebten Sportart auf dem Bodensee entwickelt – und das für alle Altersgruppen. SUP ist einfach zu erlernen, sei es im Selbstversuch oder mithilfe eines Kurses, das entsprechende Equipment – Board und Stechpaddel – kann man vielerorts rund um den See bei Schulen ausleihen. SUP ist ideal, um das Ufer des Bodensees zu erkunden.

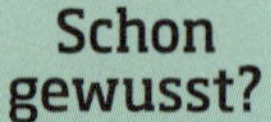

Schon gewusst?

Die Wasserqualität des Bodensees ist sehr gut und wird regelmäßig kontrolliert.

↑ *Eine Gruppe von Stand-up-Paddlern vor Bregenz*

DER BODENSEE FÜR WASSERSPORTLER

Der Bodensee ist das ideale Revier für Wassersportler – von Schwimmen über Segeln, Surfen, Stand-up-Paddling und Tauchen bis zu Kanufahren und Rafting. Die Infrastruktur für alle Sportarten ist sehr gut, und das Wasser kann selbst im Oktober noch 20 Grad haben.

Schwimmen

Rund um den See gibt es neben frei zugänglichen Strandabschnitten in fast allen Städten und Gemeinden Strandbäder mit Liegewiese, Steg, Rutschen und schwimmenden Pontons. Bei Kiosken oder Restaurants findet man auch oft Spielplätze, Volley- und Basketballplätze, Rutschen, Sprungtürme und Planschbecken. Jedes Jahr gibt es im Juli und August auch einige Schwimmwettbewerbe.

Das Strandbad Friedrichshafen mit Steg und Pontons ↑

Segeln

Der Bodensee ist ein beliebtes Segelrevier, um hier zu segeln, braucht man jedoch einen speziellen Segelschein, das Bodenseeschifferpatent. Urlauber mit Sportboot-Führerschein können bei einem der Schifffahrtsämter eine Anerkennung ihres Patents beantragen. Am ganzen See gibt es mehr als 100 Segelschulen, die viele Kurse anbieten. Bei knapp 60 000 registrierten Booten finden natürlich auch etliche Regatten statt.

↑ *Was gibt es Schöneres, als fast lautlos über das Wasser zu gleiten*

Surfen

Am Bodensee gibt es fast so viele Surf- wie Segelschulen, die Kurse für Anfänger bis zu Fortgeschrittenen anbieten. Außerdem kann man bei den meisten Equipment ausleihen oder kaufen. Das Surfen auf dem Bodensee ist nur in den dafür freigegebenen Revieren erlaubt. Ein gutes Surfrevier ist wegen der konstanten Winde das Gebiet um die Insel Reichenau.

← *Windsurfer auf dem Bodensee*

Kanu fahren

Sowohl auf dem Bodensee als auch auf den einmündenden Flüssen lassen sich schöne Touren unternehmen. Die Möglichkeiten sind vielfältig, von Tagesausflügen bis zu mehrtägigen Touren. Ausleihstationen gibt es rund um den See. Dort erhält man eine Einführung und die Ausrüstung (Schwimmweste!).

→ *Kanutour auf der Schussen, die in Eriskirch in den Bodensee mündet*

Dampfschifffahrt
1818 stach das erste Dampfschiff in See. Erst 1824 befuhr das nächste Dampfschiff den See, die *Wilhelm* des württembergischen Königs Wilhelm I. Nach 1918 bestimmte der Tourismus den Schiffsverkehr. 1925 wurde das erste Motorschiff in Betrieb genommen, Dampfschiffe wurden sukzessive ersetzt.

Die Hohentwiel *ist das letzte Dampfschiff, das den Bodensee befährt*

SCHIFFFAHRT
AUF DEM BODENSEE

Der Bodensee wird befahren, seit Menschen an seinen Ufern leben, anfangs waren es einfache Holzboote. Im Mittelalter wurden Lädinen zu wichtigen Transportschiffen für Waren. 1824 war die Geburtsstunde der Dampfschifffahrt. Heute sind auf dem Bodensee auch unzählige Segelboote unterwegs.

Schifffahrt auf dem See
Neben den Motorschiffen, die Passagiere, Waren und Autos von einem Ufer des Bodensees ans andere bringen und die drei Anrainerstaaten verbinden, befahren den Bodensee auch Katamarane, eine Solarfähre und ein historischer Dampfer. Neben der reinen Kursschifffahrt werden auch viele Rund- und Themenfahrten angeboten.

→

Die Hafeneinfahrt von Bregenz

Geschichte der Schifffahrt am Bodensee

April 1818
Die *Stephanie* geht als erstes Dampfschiff auf Jungfernfahrt

1824
Schiffstaufe *Wilhelm* (Württemberg) und *Max Joseph* (Bayern)

1837
Die ersten Schiffe mit Eisenschale befahren den Bodensee

ab 1869
Trajektkähne ziehen Eisenbahnwaggons über den See

1871
Der erste Salondampfer, die *Kaiser Wilhelm*, geht auf Fahrt

Sternfahrt
Die »Weiße Flotte« eröffnet traditionell die Saison am Bodensee mit einer Flotten-Sternfahrt, an der Schiffe aller drei Anrainerstaaten teilnehmen. Beim Auftakt der Kurs- und Ausflugsschifffahrt kommen sich ihre Bugspitzen so nah, dass sie sich fast berühren.

Sternfahrt der Bodensee-Flotte zum Saisonauftakt

Sonnenkönigin
Der »schwimmende Eventpalast« mit dem Heimathafen Bregenz, der 2007 vom Stapel lief, gehört mit fünf Decks, 70 Meter Länge, 13 Meter Höhe und Platz für 1000 Personen zu den größten Fahrgastschiffen auf mitteleuropäischen Binnengewässern (www.sonnenkoenigin.cc).

Die in der Bodan-Werft Kressbronn gebaute Sonnenkönigin

Lädine
Der einmastige Lastensegler wurde vom 14. bis zum 20. Jahrhundert auf dem See eingesetzt, u. a. zum Befördern von Weinfässern. Im 18. Jahrhundert waren auf dem Bodensee etwa 150 Lädinen unterwegs, ihre Tragfähigkeit reichte bis zu 150 Tonnen. In Immenstaad *(siehe S. 125)* kann man auf einem Nachbau in See stechen.

ab 1880	*1925*	*1928*	*1948*	*2022*
Die Ausflugsschifffahrt gewinnt immer mehr an Bedeutung	Inbetriebnahme des ersten Motorschiffs, Dampfschiffe werden sukzessive ausgemustert	Betriebsaufnahme der Fährverbindung Konstanz – Meersburg für Personen und Pkw	Wiederaufnahme sämtlicher Linien der Bodensee-Schifffahrt nach dem Zweiten Weltkrieg	Inbetriebnahme der ersten E-Fähre auf dem Bodensee

DAS JAHR AM BODENSEE

Die Bodensee-Region hat zu jeder Jahreszeit ihren ganz besonderen Reiz und bietet je nach Saison ganz spezielle Feste und Veranstaltungen. Im Frühling locken bunte Blumen, im Sommer Badespaß und viele Feste im Freien, der Herbst lädt zu Erntefesten und der Winter zu Weihnachtsmärkten.

Frühling

Im Frühjahr ist der Bodensee ein einziges Blütenmeer – die Obstplantagen stehen in voller Blüte, und viele Südhänge schmücken bunte Blumen. Am schönsten ist dieses Schauspiel auf der Insel Mainau. Doch nicht nur die Natur erwacht zu neuem Leben, auch die Weiße Flotte nimmt mit der Sternfahrt den Betrieb wieder auf.

1 *Bunt blühende Tulpen auf der Insel Mainau*

Sommer

Im Sommer jagt eine Veranstaltung die nächste – fast jede Stadt am See veranstaltet ein Volks- oder Hafenfest, etwa das Konstanzer Seenachtfest mit Livemusik und Feuerwerk, dazu kommen kulturelle Highlights wie die St. Galler Festspiele oder die Bregenzer Festspiele sowie Open-Air-Festivals oder der CSD.

2 *Aufführung der St. Galler Festspiele vor der Stiftskirche*

Sport am See

Dreikönigstauchen *(Überlingen, 6. Jan)*
Hagnauer Seelauf *(Hagnau, Mai)*
Seglertage *(Lindau, Juni)*
Hegau Bike Marathon *(Singen, Juni)*
Bodensee-Marathon *(Kressbronn, Mitte Sep)*
Match Race Germany *(Langenargen, Ende Sep)*
Sparkasse 3-Länder-Marathon *(Start: Lindau, Anfang Okt)*

1

2

Herbst

Der Herbst steht am Bodensee ganz im Zeichen der Obsternte und Weinlese. In vielen Orten rund um den See finden Winzerfeste mit Weinverkostungen, Musik und Essensständen statt. Beliebt sind auch die Apfelwochen zur Erntezeit der Bodensee-Äpfel, das Büllefest auf der Halbinsel Höri zu Ehren der typischen roten Zwiebel, die BodenseefischWochen mit Felchen, Kretzer & Co und natürlich das Deutsch-Schweizer Oktoberfest in Konstanz. Farbenfrohe Schauspiele sind die Almabtriebe im Bregenzerwald und im Appenzell. Der Herbst ist darüber hinaus ideal für Radtouren und Wanderungen.

3 *Weintrauben kurz vor der Ernte*

Winter

Der Winter ist aufgrund der milden Temperaturen am Bodensee keine schlechte Reisezeit und ideal, um in einer der zahlreichen Thermen zu entspannen. In jedem größeren Ort gibt es ab dem ersten Advent einen schönen Weihnachtsmarkt mit viel traditionellem Kunsthandwerk sowie Adventskonzerte. Das neue Jahr wird mit vielen Feuerwerken begrüßt, die man am besten auf einer Silvester-Kreuzfahrt bewundern kann. Und im Januar beginnt dann auch schon die Fasnet, die alemannische Ausprägung der Fastnacht, mit vielen unterschiedlichen Traditionen wie dem Narrenbaumsetzen in Meersburg und bunten Umzügen.

4 *Der Weihnachtsmarkt in Bregenz und Umzug des Narrenvereins Hegau* (Detail)

Religiöse Feste

Heilig-Blut-Fest
(Reichenau, Mo nach Pfingstmontag)
Reiterprozession mit der Heilig-Blut-Reliquie.

Stosswallfahrt
(Appenzell, Mitte Mai)
Prozession von St. Mauritius zum neun Kilometer entfernten Stoss.

Schwedenprozession
(Überlingen, Mai, Juli)
Dankprozessionen für die Bewahrung der Stadt bei der schwedischen Belagerung.

Seeprozession
(Allensbach, 1. So im Juli)
Geschmückte Boote fahren von Allensbach zur Insel Reichenau.

Wasserprozession
(Moos, 3. Mo im Juli)
Wasserprozession von Moos nach Radolfzell.

3

4

1

KURZE GESCHICHTE

Die Geschichte am Bodensee reicht dank fruchtbarer Ebenen, dichter Sumpfwälder und viel Wasser weit zurück. Die Lage an alten Handelswegen begünstigte eine kulturelle wie wirtschaftliche Blüte, führte jedoch auch zu Machtkämpfen. Die heutige politische Gliederung stammt aus dem 20. Jahrhundert.

Frühe Besiedlung und Römer

Die ersten Menschen siedelten sich in der Bodensee-Region in der Jungsteinzeit (3000–1800 v. Chr.) an, doch schon in der späten Altsteinzeit (ca. 10 000 v. Chr.) durchstreiften Jäger und Sammler das Gebiet. Da der See größtenteils von einer Sumpflandschaft umgeben war, errichteten die ersten Siedler Pfahlbauten. Nach dem Sieg der Römer über die Helvetier (15 v. Chr.) wurde das Gebiet dem Römischen Reich eingegliedert. Der Bodensee war für die Römer strategisch sehr wichtig. Ihr bedeutendster Stützpunkt war Brigantium (Bregenz). Weitere römische Städte waren Constantia (Konstanz) und Arbor Felix (Arbon).

Schon gewusst?

Die Römer nannten den See nach ihrem Hauptstützpunkt Lacus Brigantius.

Chronik

um 800 v. Chr.
Kelten lassen sich am Ufer des Sees nieder

15 v. Chr.
Römer besiegen die Kelten

585
Gründung des Bistums Konstanz

746
Karolinger gründen die Pfalz Bodema, heute Bodman

Pflasterplakette in Konstanz

Mittelalter

In der ersten Hälfte des 6. Jahrhunderts übernahmen die Merowinger die Herrschaft im Bodensee-Gebiet. Unter ihre Regierungszeit fällt die Christianisierung der Bevölkerung sowie die Gründung des Bistums Konstanz. Von den späteren Klostergründungen St. Gallen (720) und Reichenau (724) gingen für das ganze Gebiet wichtige kulturelle und politische Impulse aus. Auch dank der verkehrsgünstigen Lage gewann die Region immer mehr an Bedeutung, Städte wie Konstanz, Lindau, St. Gallen und Überlingen wurden wichtige Handelsplätze.

Konstanzer Konzil

Das Konzil von Konstanz (1414–18) wurde auf Initiative von König Sigismund (reg. 1411–37) einberufen. Ziel war es, das abendländische Schisma, d. h. das Vorhandensein von mehreren Päpsten, zu lösen. Vor dem Konzil gab es drei Päpste, Johannes XXIII., Benedikt XIII. und Gregor XII. Gewählt wurde dann ein neuer: Martin V. Des Weiteren kam es auf dem Konzil zur Verurteilung reformatorischer Lehren, woraufhin Jan Hus und Hieronymus von Prag verbrannt wurden.

1 Die ersten Siedler am Bodensee lebten in Pfahlbauten ↑

2 Der Ratssaal von Konstanz auf einem Druck von 1875

3 Blick auf den Stiftsbezirk von St. Gallen

4 Jan Hus, der auf dem Konstanzer Konzil verurteilt und 1415 verbrannt wurde

1273
Mit Ende der Stauferherrschaft fallen Teile des Bodensees an »Vorderösterreich«

1312
Konstanz, St. Gallen und Schaffhausen gründen den ersten Bund der Bodensee-Städte

1411–1418
Konstanzer Konzil: Beendigung des päpstlichen Schismas, Verbrennung von Jan Hus

1521
Reformation in Konstanz

1618–48
Dreißigjähriger Krieg

Friedrich I. Barbarossa am Kaiserbrunnen in Konstanz

1

2

Die Eidgenossen

Als die Habsburger 1439 die Schweiz wieder Österreich einverleiben wollten, löste sich die Eidgenossenschaft vom Reich. 1460 konnten die Eidgenossen den Thurgau erobern. Zur Wahrung ihrer Interessen schlossen 1488 deshalb Fürsten und schwäbische Reichsstädte den Schwäbischen Bund. In der folgenden Auseinandersetzung unterlagen sie jedoch den Eidgenossen. Im Frieden zu Basel 1499 wurden die noch heute gültigen Grenzen zwischen Deutschland und der Schweiz am Bodensee festgelegt.

Reformation und Dreißigjähriger Krieg

1521 erreichte die Reformation auch den Bodensee: Die Reichsstädte wurden evangelisch, Vorarlberg und der Thurgau blieben weitgehend katholisch, einige Schweizer Städte folgten den Lehren Zwinglis. Der Dreißigjährige Krieg brachte auch für die Bodensee-Region viel Elend. Die Schweden besetzten Buchhorn, Bregenz und die Insel Mainau. Im Westfälischen Frieden im Jahr 1648 wurde die Schweiz als souveräner Staat anerkannt.

Pest

Neben kriegerischen Auseinandersetzungen wurde das Bodensee-Gebiet im 16./17. Jahrhundert von mehreren Pestepidemien heimgesucht. Die verheerende Krankheit verbreitete sich ab 1500 entlang der Fernhandels- und Pilgerwege. In Konstanz starb 1611/12 ein Drittel der Bevölkerung an der Pest. Auch in Lindau kam es zu einem Massensterben.

Chronik

1795
Festlegung der bis heute gültigen Grenzen zwischen Deutschland und der Schweiz

1803
Säkularisierung der Klöster und geistlichen Fürstentümer in Deutschland

1811
Friedrich I. lässt in Buchhorn einen Hafen anlegen. Die Stadt heißt seitdem Friedrichshafen

1824
Erstes Dampfschiff auf dem Bodensee

1847
Eröffnung der ersten Eisenbahnlinie Ravensburg – Friedrichshafen

Napoléon Bonaparte

Napoléon

1805, nach der Schlacht bei Austerlitz, in der Franz I. von Österreich Napoléon unterlag, führte der französische Kaiser auch noch eine »politische Flurbereinigung« durch. Die Habsburger verloren ihren gesamten Besitz am Bodensee. Das Königreich Bayern erhielt Lindau. Vorarlberg, das ebenfalls Bayern zugeschlagen wurde, schloss sich 1813 wieder Österreich an. Dem Königreich Württemberg wurde das kleine Buchhorn (das spätere Friedrichshafen) zugeschlagen, und das neu gegründete Großherzogtum Baden bekam das gesamte nordwestliche Bodensee-Ufer mit Konstanz als Hauptstadt des Seekreises.

Freiheitsbewegung

Im Seekreis, vor allem in Konstanz, herrschte aufgrund der Abgelegenheit, der desolaten wirtschaftlichen Lage und der Nachbarschaft zur republikanischen Schweiz ein liberaler Geist. 1848 rief Friedrich Hecker auf dem Stephansplatz die erste Deutsche Republik aus. Hessische und preußische Truppen besetzten Konstanz und räumten mit dem »liberalen Geist« auf.

1 *Der Buchhornbrunnen des Künstlerehepaars Rumpf in Friedrichshafen* ↑

2 *Historischer Holzschnitt einer Dampferfahrt auf dem Bodensee Ende des 19. Jahrhunderts*

3 *Die Kirche St. Johann Baptist in Hagnau ist von Weinstöcken umgeben*

1848
Friedrich Hecker ruft in Konstanz die Deutsche Republik aus

1879
Einrichtung der Eisenbahnfähre Friedrichshafen – Romanshorn

1881
Heinrich Hansjacob gründet in Hagnau die erste badische Winzergenossenschaft

1884
Eröffnung des Arlbergtunnels; Entstehung neuer Handelswege

1900
Erster Zeppelin-Flug

1

2

Industrialisierung

Die Industrialisierung setzte am Bodensee verspätet ein, ein umfassendes Schienennetz gab es erst im Jahr 1875. Die Region war schon seit Jahrhunderten für Stickerei bekannt, nun konnten Webereien und Spinnereien mechanisiert werden. Vor allem Singen expandierte rasant. In der Folge siedelte sich hier u. a. die Nahrungsmittelfabrik Maggi an. In Friedrichshafen entwickelte sich durch die technische Leistung von Graf Zeppelin und seinen Luftschiffen eine Rüstungsindustrie. Während des Ersten Weltkriegs wurde in den Zeppelinwerken ca. ein Drittel der deutschen Flugzeuge gebaut.

Weimarer Republik

Die ersten Jahre der Weimarer Republik waren von sozialer Not gekennzeichnet, auch am Bodensee kam es zu Aufständen. Doch mit deren Niederschlagung 1919 verschwanden entsprechende Tendenzen. In Vorarlberg stimmten 1919 80 Prozent der Bürger dafür, der Schweiz beizutreten. Durch den österreichischen Friedensvertrag scheiterten diese separatistischen Tendenzen jedoch.

Künstler

Schriftsteller wie Hermann Hesse, Annette von Droste-Hülshoff, Carl Sternheim oder Martin Walser sowie bildende Künstler wie Otto Dix, Erich Heckel, Max Ackermann und Peter Lenk ließen sich vom See inspirieren.

Chronik

1919
Lindau wird Räterepublik, der württembergische Truppen jedoch bald ein Ende bereiten

Eine Gondel der Säntis-Bergbahn

1935
Eröffnung der Säntis-Bergbahn

1939–45
Friedrichshafen und Singen werden wegen ihrer Rüstungsbetriebe stark zerstört

1945
Deutsches und österreichisches Bodensee-Gebiet ist französische Besatzungszone

1952
Baden und Württemberg werden ein Bundesland

Zweiter Weltkrieg

Von den Zerstörungen des Zweiten Weltkriegs blieb der Bodensee weitgehend verschont. Nur Friedrichshafen wurde schwer bombardiert. In Aufkirch entstand eine Außenstelle des KZ Dachau. Während der Zeit des Nationalsozialismus war die Bodensee-Region aufgrund der Nähe zur neutralen Schweiz Durchgangsstation für viele politisch Verfolgte.

Nachkriegszeit bis heute

Das Wirtschaftswunder nach dem Krieg brachte dem Bodensee Wachstum und Wohlstand, die Region entwickelte sich auch dank Filmen wie *Die Fischerin vom Bodensee* (1956) zum beliebten Feriengebiet. Die Gründung der Universität Konstanz 1966 sollte den verblassten Ruhm der Kulturregion Bodensee aufpolieren. Zusammen mit der Universität St. Gallen sowie dem Nobelinternat Salem prägt sie den Ruf der »Bildungslandschaft Bodensee«. Seit 1997 werden in Friedrichshafen wieder Zeppeline gebaut, mit denen man nun Rundfahrten machen kann. Heute ist der Bodensee eine der beliebtesten Ferienregionen Deutschlands.

1 *Das Zeppelin Museum in Friedrichshafen im ehemaligen Hafenbahnhof direkt am Bodensee* ↑

2 *Blick aus der Luft auf die Schlossanlage Salem*

3 *Die mittelalterliche Kirche St. Georg auf der Insel Reichenau*

4 *Gemütliche Veranstaltung beim Bodenseefestival*

1959 Bodensee-Anrainerstaaten gründen Gewässerschutzkommission

1963 Letzte »Seegfrörne«

Konzert während des Bodenseefestivals

1989 Erstes Bodenseefestival

1997 Gründung der Euregio Bodensee

2001 Reichenau wird UNESCO-Welterbe

2011 Pfahlbauten werden UNESCO-Welterbe

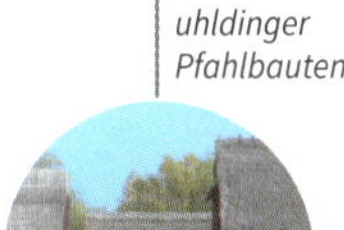

Die Unteruhldinger Pfahlbauten

WILDER
BODENSEE

Bekassinen sind vom Aussterben bedroht

Lebensraum Frei- und Flachwasser

Rund 85 Prozent der Gesamtfläche des Bodensees zählen zum Freiwasser mit einer Tiefe von mehr als zehn Metern. Die lichtdurchflutete obere Zone unterscheidet sich deutlich vom dunklen Tiefenwasserbereich. Zwischen dem Seeboden und der landwärts anschließenden Flachwasserzone fällt die Uferbank als »Halde« steil ab. Das Flachwasser selbst ist der ökologisch vielfältigste Bereich – See und Ufer sind hier so komplex verzahnt, dass ganz unterschiedliche Lebensräume entstehen.

Taumelkäfer (*Gyrinus*-Arten) kreiseln hektisch über die Wasseroberfläche.

Die verbreitete **Stockente** *(Anas platyrhynchos)* gründelt im seichten Wasser nach Kleintieren oder Wasserpflanzen.

Hechte *(Esox lucius)* lauern zwischen Wasserpflanzen versteckt auf Beute.

Die **Gelbe Teichrose** *(Nuphar lutea)* heißt auch Mummel.

Flora

Armleuchteralgen *(Characeen)* kommen in mehreren Arten vor. Sie bilden unter Wasser sogenannte Chara-Wiesen, wachsen oft klar nach Tiefe zoniert und sind die wichtigste Nahrungsgrundlage für die seltene Kolbenente.

Das **Schimmernde Laichkraut** *(Potamogeton nitens)* galt am Bodensee bereits als verschollen, der Bestand scheint sich jedoch zu erholen.

Großes Nixenkraut *(Najas marina)* wird über Enten verbreitet: Nach dem Fressen passieren die Früchte unbeschadet den Verdauungstrakt der Vögel.

Sumpf-Teichfaden *(Zannichellia palustris)* hat stark verzweigte, bis 50 cm lange Stängel.

Bis zu 2000 seltene **Kolbenenten** *(Netta rufina)* kann man im Sommer auf dem See beobachten.

Artenvielfalt

Im Flachwasser leben manche Kleinfische ganzjährig. Anderen Fischen dient es saisonal als Laichgebiet, vielen Vogelarten als wichtigster Nahrungsraum. Und als Rast- und Überwinterungsgebiet für Wasservögel ist diese Zone europaweit bedeutend.

Typische Tierarten

- Seesaibling *siehe S. 71*
- Trüsche
- Wels
- Kaulbarsch (Neozoe) *siehe S. 80*
- Schmerle
- Döbel (reg. »Alet«)
- Schilfkäfer(larven)
- Dreikantmuschel *siehe S. 80*
- Haubentaucher *siehe S. 64f*
- Sterntaucher *siehe S. 82*
- Schwarzhalstaucher
- Zwergtaucher *siehe S. 54*
- Gänsesäger *siehe S. 67*

2000 **Tafelenten** *(Aythya ferina)* besuchen im Juli und August den See als Mausergäste.

Seefrösche *(Rana ridibunda)*, die größte Wasserfroschart, bevorzugen große, vegetationsreiche Seen.

Die kompakte kleine **Reiherente** *(Aythya fuligula)* zählt zu den Tauchenten.

Ukeleien *(Alburnus alburnus)* bilden gesellige Schwärme im Flachwasser.

Der **Flussbarsch** *(Perca fluviatilis)* – in der Region »Egli« oder »Kretzer« genannt – lebt in größerer Wassertiefe. Nur zum Ablaichen sucht er das Flachwasser auf.

Armleuchteralgen

Die Larven der **Köcherfliegen** *(Trichoptera)* entwickeln sich unter Wasser.

Als tiefer Voralpensee ist der Bodensee ein typisches Gewässer für **Felchen** *(Coregonus lavaretus)*.

Die **Chinesische Wollhandkrabbe** *(Eriocheir sinensis)* ist ein Neueinwanderer und breitet sich seit 1982 im Bodensee aus.

Die **Seeforelle** *(Salmo trutta lacustris)* gehört zu den Lachsfischen.

Der **Flutende Hahnenfuß** *(Ranunculus fluitans)* überzieht ab Juni die Seeoberfläche mit seinen weißen Blüten.

Das **Raue Hornblatt** *(Ceratophyllum demersum)* wächst von der Flachwasserzone bis in eine Tiefe von etwa zehn Metern.

Die **Weiße Seerose** *(Nymphaea alba)* zählt zur Schwimmblattzone im Uferbereich. Die Pflanze fällt durch große, weiße Blüten mit goldgelber Mitte auf.

Wasserschläuche (*Utricularia*-Arten) sind fleischfressende Pflanzen: Mit kleinen Fangblasen saugen sie Kleintiere wie etwa Wasserflöhe ein und verdauen sie. Sie sind im ganzen deutschsprachigen Raum gefährdet oder stark gefährdet.

Lebensraum Röhrichtzone

Viele der Tier- und Pflanzenarten der naturnahen Bodensee-Ufer sind in Mitteleuropa selten oder gar vom Aussterben bedroht. Daher kommt diesen Zonen eine überregionale, oft sogar europaweite Bedeutung zu. Bestimmend für das Landschaftsbild ist am Bodensee vielerorts – vor allem am Untersee – das Schilfröhricht. Das charakteristische Schilfrohr wächst im Grenzbereich der Flachwasserzone, dringt aber auch in Wassertiefen von bis zu zwei Metern vor.

Der kleine **Teichrohrsänger** *(Acrocephalus scirpaceus)* lebt im dichten Schilf und ist mit seinen langen Beinen ein hervorragender Kletterer.

Der stark gefährdete **Drosselrohrsänger** *(Acrocephalus arundinaceus)* ist mit etwa Sperlingsgröße die größte einheimische Rohrsängerart.

Der häufige **Breitblättrige Rohrkolben** *(Typha latifolia)* wächst in der Röhrichtzone des Sees bis zu einer Gewässertiefe von zwei Metern.

Zwergtaucher brüten im Bodensee-Raum mit fast 400 Revieren, vor allem am Schilfufer des Untersees und des Rheindeltas sowie auf Kleingewässern im Westen des Sees.

Haubentaucher *(Podiceps cristatus)* leben im Sommer einzeln oder als Familienverband an naturnahen Ufern.

Flora

Das **Rohrglanzgras** *(Phalaris arundinacea)* gehört zu den wichtigen Röhrichtbildnern am Bodensee (Untersee).

Schilfrohr *(Phragmites australis)* kann sehr hohe, dichte Gürtel entlang des Sees bilden. Die Art vermehrt sich durch Sprossausläufer.

Der **Strandling** *(Littorella uniflora)* ist gut an schwankende Wasserstände und die oft mehrmonatigen Überschwemmungen angepasst, denen die Vegetation des Strandrasens ausgesetzt ist.

Die **Strandschmiele** *(Deschampsia littoralis)* ist eine seltene endemische Art der Strandrasen. Deutschlandweit droht ihr das Aussterben.

Bekassinen *(Gallinago gallinago)* sind in Deutschland vom Aussterben bedroht. Sie brüten mit einem geschätzten Bestand von 180 Paaren am Bodensee.

Strandrasen

Die Ried-Vegetation fehlt an den nährstoffarmen, intensiv mechanisch belasteten flachen Kiesufern. Hier wächst im Bereich der Überschwemmungszone der sogenannte Strandrasen, ein für den Bodensee typischer (endemischer) Vegetationskomplex, der wissenschaftlich als Strandschmielen-Gesellschaft bezeichnet wird. Durch Bebauung, Tourismus und Nährstoffanreicherung sind Strandrasen stark bedroht. Da diese seltene Pflanzengesellschaft europaweit einzigartig ist, wurde sie Teil des europäischen Schutzgebietsnetzes »Natura 2000«.

Die **Rohrweihe** *(Circus aeroginosus)*, ein Greifvogel aus der Familie der Habichtartigen, hält beim Gleitflug ihre Flügel v-förmig nach oben.

Die seltene **Bartmeise** *(Panurus biarmicus)* brütet seit Mitte der 1970er Jahre regelmäßig im Wollmatinger Ried.

Das Röhricht des seltenen **Schmalblättrigen Rohrkolbens** *(Typha angustifolia)* findet man an einigen nährstoffreichen Schlammufern des Untersees.

Der **Höckerschwan** *(Cygnus olor)* lebt am Bodensee als Brutvogel mit einer sehr stabilen Population von rund 300 Paaren.

Das **Bodensee-Vergissmeinnicht** *(Myosotis rehsteineri)* wächst an Kiesufern ohne Schilfbewuchs und ist eine Charakterart des Strandrasens: Seine auffallend himmelblaue Blüte führte dazu, dass man früher einmal vom »Blauen Band« rund um den Bodensee sprach.

Zwergtaucher *(Tachybaptus ruficollis)* leben während der Brutzeit sehr versteckt.

Fauna

Der **Sumpfrohrsänger** *(Acrocephalus palustris)* ist wie die anderen Rohrsänger-Arten ein echter Charaktervogel der Schilfvegetation. Sein kunstvoll geflochtenes Nest zwischen Schilfhalmen wird auch bevorzugt vom Kuckuck genutzt, um dort sein Ei einzuschmuggeln. Sumpfrohrsänger brüten am Bodensee mit einem geschätzten Bestand von immerhin 2900 Revieren.

Die Schilfflächen im Wollmatinger Ried bieten zwischen 16 und 36 Paaren des **Rohrschwirls** *(Locustella luscinioides)* einen Lebensraum.

In den großen Riedgebieten ist die **Rohrdommel** *(Botaurus stellaris)* ein jährlicher Durchzügler und auch Wintergast.

Lebensraum Streuwiese, Strandwall, Auwald

Die Streuwiesen sind ein vom Menschen geschaffener Lebensraum. Die ursprünglichen Auwälder wurden gerodet, es entstanden feuchte, regelmäßig überflutete Wiesen. Sie wurden nur ein- bis zweimal im Jahr gemäht – so entwickelten sich die typischen Pfeifengras-Duftlauch-Wiesen mit ihrer Vielfalt seltener Tier- und Pflanzenarten. Die bodenseetypischen Silberweiden-Auwälder sind heute nur mehr in Resten zu finden: Flussbegradigungen, Dämme und Bebauung verhindern die starken Wasserschwankungen, die diese Wälder brauchen.

Das **Blaue Pfeifengras** *(Molinia caerulea)* war lange Zeit Strohersatz für den Viehstall, deshalb auch der Name »Streuwiese«.

Die **Bruchweide** *(Salix fragilis)* ist ein mittelgroßer, oft nur strauchig wachsender Baum, der mit anderen Gehölzarten dichte Gebüschzonen am Rand der Streuwiesen bilden kann.

Die **Sibirische Schwertlilie** *(Iris sibirica)* ist eine der seltensten Blütenpflanzen von Streuwiesen. Ihr Bestand gilt als gefährdet.

Die seltene **Sumpf-Siegwur** *(Gladiolus palustris)* ist die größte botanische Kostbarkeit des Wollmatinger Rieds

Wildschweine *(Sus scrofa)* leben im kleinen Rudel (Rotte). Sie gehören zu den größten im Auwald vorkommenden Säugetieren.

Rehbock *(Capreolus capreolus)*

Flora

Im Frühsommer lassen bis zu 50 000 blühende **Mehlprimeln** *(Primula farinosa)* die Wiesen am Bodensee rosafarben erleuchten.

Das **Blaue Pfeifengras** *(Molinia caerulea)* ist einer der Namensgeber für die Pfeifengras-Duftlauch-Wiesen am Bodensee. Die ausdauernde Art kann bis zu einen Meter Wuchshöhe erreichen und bildet meist große Horste. Unverkennbar für dieses Süßgras sind die bläulich überlaufenen Blütenrispen.

Wie viele weitere Orchideenarten wächst auch die **Wohlriechende Händelwurz** *(Gymnadenia odoratissima)* in den feuchten Streuwiesen.

Die **Mücken-Händelwurz** *(Gymnadenia conopsea)* lässt

Rotfüchse *(Vulpes vulpes)* leben nur als Jungtiere und in der Paarungszeit zusammen. Sonst sind sie Einzelgänger.

Strandwälle

Eine große Besonderheit, direkt angrenzend an die feuchten Wiesen, sind die »Strandwälle«, uferparallele, teils bis zu meterhohe Erhebungen. Sie bestehen aus Kalk: feiner Seekreide oder grobem, gerundetem Material, den nur hier vorkommenden »Schnegglisanden«. Selbst bei starkem Hochwasser bilden die Wälle Inseln, auf denen eine kalkliebende Trockenvegetation wachsen kann. Manchmal wachsen auch Gehölze auf den Wällen, es entsteht der sogenannte »Seehag«.

Für **Silberweiden** *(Salix alba)* sind stark schwankende Wasserstände kein Problem: Sie bilden bei Hochwasser zusätzliche Wurzeln am Stamm.

Die **Schwarzerle** *(Alnus glutinosa)* wächst bevorzugt auf feuchten bis nassen Standorten und verträgt auch häufige Überflutungen.

Stieleichen *(Quercus robur)* zählen zur Hartholzaue. Die Baumarten hier sind weniger überflutungstolerant als die der Weichholzaue.

Strandwälle bestehen hauptsächlich aus stark kalkhaltigem Material.

Rotfuchs *(Vulpes vulpes)*

Den tief azurblau blühenden **Frühlings-Enzian** *(Gentiana verna)* kennt man auch von mageren Almwiesen. Er braucht trockene Standorte mit kalkhaltigem Untergrund.

Die **Küchenschelle** *(Pulsatilla vulgaris)* zählt zur typischen Trockenvegetation der Strandwälle.

Dem **Biber** *(Castor fiber)*, dem größten Nagetier Deutschlands, dient die Rinde von Weichlaubhölzern wie Weiden über acht Monate im Jahr als wichtigste Nahrung.

Wiesenpieper *(Anthus pratensis)*

sich in den Naturschutzgebieten Wollmatinger und Eriskircher Ried entdecken.

Das **Fleischrote Knabenkraut** *(Dactylorhiza incarnata)* gilt in Deutschland als gefährdete Art der Roten Liste.

Die **Schwarzpappel** *(Populus nigra)* ist ein prägender Baum der Weichholzaue. Am Bodensee kommt sie ausschließlich im Landschaftsschutzgebiet »Bayerisches Bodensee-Ufer« bei Lindau vor. Die Zahl der Schwarzpappeln nimmt durch Kreuzung mit Hybridpappeln und den Schwund natürlicher Lebensräume stetig ab.

Die kalkliebende **Türkenbundlilie** *(Lilium martagon)* zeigt ihre turbanförmigen Blüten im Auwald von Juni bis August.

Bergregion Schwägalp-Säntis

Ein attraktives Ausflugsziel für Bodensee-Besucher ist der 2502 Meter hohe Säntis im Alpsteingebirge. Eine Seilbahn führt über die zerklüfteten Felswände der Nordwand zum Gipfel. An der Talstation liegt eine strukturreiche Alpweide-Moorlandschaft: die Schwägalp, ein durch traditionelle Bewirtschaftung und voralpine Natur geprägtes Gebiet. Im NaturErlebnispark Schwägalp/Säntis entdeckt man in prächtiger Kulisse die Tier- und Pflanzenwelt der Alpenrandketten auf Kalkgestein.

Die **Silberdistel** *(Carlina acaulis)* mit ihren silbrig schimmernden Hüllblättern findet sich in Magerrasen von der Ebene bis auf etwa 2800 Meter.

Das **Auerhuhn** *(Tetrao urogallus)* reagiert sehr empfindlich auf Störungen. Das Gebiet der Schwägalp ist eines seiner verbliebenen Refugien.

Der **Steinadler** *(Aquila chrysaetos)* besiedelt in der Schweiz den gesamten Alpenraum. Erst 1926 wurde der majestätische große Greifvogel unter Schutz gestellt, nachdem er um 1900 nahezu ausgerottet war.

Die **Türkenbundlilie** *(Lilium martagon)*, die kalkhaltige Standorte liebt, zeigt ihre turbanförmigen Blüten von Juni bis August.

Alpendohlen *(Pyrrhocorax graculus)* leben im Hochgebirge zumeist oberhalb der Baumgrenze. Nahe bei Hütten betteln die Rabenvögel oftmals auch Bergsteiger um einen Happen ihrer Brotzeit an.

Das Vorkommen der **Rostblättrigen Alpenrose** *(Rhododendron ferrugineum)* auf der Schwägalp ist eine absolute Rarität. Der immergrüne Strauch wird auch »Rostroter Almrausch« genannt.

Flora

Das Vorkommen von **Weißtannen** *(Abies alba)* charakterisiert die Montane oder Weißtannen-Buchen-Höhenstufe. Hier kommt diese Baumart meist in Buchen-Nadelbaum-Mischwäldern vor. Sie wächst bis in 2000 Meter Höhe.

Fichten *(Picea abies)* markieren in den Alpen die Obergrenze der Subalpinen Stufe.

Das Verbreitungsgebiet der **Rotbuche** *(Fagus sylvatica)* erstreckt sich über weite Teile Europas. In den Bergen steigt sie auf rund 1400 Meter, meidet aber steile Hänge mit bewegtem Schutt.

Die Blütenkrone des **Rundblättrigen Enzians** *(Gentiana orbicularis)* ist intensiv tiefblau gefärbt, die fünf breiten

Die Kolonie der **Alpensteinböcke** *(Capra ibex)* am Alpstein umfasst etwa 150 Tiere, die sich vorwiegend in den Felsgebieten aufhalten.

Typische Tierarten

- Rothirsch
- Schneehase
- Bergmolch
- Bergweißling
- Großer Perlmutterfalter

Gämsen *(Rupicapra rupicapra)* haben als echte Kletterkünstler ihren Verbreitungsschwerpunkt im Bereich der Waldgrenze. Weibchen und Jungtiere leben in Rudeln beisammen.

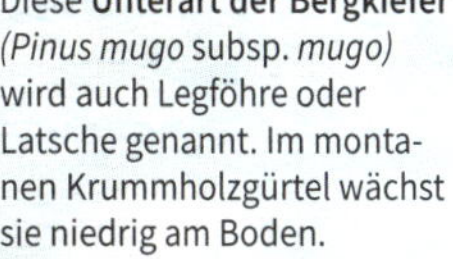

Diese **Unterart der Bergkiefer** *(Pinus mugo* subsp. *mugo)* wird auch Legföhre oder Latsche genannt. Im montanen Krummholzgürtel wächst sie niedrig am Boden.

Säntis (2502 Meter) mit Funkmast

Kolkraben *(Corvus corax)* beherrschen atemberaubende Flugmanöver: Loopings, paarweises Trudeln, Seitwärtsrollen und blitzschnelles Herabstürzen mit angelegten Flügeln.

Der **Schwarzgefleckte Bläuling** *(Maculinea arion)* lebt in enger Gemeinschaft mit Ameisen. Die sehr seltenen Falter finden sich auf extensiven Rinderweiden der Schwägalp.

Alpenmurmeltiere *(Marmota marmota)* legen ausgedehnte, weitverzweigte Baue an. Einzeltiere warnen die Kolonie durch einen schrillen Pfiff vor drohender Gefahr.

Kronzipfel sind fast kreisrund geformt.

Der **Gefranste Enzian** *(Gentiana ciliata)* blüht von Mai bis Oktober auf mageren, kalkhaltigen Wiesen und Weiden. Er blüht hellblau bis violett.

Die leuchtend orangerot blühende **Feuerlilie** *(Lilium bulbiferum)* findet sich auf extensiv genutzten Bergwiesen sowie auf Schuttfluren. Sie wächst bis auf Alpenhöhen von 2400 Metern, bevorzugt Kalkboden und warme, sonnige Hänge.

Die **Moosbeere** *(Vaccinium oxycoccos)*, die zur Gattung der Heidelbeeren gehört, wächst in Mooren und Moorwäldern. Die Beerenfrüchte sind essbar und haben einen süßsauren, teilweise auch leicht faden Geschmack.

Der Bodensee ist ein wichtiges Brutgebiet für Kolbenenten (Netta rufina) (siehe S. 66)

Ein Alpenmurmeltier (siehe S. 74) steht aufrecht in einer Wiese und sondiert die Lage

Tierporträts und Pflanzenwelt

Die naturnahe Kulturlandschaft der Bodensee-Region zählt zu den abwechslungsreichsten Gebieten Mitteleuropas – mit einer entsprechenden Vielfalt an Lebensräumen für die unterschiedlichsten Tier- und Pflanzenarten. Viele von ihnen kommen nur hier vor oder sind andernorts sehr selten, manchmal gar vom Aussterben bedroht. Dem Bodensee fällt daher eine überregionale, ja europaweit bedeutsame Rolle für Fauna und Flora zu.

Der Bodensee ist vor allem berühmt für seinen Vogelreichtum. Über 400 Arten wurden bisher hier gezählt, und für fast eine Viertelmillion Zugvögel ist er einer der wichtigsten Dreh- und Angelpunkte: Seine charakteristischen Flachwasserzonen gelten als wahre Rast- und Überwinterungsoasen von gesamteuropäischer Bedeutung.

Natürlich profitieren auch andere Tierarten von dieser lichtdurchfluteten, nährstoffreichen Zone im Uferbereich. Unzählige Kleinlebewesen – von winzigem Plankton über Insektenlarven bis zu Schnecken und Muscheln – leben im flachen Wasser. Seefrösche und kleine Fischarten wie Ukelei oder Bachschmerle halten sich das ganze Jahr über hier auf, andere Fische wiederum nutzen den Bereich nur als »Kinderstube«.

Landeinwärts beeindrucken die markanten Strandwälle mit ihrer typischen Gehölzflora, das bunt getupfte Pflanzenmosaik seltener Arten wie Orchideen oder Schwertlilien auf den ausgedehnten Streuwiesen vor allem in den Naturschutzgebieten oder die schützenswerten Auwaldreste mit ihren mächtigen Silberweiden. Bei Ausflügen ins Hinterland auf den Bodensee-Hausberg Pfänder bei Bregenz oder die Schwägalp am Fuß der Säntiskette in den Appenzeller Alpen lassen sich zudem seltene Tiere und Pflanzen der Berge, Moore und Alpweiden entdecken.

Die Lebensräume in der Bodensee-Region werden auf den folgenden Seiten über Symbole charakterisiert. Auch ist zu jeder beschriebenen Tier- und Pflanzenart ihr aktueller Gefährdungsstatus angegeben: bei den Tieren nach den Kategorien der IUCN (International Union for Conservation of Nature), bei den – teilweise endemischen – Pflanzen nach der Roten Liste Deutschland.

Haubentaucher

Ganzjährig kann man am Bodensee diesen etwa stockentengroßen Vogel beobachten. Er trägt seinen Hals sehr gerade und besitzt einen fast dolchartig spitzen Schnabel. Zum Tauchen machen diese Vögel einen plötzlichen Satz nach vorn, springen förmlich kurz aus dem Wasser, um dann blitzartig in steilem Winkel in den See einzutauchen.

Zahlen und Fakten

Art *Podiceps cristatus*

Größe 46–58 cm Körperlänge, Flügelspannweite 85–90 cm; Gewicht: 800–1400 g

Lebenserwartung 10–15 Jahre

Status LC

Fortpflanzung Eine Jahresbrut mit drei oder vier Eiern, Brutzeit: März–Juni

Lebensraum Größere stehende Gewässer mit Schilfgürtel, auch breite, langsame Flüsse und geschützte Küstengewässer

Wissenswertes Junge Haubentaucher können schon am Tag nach dem Schlüpfen schwimmen und bald auch tauchen. Zum Schutz vor Räubern hocken sie zu Beginn im Rückengefieder der Eltern.

Bestand Der Winterbestand beträgt zwischen 2000 und 4000 Tieren.

Familie und Fortpflanzung

Wenn im Frühjahr die typischen *aorrr*-Rufe erschallen, beginnt die Balz. Die Rituale sind kompliziert: Die Paare wenden sich einander zu, richten sich Brust an Brust auf, schütteln den Kopf, spreizen ihre Federhaube und tauchen nach Pflanzenteilen, die sie sich dann gegenseitig präsentieren. Die Brut erfolgt am seeseitigen Röhrichtsaum, oft finden sich mehrere Paare zu einer Kolonie zusammen. Das Nest kann auf dem Wasser schwimmen. Am Bodensee brüten die Haubentaucher mit etwa 1400 Paaren.

Lebensraum

Haubentaucher besiedeln die unterschiedlichsten Gewässer, von der Küste bis zu den Voralpenseen, und sind auch an Talsperren oder Baggerseen anzutreffen. Wichtig sind schilfreiche Ufer, die geeignete Nistplätze bieten, und ein gutes Nahrungsangebot an Kleinfischen.

Ernährung

Haubentaucher erbeuten bei ihrer Unterwasserjagd vor allem Klein- und Jungfische, manchmal fressen sie auch Krebse und Wasserinsekten.

Äußere Merkmale

Männchen und Weibchen sind identisch gefärbt mit weißem Gefieder an der Unterseite des schlanken, langen Halses und an der Brust. Im sommerlichen Prachtkleid fällt die schwarze Federhaube auf, die zum Gesicht hin rotbraune Federn zeigt. Das Rückengefieder ist ebenfalls dunkelrotbraun. Im Winter, im sogenannten Schlichtkleid, ist die Federhaube nur mehr eine schwarze Kappe, das Gefieder einheitlich graubraun gefärbt. Ein unregelmäßig schwarzweiß gestreiftes Kopfgefieder ist typisch für die Jungvögel.

Haubentaucher zählen zu den Lappentauchern: Ihre Beine tragen an den Zehen keine Schwimmhäute, sondern verbreiterte Schwimmlappen. Zieht der Vogel den Fuß nach vorn, falten sich die Lappen zusammen, beim Rückwärtsziehen öffnen sie sich und sorgen für den perfekten Antrieb im Wasser.

Schon gewusst?
Die Bodensee-Stiftung hat diesen so besonderen Vogel zu ihrem Wappenvogel gekürt.

Vögel

412 Vogelarten konnte man bislang am See und in den Naturschutzgebieten rund um den Bodensee nachweisen. Die weite Wasserfläche, das milde Klima und das reiche Nahrungsangebot ziehen besonders Wasservögel an, die zu Zehntausenden den See und die Flachwasserbereiche aufsuchen. Für Zugvögel ist der See eines der wichtigsten Rast- und Überwinterungsgebiete in Mitteleuropa.

IUCN-Kategorien

- **EX** Extinct (ausgestorben)
- **EW** Extinct in the Wild (in freier Wildbahn ausgestorben)
- **CR** Critically Endangered (vom Aussterben bedroht)
- **EN** Endangered (stark gefährdet)
- **VU** Vulnerable (gefährdet)
- **NT** Near Threatened (gering gefährdet, Vorwarnliste)
- **LC** Least Concern (nicht gefährdet)
- **DD** Data Deficient (keine ausreichenden Daten)
- **NE** Not Evaluated (nicht bewertet)

Kolbenente (LC)
Art *Netta rufina*

Mit dem runden, fuchsbraunen Kopf, roten Schnabel und der lackschwarzen Brust mutet das Männchen in seinem Prachtkleid fast exotisch an. In Mitteleuropa brütet die Tauchentenart nur selten, der Bodensee ist eines der wichtigsten Brutgebiete mit jährlich rund 400 Entenpaaren. Im Herbst zählt man bis zu 6000 Mausergäste, als Wintergast kommt die Ente zu mehreren Tausend Exemplaren.

Pirol (LC)
Art *Oriolus oriolus*

Das prächtig gelb und schwarz kontrastierende Gefieder des Männchens macht den amselgroßen Vogel zu einer der auffälligsten Arten Europas. Doch nur selten kann man ihn entdecken, denn der scheue Pirol lebt ganz oben in den Wipfeln hoher Laubbäume. Manchmal erklingt sein flötender Gesang. Am Bodensee liegt eines seiner Hauptbrutgebiete im Naturschutzgebiet Eriskircher Ried.

Rohrschwirl (LC)
Art *Locustella luscinioides*

Der einfarbige, zu den Grasmückenartigen zählende Rohrschwirl braucht große Altschilfbestände, die er am Bodensee-Ufer noch finden kann: Mit 16 bis 36 Paaren brütet er in den Schilfflächen des Wollmatinger Rieds. Man sieht ihn aber nur selten. Am ehesten verrät ihn sein charakteristischer Gesang in der Morgen- oder Abenddämmerung. Rohrschwirle überwintern in Afrika.

Schellente (LC)
Art *Bucephala clangula*

Etwa 60 Prozent des Tages verbringen Schellenten unter Wasser – dann picken sie Jungmuscheln und Köcherfliegenlarven vom Seegrund. Bis zu 1200 Mal pro Tag tauchen sie ab. Ihren Namen verdanken sie dem hell klingelnden Fluggeräusch. Der Bodensee ist für sie das wichtigste Überwinterungsgewässer im europäischen Binnenland. Zu Tausenden kommen sie im November aus der heimischen Taiga.

Blässhuhn (LC)
Art *Fulica atra*

Dieser zu den Kranichverwandten zählende mittelgroße Vogel ernährt sich hauptsächlich von Wasserpflanzen, Wasserinsekten, aber auch von Gräsern an Land und im Winter von Süßwassermuscheln. Daher haben Blässhühner, am Bodensee »Belchen« genannt, von der Einwanderung der Dreikantmuschel *(siehe S. 80)* profitiert. Blässhühner bauen ihre napfförmigen Nester im Schilf oder auf schwimmenden Pflanzenresten und verteidigen sie lautstark. Am Bodensee und den Kleingewässern rings um den See existieren etwa 1800 Brutreviere des Blässhuhns. Über den Winter kann man gar bis zu 60 000 Blässhühner am Bodensee beobachten.

Großer Brachvogel (NT)
Art *Numenius arquata*

Der Große Brachvogel gilt in Deutschland als vom Aussterben bedroht. Vor allem das Trockenlegen von Feuchtgebieten ist fatal. Zudem sind ausgedehnte Feuchtwiesen oder Schlickflächen für die Nahrungssuche wichtig: Mit den langen, gebogenen Schnäbeln stochern Brachvögel Würmer, Insekten und kleine Krebse aus dem Boden. Auch am Bodensee sind die Bruten des Vogels mit dem flötenden Ruf stark rückläufig. Doch haben hier seit etwa 30 Jahren die Winterbestände wieder zugenommen, wie Zählungen an den traditionellen Schlafplätzen, der Alpenrheinmündung oder dem Ermatinger Becken, zeigten. Bis zu 900 Brachvögel überwintern hier jährlich.

Rohrdommel (LC)
Art *Botaurus stellaris*

Die sehr seltenen Rohrdommeln sind untrennbar an dichte Röhrichtflächen gebunden, wo sie im Schutz des Schilfs auf heimliche Fischjagd im seichten Uferwasser gehen. Der Name stammt von seinem dumpfen, wie ein Brüllen klingenden Balzruf, der ihm auch den Beinamen »Moorochse« eingetragen hat. Droht Gefahr, erstarrt die eigentlich pummelige Rohrdommel in einer typischen schlanken Pfahlstellung mit nach oben gerecktem Hals und tarnt sich so perfekt zwischen den Schilfhalmen. Am Bodensee ist der Vogel nur ein sporadischer Brutvogel, jedoch alljährlicher Durchzügler und Wintergast (Sep – März) im Wollmatinger Ried, im Rheindelta und in Radolfzell.

Gänsesäger (LC)
Art *Mergus merganser*

Der scheue Vogel ist der größte Vertreter der europäischen Sägerarten. Auffällig ist der lange, gezähnte Schnabel mit dem Haken an der Spitze des Oberschnabels. Das Gefieder des Erpels ist im Winter großteils weiß mit schwarzgrünem Kopf, im Sommer sehen Weibchen und Männchen dagegen mit ihrem graubraunen Gefieder und dunkelbraunen Kopf sehr ähnlich aus. Gänsesäger brüten einmal im Jahr (März – Juni). Ihr Nest bauen sie in Ufernähe in Baumhöhlen. Am Bodensee brütet die Art unregelmäßig am Unterlauf der Bregenzerach. Die meisten Beobachtungen macht man von November bis März, wenn sie am See überwintern.

Flussbarsch

Am Bodensee trägt der Flussbarsch den Lokalnamen Kretzer oder Egli, sein gedrungener Körper und die Rückenflossen, von denen die vordere besonders auffallende Stachelstrahlen besitzt, haben ihm zusätzlich den Spitznamen »Stachelritter« eingetragen. In Deutschland ist dieser Süßwasserfisch der häufigste Vertreter der Barschartigen *(Perciformes)*.

Zahlen und Fakten

Art *Perca fluviatilis*

Größe Durchschnittlich 25 cm, maximal 60 cm; Gewicht: bis max. 4 kg

Lebenserwartung Etwa 20 Jahre

Status LC

Fortpflanzung Männchen mit ein bis zwei, Weibchen mit zwei bis vier Jahren geschlechtsreif. Laichzeit: März bis Juli, Eiablage in bis zu 1 m langen Gallertbändern

Lebensraum Süßwasser, in Wassertiefen von ein bis 30 m, meist 3–4 m

Wissenswertes Bei hohen Bestandsdichten neigt der Flussbarsch zur Kleinwüchsigkeit.

Bestand Aufgrund der Rückkehr zu nährstoffarmen Bedingungen ist der die Bestand eingebrochen.

Familie und Fortpflanzung

Zum Ablaichen suchen Flussbarsche das Flachwasser im Uferbereich des Bodensees auf. Die bis zu 300 000 Eier pro Weibchen sind verhältnismäßig groß. Sie werden in charakteristischen, netzartig gemusterten Gallertschnüren abgelegt, die die Barsche wie Bänder um Wasserpflanzen, eingetauchte Holzstücke o. Ä. wickeln. Die etwa einen halben Zentimeter langen Larven schlüpfen nach drei Wochen und schweben zunächst mithilfe ihres Dottersacks passiv im Wasser. Erst nach einigen Tagen beginnen sie, aktiv zu schwimmen und Zooplankton zu jagen.

Lebensraum

Flussbarsche sind sehr anspruchslos, was ihre Wohngewässer betrifft. Sie besiedeln Seen und Weiher ebenso wie Flüsse und größere Bäche oder Gräben. Im Bodensee leben sie zeitweilig im Freiwasser und wurden dort in großer Seetiefe (über 200 Meter) gesichtet. Junge Barsche schließen sich meist zu Schwärmen in Ufernähe zusammen.

Ernährung

Flussbarsche sind klassische Raubfische mit einem sehr weiten Nahrungsspektrum. Während junge Barsche vorwiegend von Zooplankton (etwa kleinen Krebstierchen) leben, ernähren sich die älteren Tiere vor allem von Insektenlarven, Würmern und anderen Fischen. Bevorzugt fressen sie zur Zeit des Sonnenauf- und Sonnenuntergangs.

Äußere Merkmale

Der Körper des Flussbarsches wirkt kompakt und gedrungen, der Rücken ist auffallend hoch gewölbt. Der Fisch ist, auch wenn die Färbung sehr variieren kann, meist graugrünlich gefärbt und weist etwa sechs bis zehn vertikal verlaufende dunkle Streifen auf. Von den beiden hintereinanderliegenden Rückenflossen zeigt die vordere einen deutlichen schwarzen Fleck am hinteren Rand. Die charakteristischen Stachelstrahlen sieht man sowohl in den Rücken- und Bauchflossen als auch in der Afterflosse. Das große Maul mit der endständigen Maulspalte ist mit zahlreichen scharfen Zähnen bestückt.

Schon gewusst?
Das feine, grätenarme Fleisch macht den Flussbarsch zu einem der begehrtesten Speisefische.

Fische

Im Bodensee kommen rund 36 Fischarten vor, vier Arten davon leben im Freiwasser: die Seeforelle, die Felchenformen Blaufelchen und Gangfisch und in größerer Wassertiefe der Seesaibling. Zu den häufigen Weißfischarten zählen Ukelei, Döbel, Hasel, Karpfen, Rotauge und Rotfeder, Raubfische sind Hecht, Wels, Aal und Zander. Auch seltene Arten wie Bitterling, Groppe und Moderlieschen sind vertreten. Die Flachwasserzone bietet vielen Jungfischen Lebensraum. Ganzjährig leben hier die Bodenfische Schmerle und Groppe.

Fischerei

Die Fischerei hat eine jahrhundertealte Tradition am »Schwäbischen Meer«, und viele Fischarten des Bodensees sind auch wirtschaftlich bedeutsam. Felchen und Flussbarsch sind die häufigsten Fangfische; man findet sie auf vielen Speisekarten *(siehe S. 24)*.

Felchen (je nach Art unterschiedlich: von LC bis EX)
Art *Coregonus sp.*

Als tiefer Voralpensee ist der Bodensee ein typisches Felchengewässer. Hier leben Blaufelchen (auch Bodenseefelchen; *Coregonus wartmanni*), Gangfisch und Sandfelchen – es ist nicht gesichert, ob diese Untergruppen, die sich hinsichtlich Aussehen, Wachstum, Reproduktionsrate und Laichzeit unterscheiden, zu verschiedenen (Unter-)Arten zählen oder nur sogenannte Ökotypen sind. Leitfischart des Bodensees und wirtschaftlich bedeutsam ist der Blaufelchen, der sich während seines gesamten Lebens im Freiwasser aufhält. Felchen ernähren sich als Raubfische von der Kleinfauna tiefer Wasserzonen. Nur zur Laichzeit im November und Dezember sieht man sie in großen Schwärmen auch oberflächennah im zentralen Seebereich. Die Eier sinken auf den Seeboden, nach rund 70 Tagen schlüpfen bei konstant kühlen 4 °C die Larven. Um den Bestand der Felchen zu sichern, wird zusätzlich Felchennachwuchs in Brutanstalten rund um den Bodensee künstlich erbrütet und erst später ausgesetzt. So erhöhen sich die Überlebenschancen der Jungfische. Trotz der wirtschaftlichen Nutzung ist der Gesamtbestand des Bodenseefelchens gesichert. Dazu tragen auch Schonzeiten bei: im Obersee alljährlich vom 15. Oktober bis zum 10. Januar, im Untersee vom 15. Oktober bis zum 20. Dezember. Gefangene Felchen müssen ein Mindestmaß von 30 Zentimeter aufweisen – so wird sichergestellt, dass sie sich mindestens einmal in ihrem Leben fortpflanzen.

Wels (syn. Waller) (LC)
Art *Silurus glanis*

Unter den Bodensee-Fischen ist der Wels der Riese: 2,60 Meter Länge und 90 Kilogramm Gewicht sind bei einzelnen Welsen möglich. Sie sind bodenorientierte Raubfische, die sich tagsüber am Seegrund aufhalten. Mit ihren Barteln am breiten Maul spüren sie im Schlamm verborgene Beutetiere über deren extrem schwache elektrische Felder auf. Im Winter graben sie sich am Seegrund ein, wo sie die kalte Jahreszeit überdauern.

Aal (CR)
Art *Anguilla anguilla*

Der Aal ist ein »katadromer Wanderfisch«: So wandert er als Larve und Jungfisch von seinem Schlupfort im Atlantik zu den Küsten Europas, lebt dann viele Jahre in Flüssen und Seen des Landesinneren, ehe er sich auf den Rückweg ins Meer macht, um dort zu laichen und zu sterben – eine Reise von fast 5000 Kilometern. Am Bodensee wurden Aale vor 130 Jahren eingesetzt und sind heute wichtige Fangfische.

Hecht (LC)
Art *Esox lucius*

Hechte halten sich gern in vegetationsreichen Uferzonen auf, wo sie im Schutz der Pflanzen gute Deckung finden. Die als sehr aggressiv geltenden Raubfische lauern dort auf Beute aller Art: Fische, Frösche, junge Wasservögel, Kleinsäuger und sogar die eigenen Artgenossen. Hechte können ein Gewicht von etwa 20 Kilogramm und Größen von ca. eineinhalb Meter erreichen und sind gut an ihrem charakteristischen langen »Hechtmaul« zu erkennen, in dem die scharfen Zähne in mehreren Reihen angeordnet sind. Diese Art kann sehr rasch an Größe zunehmen.

Quappe (syn. Trüsche) (LC)
Art *Lota lota*

Die zur Familie der Dorsche gehörende seltene Trüsche wird in der Bodensee-Region auch Quappe genannt. Ihr bis zu ein Meter langer, auffällig marmorierter Körper erinnert an einen Wels. Typisches Erkennungszeichen sind die lange Rücken- und Afterflosse und der dünne Bartfaden am Maul. Die Trüsche lebt im Tiefenbereich des Sees auf kiesig-sandigem Grund, kommt als Jungfisch aber auch im Flachwasser vor. Ihr Bestand ist im Bodensee derzeit stabil, während sie in vielen großen Fließgewässern wie Neckar, Rhein oder Oberer Donau als stark gefährdet gilt.

Karpfen (Zuchtform/Schuppenkarpfen: nicht erfasst; Wildkarpfen/ Spiegelkarpfen: VU)
Art *Cyprinus carpio*

Der aus Asien stammende Karpfen wurde von den Römern nach Europa gebracht. Seit dem Mittelalter, als man in Klöstern Süßwasserfische für die Fastenzeit heranzog, hält man ihn in Teichanlagen. Es existieren diverse Zuchtformen, die aber zur selben Art zählen. Karpfen mögen als Lebensraum Gewässer mit viel Pflanzenbewuchs, wo sie Nahrung – verschiedene Kleintiere – und als Jungfische Schutz finden. Und da sie auch Wärme lieben, kommen Karpfen besser als andere Fische mit höheren Temperaturen zurecht. In recht warmen Jahren vermehrt sich der Karpfen im Bodensee besonders erfolgreich.

Seesaibling (LC)
Art *Salvelinus alpinus*

Der Seesaibling gilt im Alpenraum als Glazialrelikt, er ist also seit der letzten Eiszeit hier heimisch. Die etwa 40 Zentimeter Länge erreichende, fast torpedoförmige Art, die zu den Salmoniden (Lachsfischen) zählt, bevorzugt kalte, tiefe, nährstoffreichere Seen. Seesaiblinge fressen Zooplankton (Kleinkrebse) und Insektenlarven, mit zunehmendem Alter auch andere Fische. Im Winter und im Frühjahr stehen sie dort tief, im Sommer dagegen eher nahe der Oberfläche. Bis zum Alter von vier Jahren bilden sie kleine Schwärme, später sind sie Einzelgänger. Zum Laichen suchen sie kiesige Bodenregionen in großer Tiefe auf, wo sie ihre Eier ablegen. In dieser Zeit sind die männlichen Fische auffällig bunt gefärbt.

Alpensteinbock

Die kraftvollen Alpensteinböcke mit ihren großen Hörnern, die scheinbar mühelos Steilwände erklimmen und auf den kleinsten Felsvorsprüngen sicheren Halt finden, zählen zu den beeindruckendsten Tieren des Hochgebirges. Neben dem jagenden Menschen haben sie einige natürliche Feinde: Steinadler, Bären und Wölfe.

Zahlen und Fakten

Art *Capra ibex*

Größe Kopf-Rumpf-Länge: männl. 65–105 cm, weibl. 65–70 cm; Gewicht: männl. 80–100 kg, weibl. 30–50 kg

Lebenserwartung 10–18 Jahre

Status LC MD

Fortpflanzung Paarung: Dezember und Januar, Tragzeit: 5–6 Monate

Lebensraum Ausgesprochener Felsbewohner, vor allem im Bereich zwischen Waldgrenze und alpiner Zone, bis in 3200 m Höhe

Wissenswertes Im 17. und 18. Jahrhundert schrieb man Steinbock-Präparaten eine magische Wirkung zu: Blut, Haare, Hörner, Bezoarsteine (aus dem Magen) und das Herzkreuz (ein Knorpel der Herzklappen) waren besonders begehrt.

Bestand am Säntis Kolonie von 150 Tieren.

Familie und Fortpflanzung

Die weiblichen Tiere werden mit etwa 18 Monaten, die männlichen mit zwei Jahren geschlechtsreif. Erbitterte Kämpfe mit konkurrierenden Böcken führen zu einem starken Sieger, der sich ab Dezember zur Herde aus zehn bis 20 Steingeißen gesellt und sich mit ihnen fortpflanzen darf. Nach einer Tragzeit von 147 bis 180 Tagen bringt das Weibchen meist ein Junges zur Welt, das gerade einmal 3000 Gramm wiegt. Bereits einen Tag nach der Geburt hüpfen kleine Alpensteinböcke selbstständig hinter ihrer Mutter her über steile Felsen und Geröll.

Lebensraum

Alpensteinböcke sind an offenes, felsiges Gelände gebunden, das oberhalb der Baumgrenze liegt. Dabei bevorzugen sie steile, zerklüftete Südhänge. Im Winter entdeckt man sie manchmal im offenen Bergwald der subalpinen Zone, doch auch hier sind ihnen eingesprengte Felspartien wichtig.

Ernährung

Alpensteinböcke ernähren sich wenig anspruchsvoll von Gräsern und Bergkräutern sowie von Sträuchern, Wurzeln, Flechten und Rinde. In schneereichen Wintern ziehen sie manchmal aus den Bergen zum Fressen auf tiefer gelegene alpine Wiesen, kehren jedoch nachts wieder in felsige Höhen zurück.

Äußere Merkmale

Bei der Art *Capra ibex* lassen sich die Geschlechter äußerlich gut auseinanderhalten: Böcke und weibliche Tiere (Steingeißen, wie sie korrekt genannt werden) unterscheiden sich erheblich in Größe und Gewicht. Das imposante, gebogene Gehörn der Männchen erreicht bis zu ein Meter Länge, während die Weibchen kurze Hörner tragen. Diese wachsen ein Leben lang um einige Zentimeter jährlich. Vor allem beim männlichen Tier lassen die gut sichtbaren Jahrringe auf der Hornrückseite so eine Altersschätzung zu: Meist werden zwei Wülste pro Jahr gebildet.

Schon gewusst?
Im 16. Jahrhundert waren die Steinböcke im Alpsteingebiet komplett ausgerottet.

Tiere der Bergregion

Berühmte Aussichtspunkte der Bodensee-Region wie der Pfänder (1064 m; *siehe S. 144f*) oder der Säntis (2502 m; *siehe S. 174f*) bieten nicht nur atemberaubende Panoramablicke. Das Mosaik aus dichten Fichten-Tannen-Buchen-Wäldern mit teils mächtigen Einzelbäumen und den ausgedehnten Wiesenflächen am Pfänderstock, die traditionell bewirtschafteten Alpweiden und die naturnahe Moorlandschaft am Säntisfuß sowie die schroffen Felshänge der Alpenrandkette bieten unzähligen Tierarten vielfältigste Lebensräume.

Für Entdecker

Der NaturErlebnispark Schwägalp/Säntis *(siehe S. 173)* und der Alpenwildpark auf dem Pfänder *(siehe S. 144f)* garantieren spannende Naturerlebnisse – interessante Entdeckungen sind bei Ausflügen auch in »freier Wildbahn« möglich.

Alpendohle (LC)
Art *Pyrrhocorax graculus*

Die schwarze Alpendohle mit dem gelben Schnabel und den hellroten Beinen ist ein echter Hochgebirgsspezialist. Wenn sie nicht im Schwarm in elegantem Flug um ein Alpenmassiv kreist und dabei manchmal geradezu akrobatische Flugmanöver vollführt, sucht sie auf alpinen Matten nach Nahrung: Kleintiere, Insekten, aber auch Samen oder Beeren.

Alpenmurmeltier (LC)
Art *Marmota marmota*

Der große Nager aus der Familie der Hörnchen wird bis zu 60 Zentimeter lang. Der Pflanzenfresser lebt ganzjährig oberhalb der Waldgrenze in den Hochlagen der Alpen. Die Kolonien bestehen aus einem Familienverband von bis zu 20 Tieren. Die ausgedehnten Erdbaue weisen ein ausgeklügeltes System aus unterschiedlichen Kammern und Röhren auf.

Gämse (LC)
Art *Rupicapra rupicapra*

Gämsen kennt man als typische Bewohner des Hochgebirges. Am liebsten halten sie sich im oberen Waldgürtel und darüber auf, nur im strengen Winter steigen sie auch in die Bergwälder herab und suchen dort nach Moos, Flechten und Baumknospen. Die guten Kletterer bewegen sich auf ihren kräftigen Beinen mit den relativ großen Hufen geschickt auf steilen Felspartien und -hängen.

Bergweißling (LC)
Art *Pieris bryoniae*

Dieser mittelgroße Schmetterling ist vom Schweizer und Französischen Jura über die Alpen bis zu den nördlichen und östlichen Karpaten verbreitet. Er lebt meist in Höhenlagen ab 800 Metern bis maximal knapp über die Baumgrenze. Meistens sieht man ihn auf Bergwiesen und an Bachrändern über blühenden Pflanzen gaukeln. Die Männchen sind oben weiß mit grauer Spitze am Vorderflügel.

Rothirsch (LC)
Art *Cervus elaphus*

Der Rothirsch ist das größte geweihtragende Tier unserer Wälder. Die weiblichen Tiere, die kein Geweih tragen, leben mit den Jungtieren in Rudeln, die ein Alttier anführt. Die männlichen Tiere streifen in eher lockeren Gruppen umher, alte Platzhirsche sind oft Einzelgänger. Zur Brunftzeit ab September zieht es sie zu den Hirschkühen. Der Anspruch auf das Rudel wird in dieser Zeit mit lautstarkem Röhren verteidigt. Als Lebensraum bevorzugen Rothirsche ausgedehnte Wälder mit offenen Lichtungen. Auch höher gelegene Wälder mit Alpweiden sind beliebt.

Steinadler (LC)
Art *Aquila chrysaetos*

Mit bis zu 2,30 Meter Flügelspannweite ist der Steinadler der größte Vogel der Alpenregionen. Mit Glück kann man ihn im Gebirge mit brettartig ausgebreiteten Schwingen im Aufwind über dem Felsmassiv kreisen sehen. Auf freien Flächen oberhalb der Baumgrenze jagt er Murmeltiere, Hasen, junge Steinböcke oder Gämsen. Vor allem im Winter verschmäht er auch Aas nicht. Die Horste der sehr störungsempfindlichen Greifvögel werden in unzugänglichen Felswänden angelegt. Um 1900 nahezu ausgerottet, ist er heute wieder im gesamten Schweizer Alpenraum anzutreffen.

Bergmolch (LC)
Art *Mesotriton alpestris*

Der etwa acht bis zwölf Zentimeter lange Berg- oder Alpenmolch mit dem orangefarbenen Bauch besiedelt alle Arten stehender Wasserstellen. Am häufigsten trifft man ihn jedoch in gewässerreichen Wäldern der Mittelgebirgszone an. In den Alpen gilt er als häufigste Amphibienart. Er steigt dort auf bis zu 2500 Höhenmeter. Im Hochmoor der Schwägalp am Säntis hat er einen perfekten Lebensraum.

Schneehase (LC)
Art *Lepus timidus*

Der im Sommer graubraune Schneehase trägt im Winter weißes Fell – die perfekte Tarnung, wenn er sich in Schneehöhlen oder verschneiten Zwergsträuchern verstecken möchte. Auch seine stark behaarten Pfoten, die wie Schneeschuhe funktionieren, sind eine Anpassung an alpine Winter. Der Schneehase bevorzugt Berghöhen über 1300 Meter und lebt dort in halboffenem Gelände.

Silberweide

Die schnell wachsende Silberweide ist unsere größte einheimische Weidenart. Als echter Pionier besiedelt sie auch extreme Standorte, erträgt mehrmonatige Überstauungen ebenso wie lange Trockenperioden. Ihr Name stammt von der silbrigen Behaarung der Blätter und Triebspitzen, die als Verdunstungs- und Strahlungsschutz dient.

Zahlen und Fakten

Art *Salix alba*

Höhe 20–25 Meter

Alter 80–100, maximal 200 Jahre

Status Rote Liste Deutschland: ungefährdet

Verbreitung Europa, Westasien. In Mitteleuropa vor allem im Tiefland und in Stromtälern; in alpinen Tälern bis auf etwa 600 m Höhe

Lebensraum Au- und Bruchwälder sowie an Gewässerrändern.

Wissenswertes Da Weidenholz sehr weich ist, kann der mächtige Stamm alter Bäume oftmals hohl sein. Er dient dann vielen Tierarten als Lebensraum.

Vermehrung

Zeitgleich mit dem Laubaustrieb erscheinen ab April die Blütenkätzchen, aus denen sich nach der Bestäubung durch Insekten Kapselfrüchte entwickeln. Diese platzen im frühen Sommer auf, und die mit Flughaaren versehenen Samen werden mit dem Wind verbreitet.

Lebensraum

Silberweiden-Wälder wachsen oft am Rand großer Flüsse oder Seen und dort gern auf tiefgründigen, feuchten bis nassen Schwemmland-Standorten mit stark schwankendem Wasserpegel. In solchen zeitweilig überfluteten Auen mit 175 bis 300 Tagen Überschwemmungsdauer können sich andere Waldgesellschaften wegen der Wasserstandsschwankungen nicht entwickeln.

Verwendung

Wie die Korbweide *(Salix viminalis)* wurde auch die ausschlagfähige Silberweide früher gern als »Kopfweide« genutzt und jährlich bis auf den Stamm zurückgeschnitten: Die biegsamen, rasch nachwachsenden Ruten ließen sich hervorragend für die Korbflechterei nutzen. Das weiche, leichte Holz wird zu Schachteln verarbeitet. Die Inhaltsstoffe der Rinde wie Salicin und weitere Substanzen wirken fiebersenkend und mildern entzündliche Schmerzen sehr gut.

Äußere Merkmale

Die silbrigen Haare an den dunkelgrünen, lanzettförmigen, wechselständig angeordneten Blättern und an den Trieben machen diese Weide unverwechselbar. Auch die unregelmäßig wirkende Baumkrone ist typisch für die Silberweide. Die tief längsrissige Borke wirkt bei jungen Bäumen weißlich grau, bei Altweiden eher graubraun.

Bestandsentwicklung am Bodensee

Von den Silberweiden-Auwäldern sind nur noch wenige intakte Bestände in Naturschutzgebieten, auf Verlandungszonen am Seeufer oder an den Mündungen der großen Zuflüsse wie der Argen zu finden. Nur noch 300 Hektar Auwald wachsen am Bodensee. Flussbegradigungen, zunehmende Bebauung und Hochwasserschutzdämme verhindern vielerorts die wichtigen Überflutungen.

Schon gewusst?

Der Biber lebt eng an die Weide angepasst, Aststücke dienen ihm als Baumaterial, Rinde als Nahrung.

Pflanzenwelt

Das milde, fast mediterrane Klima, das Europas flächenmäßig drittgrößter See erzeugt, bietet einer Vielzahl von Pflanzenarten einen begünstigten Lebensraum. Von den Wasserpflanzen im See über die amphibische Landschaft des breiten Schilfgürtels, die Riedlandschaften mit ihren vielen seltenen Arten bis hin zu den urwüchsigen Auwaldresten in naturnahen Gebieten weist die Seeregion viele botanische Besonderheiten auf. Auch im Hinterland des Bregenzerwalds oder auf dem Säntis lockt eine einzigartige Pflanzenwelt.

Rote Liste

- 0 ausgestorben oder verschollen
- 1 vom Aussterben bedroht
- 2 stark gefährdet
- 3 gefährdet
- G Gefährdung unbek. Ausmaßes
- R extrem selten
- V Vorwarnliste
- * ungefährdet
- D Daten unzureichend
- ◊ nicht bewertet
- – kein etablierter Nachweis

Rispige Graslilie (V)

Art *Anthericum ramosum*

Auf den trockenen Standorten der Strandwälle *(siehe S. 56f)* findet man die wärmeliebende Pflanze in kleinen oder größeren Gruppen. Die uferparallelen, manchmal meterhohen Wälle aus Kalkmaterial garantieren selbst bei Hochwasser warme Trockeninseln in der feuchten oder nassen Umgebung. Die Pflanze hat grasartige Blätter. Sie trägt ihre sternförmigen Blüten in einem rispenartigen Blütenstand.

Kleines Knabenkraut (2)

Art *Orchis morio*

Das Kleine Knabenkraut braucht nährstoffarme Wiesen. Den Namen »Narrenkappe« erhielt es wegen der Form seiner Blüten, die in einem lockeren bis dichtblütigen Blütenstand stehen. Sie können viele Farbvariationen aufweisen: zartrosa, purpurfarben bis ganz weiß. Ein Erkennungsmerkmal für diese seltene Orchidee ist die grünlich violette Äderung der Blütenblätter, die die helmartige Kappe bilden.

Ufer-Hahnenfuß (2)

Art *Ranunculus reptans*

Der Ufer-Hahnenfuß ist eine Charakterart der Strandrasen. Am Ufer ist er den Schwankungen des Wasserstands ausgesetzt, doch selbst mehrmonatige Überschwemmungen übersteht er unbeschadet. Die Art gilt in Mitteleuropa als selten, sie wird in Deutschland als vom Aussterben bedroht eingestuft. Der Bodensee weist die bedeutendsten Vorkommen der Schweiz und Süddeutschlands auf.

Eberesche (3)

Art *Sorbus aucuparia*

Verbreitungsschwerpunkt der Eberesche ist in den Mittelgebirgen, steigt jedoch im Bergmischwald bis zur alpinen Baumgrenze. Die korallenroten, herb schmeckenden Beeren sind sogenannte Scheinfrüchte und gering giftig. Bei mehr als 60 Vogelarten sind sie äußerst beliebt. Vielerorts ist der manchmal auch strauchartig wachsende Baum daher als Vogel- oder Drosselbeere bekannt.

Rundblättriger Sonnentau (3)
Art *Drosera rotundifolia*

Sonnentau-Arten zählen zu den fleischfressenden Pflanzen, die mit ihren tentakelbesetzten Blättern Insekten fangen und verdauen. So gewinnen sie im nährstoffarmen Boden zusätzlich wichtige Stickstoffverbindungen, die sie für ihr Überleben benötigen. Der Rundblättrige Sonnentau gilt als gefährdet und steht in Deutschland unter Schutz. Die bis zu 15 Zentimeter hohe Pflanze blüht zwischen Juli und August. Feuchtgebiete und Hochmoorlandschaften, wie man sie etwa in der Schwägalp-Region findet, sind ihr bevorzugter Lebensraum.

Lungenenzian (2)
Art *Gentiana pneumonanthe*

Der azurblau blühende Enzian besiedelt feuchte Biotope wie Flachmoore und Feuchtwiesen – Gebiete, die durch Entwässerung, Grünlandnutzung oder Düngung zusehends verschwinden. Zudem vermehrt sich diese konkurrenzschwache Art nur über Samen, die auf vegetationsfreien Boden fallen müssen. Im Wollmatinger Ried findet die gefährdete Pflanze noch einen Lebensraum und bietet hier auch einem seltenen europäischen Tagfalter eine Entwicklungsmöglichkeit: Der Lungenenzian-Ameisenbläuling nutzt ausschließlich den Lungenenzian zur Eiablage.

Wohlriechender Lauch, Duftlauch (V)
Art *Allium ramosum, syn. Allium suaveolens*

Der seltene Wohlriechende Lauch ist einer der Namensgeber für die Pfeifengras-Duftlauch-Wiesen am Bodensee. Außerhalb des Bodensee-Raums tendiert diese besondere Vegetationsgesellschaft deutschlandweit zum Status »vom Aussterben bedroht«: Streuwiesen reagieren empfindlich auf Entwässerungs- oder Düngemaßnahmen. Wohlriechender Lauch blüht von Sommer bis Herbst purpurfarben.

Faulbaum (*)
Art *Rhamnus frangula, syn. Frangula alnus*

Der mehrstämmige Strauch wächst vorwiegend auf feuchten und wechselfeuchten Standorten. Damit findet er besonders im Auwald einen ihm zusagenden Lebensraum. Der Faulbaum stellt die Hauptnahrungsquelle der Raupen des Zitronenfalters dar. Der unangenehm faulige Geruch der frischen Rinde hat dem Strauch seinen deutschen Namen eingetragen.

Neozoen und Neophyten

Tiere und Pflanzen »mit Migrationshintergrund« – es gibt sie zunehmend auch im Bodensee-Raum. Die Neozoen (»neue Tiere«) und Neophyten (»neue Pflanzen«) wurden eingeschleppt, ausgesetzt oder sind aus zuvor eroberten Nachbarregionen eingewandert. Als gebietsfremde Arten können sie die Zusammensetzung der heimischen Flora und Fauna beeinflussen, als Nahrungskonkurrenten auftreten, möglicherweise sogar endemische Arten komplett verdrängen. Welche ökologischen oder auch ökonomischen Folgen dies haben wird, ist bisher offen. Auf dem Portal neobiota.de des Bundesamts für Naturschutz erfährt man mehr über invasive und gebietsfremde Arten.

Definition sogenannter »Neobiota«

Nach vorherrschender wissenschaftlicher Übereinkunft werden ab dem Jahr 1492 (Entdeckung Amerikas durch Kolumbus) eingeschleppte Arten als Neobiota, also Neophyten oder Neozoen, bezeichnet.

Neozoen

Kaulbarsch

Art *Gymnocephalus cernuus*

Der in mittel- und osteuropäischen Flüssen sowie in der Ostsee verbreitete Kaulbarsch trat 1987 erstmals im Bodensee auf. Wahrscheinlich wurde er bei Fischbesatzmaßnahmen versehentlich eingeschleppt. Seit Mitte der 1990er Jahre ist dieser in geselligen Schwärmen lebende Neozoe bereits zu einem der häufigsten Fische im Uferbereich geworden. Es wird vermutet, dass der Kaulbarsch ein Nahrungskonkurrent des einheimischen Flussbarsches *(siehe S. 68f)* ist und diesen so künftig verdrängen könnte. Ein wichtiges Unterscheidungsmerkmal zwischen Kaul- und Flussbarsch ist die beim Kaulbarsch ungeteilte Rückenflosse – die vordere und die hintere Flosse sind miteinander verwachsen.

Weitere wichtige Neozoen

- Sonnenbarsch *(Lepomis gibbosus)*
- Grobgerippte Körbchenmuschel *(Corbicula fluminea)*
- Kamberkrebs (syn. Amerikanischer Flusskrebs) *(Orconectes limosus)*
- Signalkrebs *(Pacifastacus leniusculus)*
- Großer Höckerflohkrebs *(Dikerogammarus villosus)*
- Donau-Schwebegarnele *(Limnomysis benedeni)*
- Italienische Sumpfdeckelschnecke *(Viviparus ater)*

Dreikantmuschel (syn. Zebramuschel, Wandermuschel, Quagga-Muschel)

Art *Dreissena polymorpha*

Die häufigste Muschel im Bodensee wurde Mitte der 1960er Jahre eingeschleppt. Ursprünglich stammt sie aus dem Schwarzmeergebiet und gelangte wohl als »blinder Passagier« an Bootsrümpfen in den Bodensee. Allmählich verdrängt der Einwanderer die heimische Teichmuschel. Doch sie dient auch Wasservögeln als wichtige Nahrungsquelle.

Chinesische Wollhandkrabbe

Art *Eriocheir sinensis*

Die Chinesische Wollhandkrabbe wurde 1983 erstmals am Bodensee nachgewiesen. Mit Schiffen gelangte die aus Ostasien stammende Krabbe Anfang des 20. Jahrhunderts nach Europa und breitete sich rasch aus. Die räuberische Krabbe ist ein Nahrungskonkurrent für andere Wasserbewohner, doch fast noch gravierender sind die Schäden, die sie durch ihre Gänge an Uferbefestigungen verursacht.

Neophyten

Indisches Springkraut

Art *Impatiens glandulifera*

Die etwa mannshoch werdende Pflanze mit rosa- bis pinkfarben leuchtenden Blüten wurde Anfang des 19. Jahrhunderts als Zierpflanze aus dem Himalaya-Gebiet eingeführt. Rasch gelang ihr der »Sprung über den Gartenzaun«: durch Samenflug, Ausschwemmen der Samen in kleinen Wasserläufen aus Gärten und Parks, Entsorgen verblühter Pflanzen im Wald oder über direkte Aussaat durch Imker, die das Indische Springkraut für eine vermeintlich gute Bienenweide hielten. Problematisch ist in vielen Gebieten die unglaublich schnelle Verbreitung der einjährigen Pflanze: Ein einziges Springkraut bildet Tausende von Samen, die explosionsartig sieben Meter weit geschleudert werden. Heimische, oft seltene Pflanzenarten können mit dieser Ausbreitungsgeschwindigkeit nicht mithalten und werden deshalb verdrängt. Damit kann auch die Lebensgrundlage einheimischer Insekten gefährdet sein, die das Indische Springkraut nicht als Nahrungspflanze nutzen können. Wenn Uferböschungen fast flächendeckend überwuchert werden, droht eine weitere Gefahr: Die kleinen, sehr flachen Wurzelballen des Indischen Springkrauts befestigen das Erdreich nicht ausreichend, bei Starkregen können sogar ganze Hänge abgeschwemmt werden.

Weitere wichtige Neophyten

- Riesen-Bärenklau (syn. Herkulesstaude) *(Heracleum mantegazzianum)*
- Japanisches Reisfeld-Schaumkraut (*Cardamine flexuosa* auct. non With.)

Japanischer Staudenknöterich

Art *Fallopia japonica*

Diese stark wuchernde Knöterich-Art stammt aus dem ozeanischen Ostasien, wo sie als Zierpflanze geschätzt wird. In Deutschland verwilderte sie 1872 erstmals aus einer Gärtnerei – und seit diesem Zeitpunkt breitet sie sich stetig weiter aus. Auch am Bodensee tauchen immer mehr Flächen der Pflanze auf, die die einheimische Vegetation bedrängen.

Kanadische Goldrute

Art *Solidago canadensis*

Der leuchtend gelb blühende Korbblütler wurde als Ziergewächs aus Nordamerika eingeführt. Zunächst griffen die flugfähigen Samen der Kanadischen Goldrute aus den Gärten heraus auf von Menschen geprägte Standorte über, schließlich auch auf weitere naturnahe Stellen. Auch am Bodensee sind mittlerweile einige Naturschutzgebiete über und über mit Goldruten bewachsen. Ein Zurückdrängen des konkurrenzkräftigen Neophyten durch Mahd ist langwierig und schwierig, da auf die schützenswerte Begleitvegetation Rücksicht genommen werden muss.

Naturkalender

Für Naturfreunde ist der Bodensee-Raum zu jeder Jahreszeit ein äußerst attraktives Reiseziel. Die Pflanzenwelt ist von einzigartiger Vielfalt, der Vogelreichtum sogar berühmt. Kenner suchen gern die ursprünglichen Landschaften der Schutzgebiete direkt am See auf: das Wollmatinger Ried zwischen Konstanz und Reichenau *(siehe S. 108)*, das Rheindelta zwischen Fußach und Rheineck *(siehe S. 154)*, die Halbinsel Mettnau bei Radolfzell *(siehe S. 109)* und das Eriskircher Ried *(siehe S. 134f)*. Diese Naturschutzgebiete lassen sich am besten im Rahmen einer naturkundlichen Führung erkunden. Doch auch beim ganz normalen Spaziergang an einer Uferpromenade genießt man nicht nur ein herrliches Seepanorama, sondern kann das ganze Jahr hindurch Vögel beobachten – oft sogar seltene Arten.

Wollmatinger Ried

Wasservögel im Lauf des Jahres

März – Juli	Brut
Juli – September	Mauser
März – Mai und August – Oktober	Rast während des Vogelzugs
Oktober – März	Überwinterung

Frühling

Im Vorfrühling rasten im Eriskircher Ried die seltenen Singschwäne vor ihrem Flug in die Brutgebiete des hohen Nordens. Auch viele Watvogelarten kann man zu dieser Zeit noch beobachten. Im weiteren Verlauf des Frühjahrs dient der Bodensee vielen Vögeln als bedeutendes Brutgebiet, allen voran Blässhühnern und Haubentauchern. So balzen etwa in der Flachwasserzone des Naturschutzgebietes Bodensee-Ufer in manchen Jahren bis zu 100 Paare.

Ebenso lohnend für Vogelfreunde ist ein Abstecher zur Halbinsel Mettnau und der Plattform beim Ententeich. Auf der Mettnau lassen sich auch die letzten ursprünglichen Auwälder des Bodensees bewundern.

Tipp: Vom 15. April bis zum 30. August ist der Weg an die Spitze der Halbinsel Mettnau zum Schutz der brütenden Vögel gesperrt. Doch vom Mettnau-Turm aus hat man ganzjährig einen hervorragenden Blick.

Wer beim Rheindelta den Dammweg der Fußacher Bucht entlangspaziert, entdeckt Teichrohrsänger und Rohrammern, ab Mai Drosselrohrsänger oder Zwergdommeln. Auf den Riedwiesen rasten zu dieser Zeit Braun- und Schwarzkehlchen, in der Hartholzaue erschallt das Nachtigallenkonzert. Überall beginnt sich eine vielfältige Pflanzenwelt zu entfalten.

Sommer

Im Frühsommer, von Mai bis Juni, verwandeln Zehntausende von blühenden Sibirischen Schwertlilien die Riedwiesen von Wollmatingen und Eriskirchen in eine blauviolette Komposition. Ein wunderbarer Ausblick auf die »Iris-Wiesen« bietet sich beispielsweise an der Zufahrt zum Eriskircher Strandbad.

Im Juli beginnt die Mauser der Wasservögel, die sich bis zum September zieht. Während dieser Zeit des Gefiederwechsels sieht man teils kleine Mausertrupps, teils große Mausergesellschaften verschiedener Vögel in der Flachwasserzone. Im See sieht man im Sommer oftmals Federn treiben.

Während im Frühjahr und Frühsommer der Wasserstand durch die Schneeschmelze in den Alpen um durchschnittlich fast zwei Meter steigt, geht der Wasserstand des Sees bereits ab Juli/August allmählich wieder zurück. Jetzt werden besonders in den kleineren Buchten und am Untersee ausgedehnte Schlickflächen sichtbar, die Watvögeln als Rast- und Futterplätze dienen.

Herbst

Schon im Spätsommer beginnt der Vogelzug, im Herbst hat er seine hohe Zeit. Dann sind die weitläufigen Schilfflächen des Wollmatinger Rieds wichtige Rastflächen. Auf den frei liegenden Schlickbereichen lassen sich Große Brachvögel, Bekassinen, Kiebitze und Alpenstrandläufer beobachten. Im Spätherbst finden sich auf dem See auch einige Seetaucher ein (Pracht- oder Sterntaucher, sogar Eistaucher).

Das Eriskircher Ried kanalisiert die durchziehenden

Irisblüte im Eriskircher Ried

Vögel entlang des Uferstreifens so stark, dass hier pro Tag schon über 30 000 Vögel unterschiedlicher Arten gezählt wurden.

Wer im Herbst das Rheindelta besucht, sieht in der Fußacher Bucht riesige Entenschwärme.

Winter

Bodenseetypische Attraktion sind die Vogelscharen, die hier in der kalten Jahreszeit überwintern. Ufer und Wasserfläche sind meist frei von Eis, das Nahrungsangebot ist reichhaltig. Neben einheimischen Wasservögeln können Naturfreunde jetzt auch unzählige teils seltene Wintergäste aus dem Norden beobachten. Bei Wetterstürzen im übrigen Land kommt es zudem zu Schneefluchten von Vögeln ins milde Bodensee-Becken. Auf den Wasserflächen und Flachwasserzonen vor dem Rheindelta, dem Eriskircher Ried, dem Ermatinger Becken mit den »Begrenzungen« Reichenau und Wollmatinger Ried sowie dem Westende des Sees bei Moos finden sich jetzt gigantische Ansammlungen von Wasser- und Watvögeln ein.

Wer sich für einen Besuch des Eriskircher Rieds entscheidet, kann Scharen von bis zu 30 000 Vögeln hervorragend vom freien Seezugang neben der Badeanstalt beobachten: Schwarzhalstaucher, verschiedene Entenarten, Gänsesäger oder Singschwäne. Das Rheindelta gilt als Geheimtipp: Hier sind die Chancen auf seltene Entdeckungen inmitten der üblichen Durchzügler besonders groß.

Wasserstand

Sinkt der Bodensee-Wasserstand unter einen in Konstanz stündlich digital gemessenen und im Internet abrufbaren Pegel von 300 Zentimetern, fallen Schlickflächen rund um den See frei. Dagegen ist bei Pegelständen über 320 Zentimetern das Rheindelta das einzige Gebiet am Bodensee mit größeren Schlickflächen.

Wichtige Hinweise

Verhalten Bleiben Sie in Schutzgebieten auf den markierten Wegen. Aussichtsplattformen an besonders interessanten Stellen und verschiedene Lehrpfade bieten Besuchern optimale Möglichkeiten zum Beobachten und Fotografieren von Tieren.

Ausrüstung Bei geführten Exkursionen wie auch Wanderungen auf eigene Faust empfehlen sich stabile Schuhe und je nach Wetter Sonnen- oder Regenschutz. Zur Zeit des sommerlichen Hochwassers sind bei Riedführungen Gummistiefel nützlich, von Juni bis September Mückenschutz. Wer Vögel und andere Tiere beobachten will, kann auf ein Fernglas kaum verzichten. Am besten wählt man eines mit 7- bis 10-facher Vergrößerung (etwa 8 x 42, 10 x 42 oder 8 x 56).

Auf einen Blick: Naturschutzzentren

Naturschutzzentren bieten ganzjährig interessante Ausstellungen, naturkundliche Vorträge, Führungen und Naturerlebnisangebote für Kinder an.

Eriskircher Ried
Naturschutzzentrum Eriskirch
Bahnhofstr. 24, D-88097 Eriskirch **+49 7541 818 88** **Apr – Okt: Di – Do 14 – 17, Fr – So 10 – 13, 14 – 17; Nov – März: Di – Do 14 – 16, Fr 9 – 12, So 14 – 17** **naz-eriskirch.de**

Mettnau & Wollmatinger Ried
NABU-Bodenseezentrum
Am Wollmatinger Ried 20, D-78479 Reichenau **+49 7531 921 66 40** **Apr – Sep: Mo – Fr 9 – 12, 14 – 17, Sa, So 13 – 15:30** **nabu-bodensee zentrum.de**

Rheindelta bei Fußach
Naturschutzverein Rheindelta
Im Böschen 25, A-6971 Hard **+43 5578 744 78** **Apr – Okt: Sa, So 11 – 17** **rheindelta.org**

Lindau
Bund Naturschutz
Naturschutzhäusle, Lotzbeckweg 1, D-88131 Lindau **+49 8382 88 75 64** **Mo, Mi – Fr 8:30 – 11:30, Mi auch 16 – 18** **lindau.bund-naturschutz.de**

Bodensee-Wasserstand
bodenseee.net/pegel
bodensee-hochwasser.info

DEN BODENSEE
ERLEBEN

Das prachtvolle Konstanzer Münster

Deutsche Seite **94**

Österreichische Seite **140**

Schweizer Seite **158**

Bodensee-Radweg im Überblick

Der Bodensee-Radweg ist wegen der malerischen Landschaft, des Bergpanoramas und der schönen Dörfer und Städte am See einer der beliebtesten Radwege Europas. Fast jeder Bodensee-Besucher setzt sich wenigstens einmal auf ein Rad – für einen kurzen Ausflug oder gleich für mehrere Tage. Der Radweg rund um den Bodensee ist rund 260 Kilometer lang und verläuft fast durchwegs in der Nähe des Ufers. Bis auf ein leicht hügeliges Gebiet rund um den Überlinger See gibt es auf der Route kaum Höhenunterschiede, sodass der Radweg auch für Familien mit Kindern und für ältere Besucher geeignet ist.

Grenzübergang

Dass Sie bei der Umrundung des Sees durch drei Länder kommen, merken Sie kaum: Die Grenzübergänge sind grüne Grenzen – nur ein kleines Schild weist daraufhin, dass Sie sich in einem anderen Land befinden. Dennoch sollten Sie immer einen Ausweis dabeihaben.

Der Bodanrück ist der einzige Streckenabschnitt mit Steigungen

Fahrradverleih

In fast jedem Ort am Bodensee sowie an vielen Bahnhöfen und bei Hotels kann man sich ein Fahrrad leihen, sei es ein normales Tourenrad, ein Tandem oder ein E-Bike.

Allg. Deutscher Fahrrad-Club (ADFC)
Mohrenstraße 69, D-10117 Berlin
+49 30 20 91 49 80
adfc.de

SchweizMobil
Monbijoustr. 61, CH-3007 Bern
+41 31 313 02 70
schweizmobil.ch

Radverleih (Auswahl)
Zweirad-Wagenknecht, Konstanz
zweirad-wagenknecht.de
Radverleih Friedrichshafen
radverleih-friedrichshafen.de
Fahrrad Unger, Lindau
fahrrad-unger.de
Radverleih Bregenz
radverleih-bregenz.at

Reisen ohne Gepäck
Austria Radreisen
austria-radreisen.at
Radweg-Reisen
bodensee-radweg.com
Velociped Radreisen
velociped.de
Rad & Reisen
radreisen.at

Fähren und Schiffe

Auf Fähren und Kursschiffen können Sie Ihr Rad mitnehmen und so die Verbindungen über den See nutzen (Anleger und Linien *siehe hintere Umschlaginnenseiten*).

Insel Lindau

Erreicht man auf der Umrundung des Bodensees oder bei einer Tagestour die Insel Lindau *(siehe S. 136–139)*, sollte man sich ruhig ein paar Stunden gönnen, um die Altstadt zu erkunden. Am schönsten erreicht man die Insel über den Eisenbahndamm. Lindau liegt nicht nur am Bodensee-Radweg, hier beginnt auch der Bodensee-Königssee-Radweg.

Kunst und Kultur

Der Bodensee-Radweg führt meist auf Radwegen oder wenig befahrenen Nebenstraßen am Ufer des Sees entlang, vorbei an Kulturdenkmälern wie hier der Basilika Birnau *(siehe S. 117)*.

Beschilderung

Der Bodensee-Radweg ist lückenlos und in allen drei Ländern sehr gut beschildert. Das Emblem zeigt überall einen schwarzen Radfahrer mit blauem Hinterrad auf weißem Grund, nur die Farben der Schilder weichen voneinander ab. In Deutschland ist die Beschriftung grün auf weißem Grund, in Österreich schwarz, und in der Schweiz sind die Schilder rot.

Beste Fahrtzeit

Der Bodensee-Radweg hat fast zu jeder Jahreszeit seinen eigenen Reiz. Im Frühjahr fährt man durch Obstplantagen und hat schneebedeckte Berge vor Augen. Im Sommer kann man Radtouren mit Badevergnügen verbinden. Dann ist es auch am vollsten. Im Herbst ist man fast allein unterwegs.

Fahrtdauer

Wie viel Zeit man für eine Umrundung einplant, hängt in erster Linie davon ab, wie sehr man sich Landschaft, Kultur und Kulinarik widmen möchte. Insofern ist zwischen einem und sieben Tagen alles möglich.

Teilstrecken

Aufgrund der sehr guten Verkehrsanbindungen mit Bahn und Schiffen kann man auch nur Teilstrecken des Bodensee-Radwegs befahren und dann mit Bahn oder Schiff zum Ausgangspunkt zurückkehren.

Umrundung

Man kann den Bodensee in »Eigenregie« umrunden oder an einer organisierten Fahrt teilnehmen, bei der Übernachtungen gebucht sind und das Gepäck transportiert wird. Bei der Zimmersuche sind die Tourismusinformationen vor Ort behilflich. Leider können in der Hochsaison viele Unterkünfte bereits einige Zeit vorher ausgebucht sein.

Rasten

Mit dem Rad können Sie bis ins Zentrum der Städte fahren und dort eine Rast einlegen.

Radtour Ludwigshafen – Meersburg

Länge 25 km **Dauer** ca. 1:30 Std. (reine Fahrtzeit)
Start Ludwigshafen **Ziel** Meersburg

Dieser Teilabschnitt des Bodensee-Radwegs führt vom Zipfel des Überlinger Sees in Ludwigshafen nach Meersburg. Der Großteil der Strecke verläuft direkt am See. Da man etliche Orte durchfährt, bietet sich immer wieder die Gelegenheit, eine Pause einzulegen. Als Highlights winken die Basilika Birnau und das Pfahlbaumuseum in Unteruhldingen. Ist man in Meersburg angekommen, lockt ein Glas Wein auf der Terrasse des Staatsweinguts.

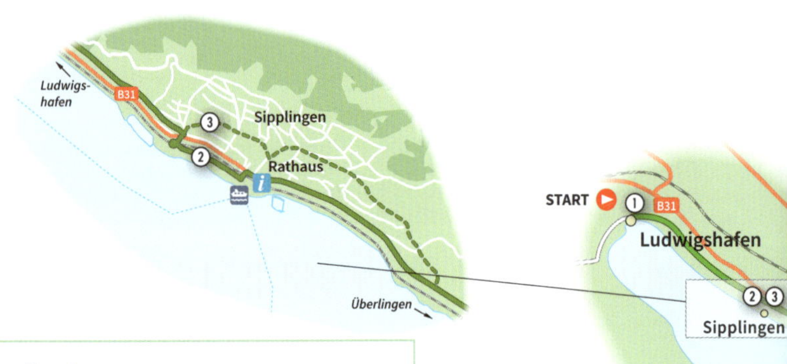

Roadbook

Start: Ludwigshafen, Länge 25 km
GPS-Koordinaten: 47.815604,9.054340

① **Ludwigshafen** **km 0,0**
Ausgangspunkt ist Ludwigshafen. Der Radweg führt auf der Uferpromenade aus dem Ort hinaus und folgt der Bahnlinie. Nach ca. zwei Kilometern wechselt der Weg durch eine Unterführung auf die Bergseite.

② **Sipplingen** **km 4,0**
Der neue Radweg führt über eine moderne Brücke an die Seeseite von Sipplingen. Von dort geht es weiter auf der Seestraße.

③ **Alternativroute Sipplingen**
Der alte Radweg führt am Ortseingang bergauf nach links und umgeht so die verkehrsreiche Straße am See. Man fährt durch den Ort und folgt dann einer Abfahrt zum See (Im Gehren). Dort laufen »alter« und »neuer« Radweg wieder aufeinander zu.

④ **Überlingen** **km 10,5**
Fahren Sie zunächst auf dem linksseitigen Radweg zur B31 Richtung Überlingen. Nach der Süßenmühle nehmen Sie eine Unterführung und fahren die Bahngleise entlang nach Goldbach. Von dort kommen Sie direkt nach Überlingen. Die offizielle Route führt weiter die Bahnhofstraße entlang.

⑤ **Alternativroute Überlingen**
Um dem Verkehr zu entgehen, ist es besser, vor den Bahngleisen in die Obere Bahnstraße abzubiegen und so nach Überlingen zu radeln, obwohl man dann nicht mehr direkt am See entlangfährt.

⑥ **Nußdorf** **km 13,5**
Auf der Mühlenstraße verlassen Sie Überlingen. Halten Sie sich am alten Bahnhof Ost rechts der Gleise. Kurz nach dem Campingplatz Nußdorf kommt ein Rechts-links-Schwenk, bei dem Sie kurz die Nähe der Bahn-

④ Therme Überlingen
Die Bodensee-Therme Überlingen liegt direkt am See und eignet sich ideal, um im Sommer einen Stopp im Freibad mit Wasserrutsche einzulegen.

⑧ Pfahlbaumuseum Unteruhldingen

In dem Freilichtmuseum taucht man in das Leben in der Steinzeit ein *(siehe 117–119)*.

Roadbook *(Fortsetzung)*

gleise verlassen. Entlang der Bahn verlassen Sie Nußdorf.

⑦ Birnau **km 16,5**
Mit Blick auf die Insel Mainau fahren Sie weiter zum Schloss Maurach. Kurz davor sollte die Wallfahrtskirche Birnau in Sicht kommen. Auf einem Schotterweg können Sie zu der Barockkirche hochfahren und die Aussicht genießen.

⑧ Unteruhldingen **km 20,0**
Auf einer Asphaltstraße erreichen Sie wieder den Radweg. Entlang der Bahn geht es nach Obermaurach. Dort zweigt der Radweg rechts in die Seehalde nach Seefelden/Unteruhldingen ab. Hinter Seefelden durchradeln Sie das Mündungsgebiet der Seefelder Aach und gelangen über eine Holzbrücke nach Unteruhldingen. Der Radweg führt direkt am Pfahlbaumuseum vorbei.

⑨ Meersburg **km 25,0**
Nach Unteruhldingen verläuft der Radweg neben der Straße und einer Allee direkt am Seeufer nach Meersburg.

⑩ Alternativroute Meersburg
Sie können sich ebenfalls rechts am See halten und Ihr Fahrrad die Seepromenade entlangschieben. Beide Wege treffen am Jachthafen von Meersburg zusammen.

⑨ Staatsweingut Meersburg

Im Staatsweingut Meersburg, das oberhalb eines Rebhangs über der Uferpromenade liegt, wird seit 800 Jahren Wein produziert. Auf der Terrasse der Gutsschänke (www.gutsschaenke-meersburg.de) mit tollem Blick auf den See kann man eine Auswahl der Weine probieren und eine Kleinigkeit essen.

Radtour Lindau – Rorschach

Länge 39 km **Dauer** 2:30 Std. (reine Fahrtzeit)
Start Lindau **Ziel** Rorschach

Dieser Teilabschnitt des Bodensee-Radwegs führt Sie von Deutschland über Österreich in die Schweiz. Vergessen Sie also Ihren Ausweis nicht! Die Tour beginnt auf der Lindauer Insel. Von dort fahren Sie am Ufer entlang in die österreichische Festspielstadt Bregenz. An der Seebühne vorbei geht es durchs teilweise unter Naturschutz stehende Rheindelta. Mit dem Übergang über den Alten Rhein kommen Sie in die Schweiz. Durch Altenrhein fahren Sie nach Rorschach. Von dort können Sie mit dem Schiff nach Lindau zurückfahren.

Roadbook

Start: Insel Lindau, Länge 39 km
GPS-Koordinaten: 47.54664,9.685904

① Lindau **km 0,0**
Startpunkt ist der Bahnhof/Hafen auf der Lindauer Insel. Im Nordosten der Insel fahren Sie am Casino vorbei Richtung Bregenz. Am Kreisverkehr biegen Sie rechts ab und halten sich vor dem Bahnübergang rechts. Immer geradeaus, vorbei am Strandbad Eichwald. Vor dem nächsten Bahnübergang wieder rechts halten.

② Grenze Deutschland – Österreich **km 5,5**
Mit der Leiblach überqueren Sie die Grenze. Nach dem Bahnhof Lochau erreichen Sie den Kaiserstrand mit dem Seehotel. Auf der ehemaligen »Pipeline« fahren Sie direkt am See bis Bregenz. In Bregenz führt der Weg auf der Promenade am Hafen vorbei zum Festspielhaus. Hier sind viele Fußgänger unterwegs, nehmen Sie bitte Rücksicht.

③ Bregenz (Kloster Mehrerau) **km 12,0**
Außerhalb von Bregenz sehen Sie links Kloster Mehrerau. Kurz nach dem Campingplatz erreichen Sie die Bregenzerach. Halten Sie sich links und überqueren Sie den Fluss über die Fahrradbrücke Richtung Hard.

④ Hard **km 15,0**
In Hard führt der Weg die Hafenstraße entlang und zweigt rechts in den Seepark ab. Entlang eines Binnenbeckens geht es über Brücken Richtung Rheindelta.

⑤ Rheindelta **km 18,0**
Auf dem Rheindamm fahren Sie landeinwärts zur Brücke über den Neuen Rhein.

④ Schleienlöcher bei Hard
Das Naturschutzgebiet im Harder Rheindelta ist nach der Fischart Schleie benannt. Das Feuchtgebiet ist auch ein Paradies für verschiedenste Vögel.

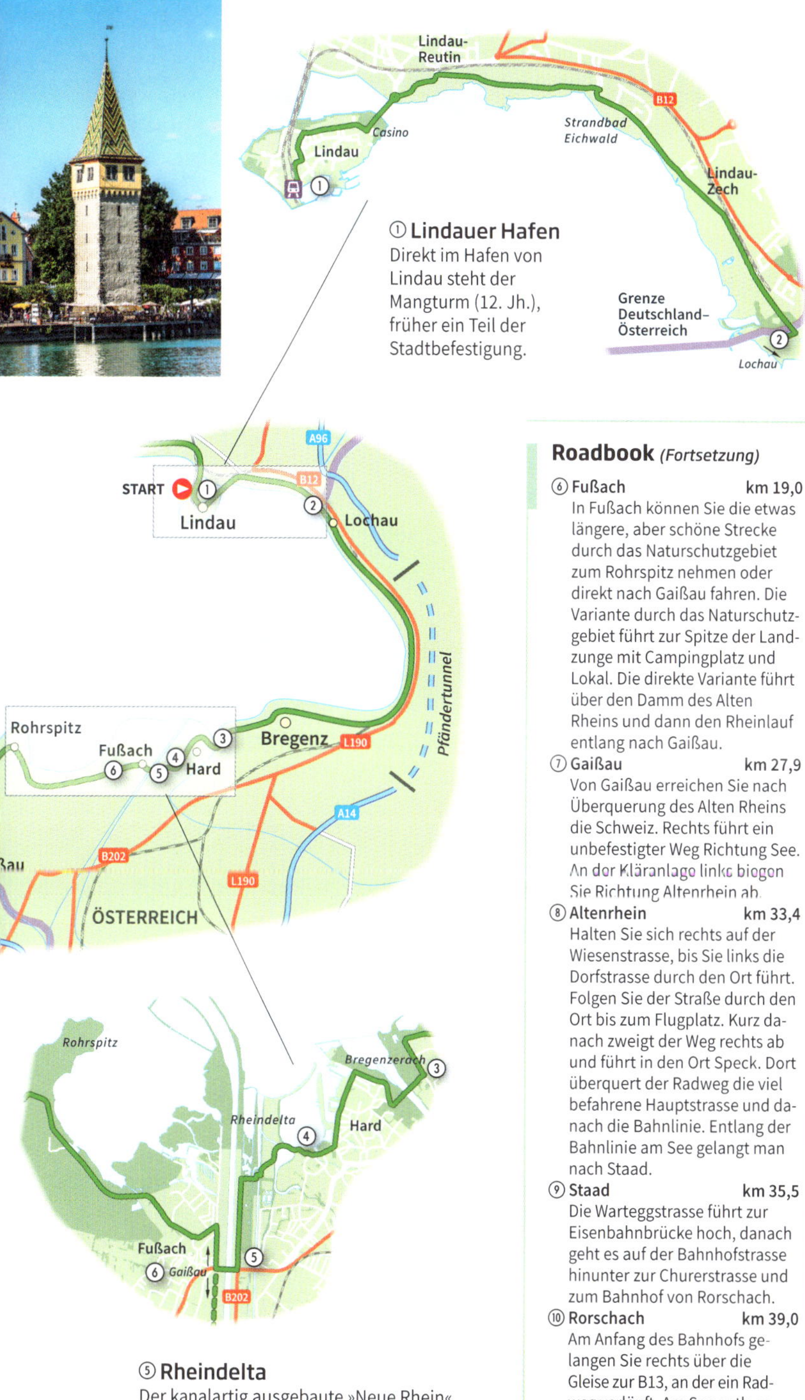

① Lindauer Hafen

Direkt im Hafen von Lindau steht der Mangturm (12. Jh.), früher ein Teil der Stadtbefestigung.

⑤ Rheindelta

Der kanalartig ausgebaute »Neue Rhein« fließt, eingegrenzt von Dämmen, die zum Spazierengehen und Radfahren einladen, Richtung Bodensee.

Roadbook *(Fortsetzung)*

⑥ Fußach **km 19,0**
In Fußach können Sie die etwas längere, aber schöne Strecke durch das Naturschutzgebiet zum Rohrspitz nehmen oder direkt nach Gaißau fahren. Die Variante durch das Naturschutzgebiet führt zur Spitze der Landzunge mit Campingplatz und Lokal. Die direkte Variante führt über den Damm des Alten Rheins und dann den Rheinlauf entlang nach Gaißau.

⑦ Gaißau **km 27,9**
Von Gaißau erreichen Sie nach Überquerung des Alten Rheins die Schweiz. Rechts führt ein unbefestigter Weg Richtung See. An der Kläranlage links biegen Sie Richtung Altenrhein ab.

⑧ Altenrhein **km 33,4**
Halten Sie sich rechts auf der Wiesenstrasse, bis Sie links die Dorfstrasse durch den Ort führt. Folgen Sie der Straße durch den Ort bis zum Flugplatz. Kurz danach zweigt der Weg rechts ab und führt in den Ort Speck. Dort überquert der Radweg die viel befahrene Hauptstrasse und danach die Bahnlinie. Entlang der Bahnlinie am See gelangt man nach Staad.

⑨ Staad **km 35,5**
Die Warteggstrasse führt zur Eisenbahnbrücke hoch, danach geht es auf der Bahnhofstrasse hinunter zur Churerstrasse und zum Bahnhof von Rorschach.

⑩ Rorschach **km 39,0**
Am Anfang des Bahnhofs gelangen Sie rechts über die Gleise zur B13, an der ein Radweg verläuft. Am See entlang geht es nach Rorschach mit dem Hafen.

Radtour Steckborn – Konstanz

Länge 19,5 km **Dauer** 1:20 Std. (reine Fahrtzeit)
Start Steckborn **Ziel** Konstanz

Bei der Fahrt von Steckborn nach Konstanz kann man die kleinen Ortschaften am Schweizer Ufer des Untersees entdecken, die sich meist durch einen intakten alten Ortskern mit vielen schönen Fachwerkhäusern auszeichnen. In Mannenbach lädt Schloss Arenenberg mit dem Napoleonmuseum zu einem Besuch ein. Von Mannenbach aus hat man darüber hinaus die Möglichkeit, von Ende April bis Anfang Oktober mit der Solarfähre auf die Insel Reichenau überzusetzen.

Roadbook

Start: Steckborn, Länge 19,5 km
GPS-Koordinaten: 47.668082,8.982287

① **Steckborn** **km 0,0**
Von Steckborn verläuft ein Radweg neben der Seestrasse in Richtung Berlingen.

② **Berlingen** **km 3,5**
Berlingen liegt in einem Delta. Fast nirgendwo sonst an der Schweizer Seite des Untersees ist der Seerücken so nah am Ufer. Der Ort ist von Weinbergen umgeben. Durch Berlingen geht es auf der Hauptstrasse, am Ortsende beginnt ein Radweg, der am Ufer entlang nach Mannenbach führt.

③ **Mannenbach** **km 6,5**
In Mannenbach angekommen, folgt man der Seestrasse in einem Bogen Richtung Bahnhof. Kurz vor dem Bahnhof wechselt der Radweg auf die rechte Seite der Gleise.

④ **Salenstein (Schloss Arenenberg)** **km 7,2**
Im Ortsteil Salenstein kommt man am Schloss Arenenberg vorbei, das das Napoleonmuseum beherbergt. Nach 800 Metern quert man erneut die Gleise und fährt dann in Seenähe nach Ermatingen. Von hier hat man einen herrlichen Blick auf den Gnadensee und die Insel Reichenau.

⑤ **Ermatingen** **km 9,5**
In Ermatingen angekommen, biegen Sie von der Unteren Seestrasse rechts in die Heimgartenstraße. Folgen Sie dem Straßenverlauf, bis das Radwegschild rechts in einen Anliegerweg führt. Der Weg von Ermatingen nach Konstanz ist genau beschildert und einfach zu finden. Eine sehr gute Streckenführung bringt

② Berlingen
Der Thurgauer Ort *(siehe S. 181)* liegt wunderschön am Südufer des Untersees und wird durch die Hänge des Seerückens begrenzt. Die Kirche war eine der ersten neogotischen der Schweiz.

⑦ Seestraße in Konstanz
Vom Rheinsteig hat man einen schönen Blick auf die hochherrschaftlichen Villen mit prächtigen Jugendstilfassaden in der Seestraße.

Roadbook *(Fortsetzung)*

Sie aus der Innenstadt von Ermatingen durchs Industriegebiet wieder in die freie Natur. Sie fahren an Äckern und Rosenfeldern vorbei. Zunächst geht es zwischen See und Eisenbahnlinie entlang, dann immer in Seenähe.

⑥ Gottlieben km 14,5
Biegen Sie in Gottlieben links auf die asphaltierte Straße und bei der nächsten Abzweigung rechts in einen Anliegerweg. Eine wunderschöne Strecke führt Sie vorbei an alten Bäumen und prächtigen Auwäldern zur Grenze bei Gottlieben. Der Weg führt vom See wieder zurück zur Hauptstraße. Auf einem Radweg neben der Straße geht es über die Grenze nach Konstanz.

⑦ Konstanz km 19,5
Nehmen Sie nach der Grenze die erstmögliche Straße nach links und fahren Sie durch ein Wohngebiet. Die Straße endet an einer Kreuzung. Gegenüber führt ein schmaler Weg weiter, auf dem Sie in der Gegend der neuen Brücke das Rheinufer erreichen.

① Steckborn
In Steckborn am Südufer des Untersees kann man viele Fachwerkhäuser – hier die Druckerei Steckborn – und Überreste der Stadtmauern mit Pulvertürmen bewundern *(siehe S. 180f)*.

Die Basilika Birnau (siehe S. 117) ist ein Barockjuwel und gehört zum UNESCO-Welterbe

Deutsche Seite

Das deutsche Bodensee-Ufer vereint die unterschiedlichsten Landschaftsformen. Obersee und Überlinger See sind vor allem von Obst- und Weinanbau geprägt. Am Ufer reiht sich eine verlockende Ortschaft an die nächste. Lindau besticht durch seine schöne Altstadt, Friedrichshafen ist vor allem für Technikinteressierte spannend. In Unteruhldingen wird man im Pfahlbaudorf in die Steinzeit zurückversetzt, in Meersburg kann man die Burg besuchen oder sich auf der Terrasse des Staatsweinguts ein Glas Wein schmecken lassen.

Auch Ausflüge ins Hinterland sollte man nicht vergessen, etwa nach Tettnang oder Salem. Überlingen lockt mit der längsten Uferpromenade am See.

Auf der anderen Seite des Überlinger Sees wird es wilder: Der Bodanrück ist eine hügelige bewaldete Landzunge, die zum See hin steil abfällt. Dort haben Bäche tiefe Schluchten in den Fels gegraben. Kurz vor Konstanz sollte man der Blumeninsel Mainau einen Besuch abstatten.

In Konstanz wird nicht nur das Mittelalter lebendig, die heimliche Hauptstadt des Bodensees ist auch eine lebendige Universitätsstadt mit vielen Shoppingmöglichkeiten. Zwischen Konstanz und der Insel Reichenau liegt das Naturschutzgebiet Wollmatinger Ried, das größte am Bodensee.

Westlich von Radolfzell schließt der Hegau mit seinen Vulkankegeln und Festungsruinen an, darunter als bekannteste die Feste Hohentwiel. Auf der Halbinsel Höri geht es beschaulich zu. Hier kann man abseits größerer Besuchermengen wandern, Rad fahren oder einfach Landschaft und Küche genießen.

Engen
Eigeltingen
Stockach
Aach
Mühlhausen
A81
A98
B31
L191
B31N
11 Ludwigshafen
T6
T1
Owingen
B34
10
Bodman
12 Sipplingen
Überlinger See
Überlingen
13
Salem 17
B314
9
8 Singen
Hohentwiel
Mindelsee
Basilika Birnau
14
Thayngen
Radolfzell 5
B33
B34
Wallhausen
15 Uhldinger Aach
4 Allensbach
Zeller See
Gnadensee
Bodanrück
Insel Mainau
Radolfzeller Aach
Moos
Meersburg
18
Halbinsel Höri
T5
16
3 Insel Reichenau
6
Horn
Wollmatinger Ried
Gaienhofen 7
Untersee
Meers-burg
2
1
Stein am Rhein
Schweizer Seite
Seiten 158–181
Steckborn
Schloss Arenen-berg
Erma-tingen
T3
T4
Konstanz
Wagenhausen
13
Gottlieben
Kreuzlingen
Münsterlingen
Altnau
Müllheim
Güttingen
SCHWEIZ
A7
Weinfelden
16
A4
14
Bischofszell
A1
Flawil
Gossau
Herisau
Schwägalp
Deutsche Seite
Highlights
1 Konstanz
8 Singen
9 Hohentwiel
16 Insel Mainau
21 Friedrichshafen
28 Lindau
Sehenswürdigkeiten
2 Wollmatinger Ried
3 Insel Reichenau
4 Allensbach
5 Radolfzell
6 Halbinsel Höri
7 Gaienhofen
10 Bodman
11 Ludwigshafen
12 Sipplingen
13 Überlingen
14 Basilika Birnau
15 Uhldingen
17 Salem
18 Meersburg
19 Hagnau
20 Immenstaad
22 Tettnang
23 Eriskirch
24 Langenargen
25 Kressbronn
26 Nonnenhorn
27 Wasserburg
Touren
T1 Radtour Ludwigshafen – Meersburg
T2 Radtour Lindau – Rorschach
T3 Radtour Steckborn – Konstanz
T4 Historische Tour durch Konstanz
T5 Insel Reichenau
T6 Mit dem Kanu unterwegs
T7 Schaufelraddampfer *Hohentwiel*
T8 Eriskircher Ried

Biberach an der Riß
Deutsche Seite
Wilhelmsdorf
Illmensee
Baienfurt
Ringgenweiler
B30
Weingarten
DEUTSCHLAND
Ravensburg
Bad Wurzach
Waldburg
Markdorf
B33
B32
Bodnegg
Wangen im Allgäu
Hagnau
19
Rotach
B30
22 Tettnang
20
B31
Friedrichshafen
21
Schussen
Immenstaad
B467
Argen
Bodensee
T8
Romanshorn
B31
A96
B12
Eriskirch 23
T7
Leiblach
Kesswil
B308
Langenargen 24
25 Kressbronn
Uttwil
Friedrichs-hafen
Nonnenhorn 26
27
Romanshorn
Wasserburg
B12
Hörbranz
Amriswil
Lindau 28
T2
Lochau
Obersee
Österreichische Seite
Seiten 140–157
Arbon
Steinach
Horn
Altenrhein
Hard
Bregenz
Rhein-delta
Rorschach
Rheineck
190
Wolfurt
Langenegg
7
St. Margrethen
Müselbach
Heiden
13
Lustenau
A14
Egg
St. Gallen
Widnau
Dornbirn
Schwarzen-berg
Diepoldsau
200
Hohenems
Stein
Altstätten
Karren
Rappenloch-schlucht
A13
203
Reuthe
Ebnit
Mellau
Appenzell
Oberriet
Götzis
ÖSTERREICH
13
N
0 Kilometer
10
Damüls
193

Blick auf den Hafen von Konstanz mit dem Konzilgebäude (links) *und der* Imperia (rechts)

Konstanz

E4 · 84 500 · Bahnhofplatz 43; +49 7531 13 30 30
Fasnacht (Feb/März), Internationale Bodenseewoche (Anf. Juni), Weinfest (Ende Juli), Seenachtfest (Aug), Weihnachtsmarkt (Dez) · Di, Fr
konstanz-tourismus.de

Konstanz ist die größte und älteste Stadt am Bodensee und das wirtschaftliche und kulturelle Zentrum der Region. Seine Geschichte reicht bis in römische Zeit zurück. Im Mittelalter blühte es als Handelsplatz auf. Da Konstanz im Zweiten Weltkrieg von Zerstörungen verschont wurde, zeugen viele Gebäude von der ruhmreichen Vergangenheit. Konstanz ist aber auch eine sehr lebendige Universitätsstadt mit vielen Freizeit- und Shoppingmöglichkeiten sowie kulturellen Angeboten.

Imperia

Hafeneinfahrt

Imperia ist eine sich drehende Statue des Bildhauers Peter Lenk (* 1947). Sie ist neun Meter hoch, 18 Tonnen schwer und wurde 1993 aufgestellt. Die Figur einer üppigen Kurtisane, die auf ihrer rechten Hand ein Männlein mit Kaiserkrone und Reichsapfel und auf der linken eines mit der päpstlichen Tiara trägt, erinnert satirisch an das Konzil von Konstanz. Nach einer Erzählung von Honoré de Balzac war Imperia während der Versammlung die Geliebte von Kardinälen und Fürsten und entpuppte sich als heimliche Herrscherin des Konzils.

Konzilgebäude

Hafenstr. 2

Das Gebäude wurde 1388 als Warenlager für die Konstanzer Händler errichtet und diente lang als Umschlagplatz für Handelswaren. Während des Konzils tagte hier das Konklave zur Wahl von Papst Martin V. Das Gebäude gilt als größter erhaltener mittelalterlicher Profanbau in Süddeutschland.

③

Zeppelindenkmal

Hafenstr. 11a

Das Denkmal steht am Gondelhafen in der Parkanlage vor dem Konzilgebäude. Der Obelisk von Karl Albicker, auf dessen Spitze Wieland der Schmied dargestellt wird, ist dem 1838 in Konstanz geborenen Luftschiffpionier Ferdinand von Zeppelin gewidmet.

Dominikanerkloster/ Inselhotel

Auf der Insel 1

Das Dominikanerkloster wurde 1235 auf einer kleinen Insel gebaut und war der erste Wirkungsort des Mystikers Heinrich Seuse (1295/97 – 1366). Die Kirche ist eine dreischiffige Basilika mit romanischer und frühgotischer Formensprache. Nach der Säkularisation wurde das Kloster als Fabrik genutzt. Hier wurde Ferdinand Graf von Zeppelin geboren.

1875 baute man das Kloster zum Hotel um, heute befindet sich in den Gebäuden das Inselhotel. Im ehemaligen Kirchenschiff sind noch Wandmalereien aus dem 13. Jahrhundert erhalten.

⑤

Stadttheater

Konzilstr. 11
+49 7531 900 21 50 (Kasse)
theaterkonstanz.de

Der Bau wurde 1609 als Schulhaus des Jesuitenklos-

ters errichtet, aber schon damals auch für Theateraufführungen der Schüler genutzt. Damit gilt das Stadttheater als älteste kontinuierlich bespielte Bühne Deutschlands. Hier stehen immer spannende, oft neue Stücke in sehr guten Inszenierungen auf dem Spielplan.

⑥

Kulturzentrum am Münster

Wessenbergstr. 43 +49 7531 90 09 00 Wessenberg-Galerie: Di – Fr 10 –18, Sa, So 10 –17 konstanz.de

Aus mehreren mittelalterlichen Häusern mit unterschiedlichen Baustilen sowie einem Neubau – dank der roten Fassade unverkennbar – entstand das Kulturzentrum, das Kulturamt, Stadtbücherei, Kunstverein, Volkshochschule, BildungsTURM sowie die Städtische Wessenberg-Galerie beherbergt. Schwerpunkt der rund 7000 Exponate umfassenden Wessenberg-Galerie, die bis in die Gegenwart reichen, ist die Malerei und Grafik des Bodensee-Raums und des deutschen Südwestens. Es werden auch Sonderausstellungen gezeigt.

⑦

Haus zur Kunkel

Münsterplatz 5 nur Führungen (Kulturamt, +49 7531 90 02 90)

Von außen sieht das Haus zur Kunkel in einem Gässchen der Niederburg vollkommen unscheinbar aus. Im zweiten Stock des Gebäudes befinden sich jedoch an zwei Wänden Fresken, die wohl um das Jahr 1320 entstanden sind und 1936 entdeckt wurden. An der Nordwand sind fleißige Weberinnen zu sehen, an der Südseite Darstellungen aus einem Ritterroman. Am interessantesten sind die Wandfresken mit Szenen aus Wolfram von Eschenbachs *Parzival* – die einzigen, die erhalten geblieben sind. In der Hofeinfahrt ist allegorisch der Kampf der Tugenden gegen die Laster abgebildet.

Zentrum von Konstanz

① *Imperia*
② Konzilgebäude
③ Zeppelindenkmal
④ Dominikanerkloster/Inselhotel
⑤ Stadttheater
⑥ Kulturzentrum am Münster
⑦ Haus zur Kunkel
⑧ St. Stephan
⑨ Lenk-Brunnen
⑩ Obermarkt
⑪ Hus-Haus
⑫ Dreifaltigkeitskirche
⑬ Rosgartenmuseum
⑭ Kaiserbrunnen
⑮ Sea Life
⑯ Fasnachtsmuseum
⑰ Archäologisches Landesmuseum
⑱ Universität
⑲ Münster

0 Meter 200

N

(8)
St. Stephan
Wallgutstr. 35

Die Ursprünge von St. Stephan reichen bis in die späte Römerzeit zurück. Damit gehört die Kirche zu den ältesten am See. Während des Konstanzer Konzils tagte hier das päpstliche Gericht.

Ihr heutiges spätgotisches Erscheinungsbild erhielt die Kirche im 15. Jahrhundert. Aus dieser Zeit stammen das Chorgestühl sowie acht Gemälde von Heiligen. Die Buntglasfenster mit Heiligendarstellungen schuf wahrscheinlich Claus Nithard (Mitte 15. Jh.). Mit seinen lebhaften Figuren gehört das Sakramentshäuschen (1594) von Hans Morinck zu den bedeutenden Beispielen seiner Art.

Lenk-Brunnen
Untere Laube 24

Der 1990 aufgestellte *Laubebrunnen*, auch Konstanzer Triumphbogen oder Lenk-Brunnen genannt, wurde wie die *Imperia* von Peter Lenk geschaffen. Er ist eine Kombination aus Triumphbogen und Brunnen und steht zwischen den Fahrspuren der Unteren Laube. Mit mehr als 30 grotesken Figuren karikiert das Ensemble den Autowahn und das Freizeitverhalten unserer Gesellschaft.

Obermarkt

Der Obermarkt war im Mittelalter der wichtigste Platz der Reichsstadt und Gerichtsstätte von Konstanz. Hier stand auch der Pranger.

Die prachtvollen Wandmalereien (um 1900) an der Fassade des Hauses zum hohen Hafen (um 1420) zeigen die Belehnung des Burggrafen Friedrich von Nürnberg mit der Mark Brandenburg durch König Sigismund während des Konstanzer Konzils und den Besuch Wilhelms I. von Preußen im Jahr 1883.

Das Hotel Barbarossa unmittelbar daneben dient seit 1419 als Wirtshaus und seit 1865 als Hotel. Es ist nach dem Friedensschluss zwischen Kaiser Friedrich I. (Barbarossa) und den lombardischen Ständen 1183 benannt.

An der Südseite steht das Malhaus (13./14. Jh.), in dem sich seit dem 14. Jahrhundert eine Apotheke befindet.

Am Anfang der Kanzleigasse ist aus mehreren historischen Gebäuden das Rathaus von Konstanz zusammengefügt worden. Kern ist das ehemalige Zunfthaus der Leinweber (14. Jh.). Der Ratssaal befindet sich im spätmittelalterlichen Haus zum Thurgau. Die Fassade zur Kanzleistraße wurde 1593 im venezianischen Renaissancestil umgebaut. An der Front finden sich Fresken (1864) mit Szenen aus der Stadtgeschichte. Ebenfalls sehenswert sind der Innenhof sowie die Wandbilder im ersten Stock (1898).

(11)
Hus-Haus
Hussenstr. 64 +49 7531 290 42 Di–So 11–16
museum.de/museen/hus-museum

In fünf Räumen werden anhand von Bildern und Dokumenten das Leben und das Wirken von Jan Hus sowie die nachfolgende hussitische Epoche beleuchtet.

Restaurants

Ophelia
Das Gourmetrestaurant interpretiert klassische französische Küche modern.
Seestr. 25
+49 7531 36 30 90
hotel-riva.de

Anglerstuben
Hervorragendes Essen, Terrasse mit Blick auf den Seerhein.
Reichenaustr. 51
+49 7531 818 04 87
anglerstuben.com

ess|bar
Kleines Restaurant mit abwechslungsreicher Karte.
Bahnhofstr. 15
+49 7531 804 34 75
essbar-konstanz.de

»1600 kg entspannte Altersbehaglichkeit« am Lenk-Brunnen

⑫
Dreifaltigkeitskirche
Sigismundstr. 17

Die Dreifaltigkeitskirche wurde im späten 13. Jahrhundert für Augustiner-Eremiten errichtet und diente bis 1802 als Klosterkirche. Sehenswert sind die 1417/18 angefertigten Wandmalereien sowie das aus der St. Michaeliskirche in Zug stammende Mobiliar.

Rosgartenmuseum
Rosgartenstr. 3–5
+49 7531 900 22 45
Di–Fr 10–18, Sa, So 10–17
rosgartenmuseum.de

Das Rosgartenmuseum ist im ehemaligen Zunfthaus der Metzger (1454) untergebracht und zeigt einen Querschnitt der Geschichte, Kunst und Kultur des Bodensee-Gebiets und der Stadt Konstanz von der Steinzeit bis heute.

Kaiserbrunnen
Marktstätte

Der Brunnen am Marktplatz wurde 1897 eingeweiht. Nachdem der ursprüngliche Figurenschmuck 1942 eingeschmolzen worden war, gestaltete Gernot Rumpf den Brunnen 1990 neu. Neben den nun eher karikaturistisch dargestellten Kaiserfiguren finden sich Wasser speiende Seehasen, ein dreiköpfiger Pfau mit drei Papstkronen sowie weitere Figuren, die auf die Konzilszeit anspielen.

Sea Life
Hafenstr. 9 **+49 1806 66 69 01 01** **tägl. 10–17 (letzter Einlass: 16)** **visitsealife.com**

Sea Life Konstanz präsentiert in über 35 Süß- und Salzwasserbecken eine faszinierende Unterwasserwelt. Auf einem Rundgang folgt man dem Lauf des Rheins von den Alpen bis zur Nordsee. Durch einen Acryltunnel gelangt man in die bunte Welt des Roten Meers. Am Ende warten die Antarktis und Pinguine.

Im Sea Life Centre befindet sich auch das Bodensee-Naturmuseum. Hier erfährt man mehr über die Entstehung des Bodensees und seine vielfältigen Lebensräume.

Im Rheintorturm befindet sich das Fasnachtsmuseum

Fasnachtsmuseum
Rheintorturm
siehe Website
fasnachtsmuseum-konstanz.de

Im über 800 Jahre alten Konstanzer Wehrturm, der einst zur alten Stadtmauer gehörte, befindet sich im dritten Stock ein kleines Fasnetmuseum. Dort präsentieren sich Konstanzer Zünfte und Vereine.

Archäologisches Landesmuseum
Benediktinerplatz 5 **+49 7531 980 40** **Di–So 10–18**
konstanz.alm-bw.de

Im Archäologischen Landesmuseum Baden-Württemberg (ALM) wird mittels archäologischer Funde, Modelle und Rekonstruktionen die Vergangenheit wieder lebendig.

Im Erdgeschoss wird man anhand einer Grabungssituation in die archäologischen Methoden eingeführt. Im Anbau befindet sich das älteste Bodensee-Schiff, ein über 600 Jahre alter Lastensegler.

Im ersten Stock spannt sich der Bogen von steinzeitlichen Pfahlbauten über keltische Hügelgräber und römisches Stadtleben bis zu alemannischen Adelsgräbern. Die zweite Etage ist dem Mittelalter und der Stadtentwicklung gewidmet.

Ein besonderer Anziehungspunkt ist die alljährliche Sonderausstellung »Archäologie und Playmobil«, bei der mit Playmobil-Figuren geschichtliche Ereignisse nachgestellt werden.

Universität
Universitätsstr. 10
uni-konstanz.de

Die Universität Konstanz wurde 1966 als Reformuniversität gegründet. Auf dem Campus finden sich zahlreiche Kunstwerke am Bau, darunter Installationen von Otto Piene. Seit 2012 stehen wesentliche Gebäudeteile der Universität für ihre bauliche Gesamtheit unter Denkmalschutz.

Konstanzer Münster

Münsterplatz Führungen: +49 7531 906 20 tägl. 10–18; Turm: Di–So 12:30–16 (letzter Einlass: 15:45) Mo–Sa 9, So 11:15, 19

Das Münster Unserer Lieben Frau, eine dreischiffige Säulenbasilika mit kreuzförmigem Grundriss, ist eine der größten romanischen Kirchen in Südwestdeutschland und prägt bis heute das Stadtbild. Von 600 bis 1821 war Konstanz Bischofssitz und das Münster das wichtigste kirchliche Bauwerk. Schon in der Anfangszeit des Bistums entstand auf den Ruinen eines Römerkastells eine erste Kathedralkirche, die 1052 einstürzte. 1089 fand die Weihe des Nachfolgebaus statt, der später mehrmals umgebaut wurde. Als letzte Maßnahme erhielt der Turm eine neugotische Spitze.

Das **Heilige Grab** in der Mauritiusrotunde ist ein zwölfeckiger Sandsteinbau, der um 1260 errichtet wurde. Er soll das Heilige Grab in Jerusalem versinnbildlichen und ist mit bemalten Skulpturen geschmückt.

Den zierlichen, frei stehenden sechseckigen **Treppenturm** von 1438 zieren Marien-Reliefs.

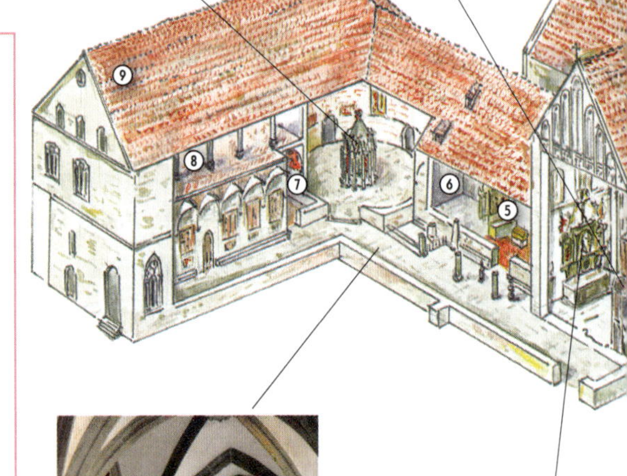

Außerdem

① Die **Welserkapelle** (um 1500), Familienkapelle der Familie Welser, ist ein Meisterwerk spätgotischer Bildhauerkunst.

② Die **Aussichtsplattform** in 52 Meter Höhe bietet einen fantastischen Ausblick.

③ Der **Mariae-End-Altar** entstand 1637. Das Altarbild von Johann Rieger zeigt den Tod Marias.

④ Das **Chorgestühl** (1467–70) ist mit Heiligenfiguren und Reliefdarstellungen eines der prächtigsten seiner Art.

⑤ Der **Bocksdorfer Altar** steht in der Konradikapelle. Das Triptychon zeigt eine Kreuzigungsszene, die Münsterpatrone und den Stifter.

⑥ Das **Grabmal des St. Konrad** ist ebenfalls in der Konradikapelle. Die liegende Figur gilt für die Zeit um 1300 als einzigartig.

⑦ Die **Silvesterkapelle** ist mit wunderschönen Wandbildern (1472 und 1584) geschmückt.

⑧ Der **Kapitelsaal** im Obergeschoss beherbergte bis 1450 die Bibliothek.

⑨ Die **Domschule** ist ab dem 11. Jahrhundert belegt.

Der **Kreuzgang** entstand zwischen 1294 und 1320. Erhalten geblieben sind nur der Ost- und Südflügel.

Das Hauptmotiv des **Thomasaltars** im Thomaschor von Daniel Schneck (um 1680) ist der ungläubige Thomas, der seine Hand in die Wunde des auferstandenen Christus legt.

Im **Langhaus** ist die Überlagerung verschiedener Baustile am besten zu erkennen: Die Säulen (nach 1054) sind romanisch, das Kreuzrippengewölbe (1679) ist barock.

→ *Der klassizistische Hochaltar wurde 1774 vom französischen Kirchenbaumeister Pierre Michel d'Ixnard gestaltet*

Auf den um 1100 begonnenen **Doppelturm** wurde Mitte des 19. Jahrhunderts eine neugotische Spitze (76 m) gesetzt.

Die **Kirchenuhr** befindet sich direkt über der Welserkapelle.

Die **Kanzel** stammt aus der barocken Zeit um 1680 und wurde von einem Schreiner aus St. Gallen gefertigt. Abraham balanciert sie auf seinem Kopf, die Seitenflächen des Predigtstuhls zeigen die vier Evangelisten und den Kirchenvater Hieronymus. Den Deckel krönt eine Figur des hl. Konrad.

Haupteingang

↑ *Durch die Glaspyramide sieht man die freigelegten Ruinen des spätrömischen Kastells, auf denen der erste Kirchenbau entstand*

Goldscheibe

In der Krypta sind vier vergoldete Kupferscheiben, die sich bis 1925 am Ostgiebel des Chors befanden. Die größte und zugleich älteste Scheibe (11. Jh.) zeigt Christus als Pantokrator.

Historische Tour durch Konstanz

Länge ca. 2,7 km **Dauer** ca. 0,5 Std. (reine Gehzeit)
Start Konzilgebäude **Ziel** Stadttheater **Rasten** Entlang der Route gibt es zahlreiche Cafés, Restaurants und Weinstuben zum Einkehren

Auf dem Spaziergang entdecken Sie das große historische Erbe der ehemaligen Reichs- und Bistumsstadt. Zuerst geht es durch das bürgerliche Konstanz mit seinen prächtigen Bürgerhäusern. Zwischen Münster und Rhein liegt die Niederburg, das älteste Stadtviertel von Konstanz, in dessen engen Gassen viele der ältesten Gebäude der Stadt stehen.

Vom Konzilgebäude zur Dreifaltigkeitskirche

Gehen Sie vom **Konzilgebäude** ① *(siehe S. 98)* die Marktstätte entlang. Gleich am Anfang steht rechts das frühere **Bürgerspital zum Heiligen Geist** ② von 1225, heute ein Wohn- und Geschäftskomplex. In dem Gebäude daneben befand sich früher das **Hotel zum Goldenen Adler** ③. Napoléon III schenkte dem Hotel für die Spitze des Erkers einen Adler aus Gold, der die Verbindung zwischen Konstanz und Schloss Arenenberg *(siehe S. 180)* darstellen sollte. Weiter geht es zum **Kaiserbrunnen** ④ *(siehe S. 101)*. Das dahinterliegende Haus zum Wolf verfügt über die einzige vollständige Rokokofassade in Konstanz. Biegen Sie nun links in die Rosgartenstraße ein. Gleich auf der linken Seite liegt das **Rosgartenmuseum** ⑤ *(siehe S. 101)*, das seinen Namen von dem ehemaligen Metzger-Zunfthaus zum Rosgarten hat. Von hier sehen Sie schon die **Dreifaltigkeitskirche** ⑥ *(siehe S. 101)*.

Blick auf das Münster

Von der Dreifaltigkeitskirche zum Obermarkt

Gehen Sie von der Dreifaltigkeitskirche die Neugasse bis zum **Schnetztor** ⑦ aus dem 14. Jahrhundert. Von hier geht es die Hussenstraße entlang. Auf der linken Seite folgt das **Hus-Haus** ⑧ *(siehe S. 100)*. In dem Fachwerkhaus soll Jan Hus vor seiner Verhaftung gelebt haben. Inzwischen weiß man zwar, dass er im Haus zur roten Kanne, Hussenstraße 22, gewohnt hat, trotzdem ist das Hus-Haus Zentrum der Verehrung des Reformators geblieben. Einige Meter weiter steht auf der linken Seite die ehemalige **St. Paulskirche** ⑨. Im heutigen Kulturzentrum sind Details des früheren Sakralbaus zu sehen. Im Osten des Platzes, wo heute ein Kaufhaus steht, befand sich früher das Haus zum Weißen Pfau, das als eines der schönsten Barockhäuser nördlich der Alpen galt. Zwei Stuckdecken sind in das Kaufhaus wieder eingebaut worden. Etwas weiter liegt auf der linken Seite das **Haus zum Delphin** ⑩ (Anfang 14. Jh.). Hier lebte Hierony-

0 Meter 150

Der schöne Innenhof des Rathauses

mus von Prag, Freund und Mitstreiter von Jan Hus.

Gehen Sie die Hussenstraße weiter und biegen Sie kurz vor dem Obermarkt rechts in die Kanzleistraße ab. Auf der rechten Seite liegt das **Rathaus** ⑪, das aus mehreren historischen Gebäuden zusammengefügt wurde und einen sehenswerten Innenhof hat. Zurück auf der Hussenstraße geht es zum **Obermarkt** ⑫ *(siehe S. 100)*. Im Norden stehen die schon 1419 als Gasthaus erwähnten Häuser zum Egli und zum Kemlin, das heutige Hotel Barbarossa. Das Haus zum hohen Hafen hat seinen Namen von einer Holzsäule mit dem Wappen und dem Namen des Erbauers: »Haffen von Lindow«. Im Süden dominieren das Malhaus und der Fischgrat den Platz. Besonders sehenswert ist der Spätrenaissanceerker, der vom Haus zum Strahl (Rosgartenstr. 34) stammt. Im Westen steht das Haus zum großen Mertzen (1601).

Vom Obermarkt zum Münster

Vom Obermarkt gelangen Sie in die Wessenbergstraße. Auf der rechten Seite steht das spätgotische **Haus zum Falken** ⑬. Hier wurde 1787 Guillaume-Henri Dufour, einer der Gründungsväter der modernen Schweiz, geboren.

Von der Wessenbergstraße biegen Sie links in die Torgasse zur **Stephanskirche** ⑭ *(siehe S. 100)* ein. In der Nähe stehen schöne Bürgerhäuser: das Haus zum Ritter (1415), das Haus zum Weißen und zum Schwarzen Bock (um 1425) und das Haus zur Vorderen Katz.

Zurück auf der Wessenbergstraße geht es links zum **Münster** ⑮ *(siehe S. 102f)*. Dahinter Richtung See stehen das ehemalige Jesuitenkolleg und die Kirche **St. Konrad** ⑯. Das Jesuitenkolleg wurde im Jahr 1604 gegründet und beheimatet heute ein Gymnasium. Das dazugehörige Gotteshaus gilt als Musterbeispiel für die Kirchenbaukunst der Spätrenaissance und des Frühbarock. Innen ist die Kirche im Rokokostil ausgestattet.

Durch die Niederburg zum Stadttheater

Vom Münster geht es in die Niederburg. Der älteste Stadtteil war bereits zu römischer Zeit besiedelt. Mit seinen verwinkelten Gassen und den vielen alten Häusern zählt er zu den schönsten Stadtteilen. In der St.-Johann-Gasse liegt auf der linken Seite das **Haus zur Kunkel** ⑰ *(siehe S. 99)* mit schönen Wandmalereien. Auf der rechten Seite befand sich früher das **Chorherrenstift St. Johann** ⑱. In der Inselgasse steht auf der linken Seite der **Tettikofer Hof** ⑲, ein 1418 erbautes Stadtpalais. Das Portal stammt von 1483, der Erker aus der Renaissance. Am Anfang der Rheingasse liegt das 1257 gegründete **Dominikanerinnenkloster Zoffingen** ⑳. An der Ecke zum Rheinsteig steht die **Domprobstei** ㉑ von 1609. In dem ehemaligen fürstbischöflichen Repräsentationsgebäude ist heute das staatliche Notariat untergebracht.

Am Rhein angekommen, biegen Sie links in die Konzilstraße. Am Anfang der Brückengasse befindet sich die **Spitalkellerei** ㉒. Sie wurde 1352 erstmals urkundlich erwähnt. Ein Stück weiter sind das ehemalige **Dominikanerkloster** ㉓ *(siehe S. 98)* und rechts das **Stadttheater** ㉔ *(siehe S. 98f)*.

Legende

•••••• Routenempfehlung

Insel Reichenau

Länge 12,9 km **Dauer** 1 Std. (reine Fahrtzeit)
Start/Ziel Damm **Rasten** An der Route liegen viele Cafés

Die Insel Reichenau ist sowohl wegen des Gemüse-, Obst- und Weinanbaus als auch aufgrund der romanischen Kirchenbauten eine einmalige Kulturlandschaft. Am besten erkundet man die Insel zu Fuß, mit dem Rad oder mit Inlineskates. Es gibt viele Fahr- und Wirtschaftswege zwischen Feldern und Rebhängen, die alle gut mit dem Rad oder Inlineskates befahren werden können. Am Ufer ist der Fahrradrundweg ausgeschildert, ebenso der Wanderweg, der teilweise näher am Wasser verläuft.

① Damm auf die Insel Reichenau
Der von Pappeln gesäumte Damm wurde 1838 auf Initiative von Napoléon III angelegt.

Roadbook

Start: Damm zur Insel Reichenau
GPS-Koordinaten: 47.686626,9.101822

① Auf dem mit Pappeln gesäumten **Damm** durchquert man das Natur- und Landschaftsschutzgebiet Wollmatinger Ried *(siehe S. 108)*. **km 0,0**
② Am Ende des Damms steht eine **Statue** des Klostergründers **Pirmin**. **km 1,8**
③ Auf der Insel biegt man rechts ab. Durch Schilflandschaft geht es zu **St. Georg**. **km 2,6**
④ Auf der Seestraße geht es entlang des Gnadensees vorbei an teilweise zur Klosterzeit errichteten Häusern weiter zum Dorfplatz von Mittelzell. An der Ergat liegen das **Museum Reichenau** und einige Cafés. **km 4,6**
⑤ Auf der Burgstraße geht es zum **Münster St. Maria und Markus** nebst Klosterhof und Kräutergarten. **km 4,7**
⑥ Von der Burgstraße zweigt rechts die Haitostraße zum **Jachthafen** ab. Hier verkehren von April bis Mitte Oktober Schiffe nach Allensbach. **km 4,9**
⑦ Vom Jachthafen geht es am See entlang zum **Strandbad**. **km 5,4**
⑧ Weiter geht es zu **St. Peter und Paul** am nördlichen Ende der Insel. **km 6,8**
⑨ Durch Gemüsefelder fährt man zum **Insel-Camping**. Hier kann man u. a. Boote mieten. **km 8,0**
⑩ Am See entlang geht es zur südlichen **Schiffsanlegestelle**. Hier verkehren von April bis Mitte Oktober Schiffe nach Radolfzell, Mannenbach/Schaffhausen und Konstanz. **km 9,6**
⑪ Nach 400 Metern auf dem Thurgauer Weg biegt man links in die Schlossstraße und nach 350 Metern rechts auf die Obere Rheinstraße. Nach 200 Metern zweigt links die **Hochwartstraße** zum höchsten Punkt der Insel ab. **km 10,5**
⑫ Durch Weinberge geht es wieder hinunter Richtung Ufer und dort entlang an Gemüsefeldern zur **Pirmin-Statue** ②. **km 12,9**

Schwierigkeit: leicht
Markierung: Inselrundweg

⑪ Hochwart
Am höchsten Punkt der Reichenau (43 Meter über dem Bodensee) ließ sich Eugen von Seyfried 1838 ein Teehäuschen erbauen. Heute ist hier ein Keramikatelier. An schönen Tagen gibt es Kaffee und Kuchen.

⑧ St. Peter und Paul
Die heutige Kirche wurde im 11. Jahrhundert an der Stelle eines Vorgängerbaus errichtet. 1750/60 erhielt sie eine Neugestaltung im Stil des Rokoko. St. Peter und Paul besticht durch seine prächtige Orgel und das schöne Apsisbild.

Blick von oben auf die Insel Reichenau

② Pirmin
Die Statue am Ende des Bruckgrabens erinnert an den Missionsbischof Pirmin, der 724 auf der Reichenau das Benediktinerkloster gründete.

③ St. Georg
St. Georg wurde nach 888 erbaut. Ihren Namen erhielt die Säulenbasilika, als der Papst 896 dem Abt die Georgsreliquie (Kopf des hl. Georg) schenkte. Die Kirche ist berühmt für ihre schönen ottonischen Wandmalereien aus dem 10. Jahrhundert.

Fahrradverleih
FreizeitCenter Reichenau – Mark Blain
Zum Sandseele 1
+49 7534 995 87 77
freizeitcenter-reichenau.de

Stedi-Fahrradverleih
An der Schiffslände 12
stedi-verleih.de

Fahrradverleih Koch
Fahrräder, E-Bikes, Kinderanhänger und Tandems
Thurgauer Weg 20
+49 7534 377
fahrradverleihreichenau.de

Fahrradlagerverkauf Joos
Fahrrad- und E-Bike-Verleih
Am Dachsberg 12
78479 Reichenau-Waldsiedlung
+49 7531 807 67 18
zweirad-joos.de

Baden
Strandbad Baurenhorn
Strandbadstr. 5
+49 7534 74 48

Bootsverleih
FreizeitCenter Reichenau – Mark Blain *(siehe oben)*
Verleih von Kanus, Kajaks, Motorbooten, Ruderbooten, Tretbooten und SUPs. Inselrundfahrten auf Anfrage.

Im Notfall
Pirmin Apotheke
Mittelzeller Str. 8/2
+49 7534 99 88 45
apotheke-reichenau.de

④ Museum Reichenau
Im Ammanhaus, dem ehemaligen Rathaus, befindet sich heute ein Teil des Museums Reichenau, das insgesamt aus drei Einheiten besteht. Das steinerne Sockelgeschoss des Gebäudes stammt aus der Zeit um 1200, der Fachwerkaufbau aus dem 15. Jahrhundert.

Alternativroute
Wer die Tour etwas ausdehnen möchte, kann am südlichen Schiffsanleger mit der Solarfähre (www.solarfaehre-reichenau.de) nach Mannenbach auf der Schweizer Seite fahren. Ganz in der Nähe liegt Schloss Arenenberg *(siehe S. 180)*. Am Untersee entlang fährt man Richtung Kreuzlingen und am Wollmatinger Ried *(siehe S. 108)* entlang zum Inseldamm. Länge: ca. 15 km.

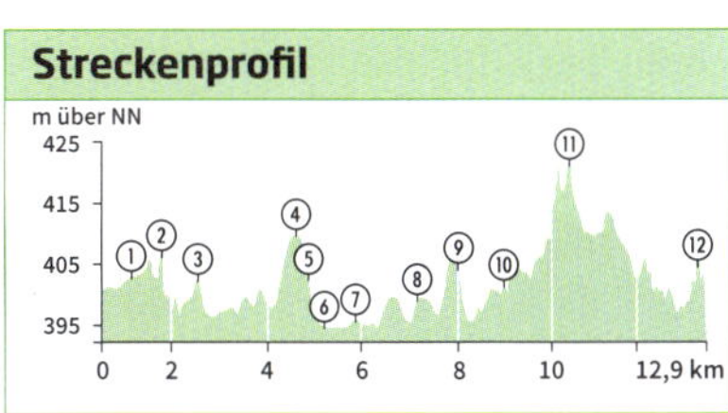

2

Wollmatinger Ried

E4 NABU-Bodensee-zentrum, Am Wollmatinger Ried 20, Reichenau; +49 7531 921 66 40 Apr – Sep: Mo – Fr 9 –12, 14 –17, Sa, So 13 –15:30 nabu-bodenseezentrum.de

Das Naturschutzgebiet Wollmatinger Ried ist mit 767 Hektar das größte am deutschen Bodensee-Ufer und erstreckt sich von der Mündung des Seerheins über den Damm zur Reichenau bis zum Gnadensee bei Allensbach-Hegne.

Die abwechslungsreiche Uferlandschaft bietet Lebensraum für eine faszinierende Tier- und Pflanzenwelt. Da das Gebiet nicht frei zugänglich ist, werden Führungen angeboten.

Ein frei zugänglicher Infopfad informiert über Lebensräume, Tiere und Pflanzen. Auf den Tafeln entlang des Reichenauer Damms können Sie sich über das Leben im Schilf informieren oder auf der Beobachtungsplattform Schopflen Interessantes über Wasservögel erfahren.

Der zweite Teil des Lehrpfads führt von der Kläranlage Konstanz bis zum Seerhein. Hier erfährt man Wissenswertes über die Streuwiesen und die Entstehung des Bodensees. Eine weitere Tafel auf der Beobachtungsplattform Hegne stellt die unterschiedlichen Lebensräume vor.

3

Insel Reichenau

D4 5360 Pirminstr. 145; +49 7534 920 70 Markusfest (25. Apr), Heilig-Blut-Fest (Mo nach Pfingsten) reichenau.de

Die Besiedlung der Reichenau reicht bis 724 zurück. Damals gründete der Wanderbischof Pirmin ein Kloster. Die ältesten Teile der Klosterkirche St. Maria und Markus gehen auf die 816 geweihte karolingische Kirche zurück. St. Peter und Paul besticht mit mittelalterlichen Wandmalereien sowie Rokokoausstattung. Der Kirchenraum von St. Georg (Ende 9. Jh.) wartet mit großen Wandmalereien auf.

Das **Museum Reichenau** vermittelt einen Eindruck von der kulturhistorischen Bedeutung der Insel.

Museum Reichenau
Ergat 1+3 +49 7534 99 93 21 Apr – Okt: tägl. 10:30 –16:30 (Juli, Aug: bis 17:30); Nov – März: Sa, So 14 – 17 museumreichenau.de

4

Allensbach

D4 7160 Konstanzer Str. 12; +49 7533 801 35 Gnadenseeschwimmen (Ende Juli) allensbach.de

Allensbach war bereits in der Frühsteinzeit besiedelt, wie Pfahlbauten beweisen. Einen Einblick bietet das **Archäologie- und Heimatmuseum.** Das **Mühlenwegmuseum** im Bahnhof informiert über den Schriftsteller und Maler Fritz Mühlenweg. Wahrzeichen von Allensbach ist die barocke Nikolauskirche mit Rokokoaltären. Schloss Freudental ist ein Barockschloss (1698), heute ein Hotel. Im Bodmanschen Barockschloss (1648) in Langenrain befindet sich das Institut für Weiterbildung der Fachhochschule Konstanz. Schloss Hegne war von 1591 bis 1803 Sommerresidenz der Konstanzer Bischöfe.

Umgebung: Knapp drei Kilometer nordöstlich liegt der **Wild- und Freizeitpark.** In der Parkanlage leben 300 Wildtiere. Außerdem gibt es einen Spielplatz, einen Streichelzoo und eine Falknerei.

Archäologie- und Heimatmuseum
Rathausplatz 2 Mitte Mai – Mitte Okt: Di 17 –19, Fr 16 –18 museum-allensbach.de

Mühlenwegmuseum
Konstanzer Str. 12 Mo – Fr 9 –12, 14 –17 (Juni – Mitte Sep: Mo – Fr 9 –18, Sa 10 –13) mühlenweg museum.de

Wild- und Freizeitpark
Gemeinmärk 7 tägl. 10 –18:30 (Mai – Sep: ab 9; letzter Einlass: 17) wildundfreizeitpark.de

Radolfzell

D3 31 700 Seestr. 30 Hausherrenfest (Ende Juli) Mi, Sa radolfzell-tourismus.de

Die drittgrößte Stadt am See wurde um 826 von Radolt von Verona gegründet und nach ihm benannt. Auf diese Zeit geht die Gründung des Münsters Unserer Lieben Frau zurück. Im Mittelalter stieg die

Blick auf St. Georg auf der Insel Reichenau

Tafel-, Kolben- und Reiherenten im Wollmatinger Ried

Stadt dank der Lage am Dreiländereck zum Zentrum auf. Ein Zeugnis ist das Ritterschaftshaus, Sitz des Amtsgerichts. Jahrhundertelang gehörte Radolfzell zum Habsburgerreich, woran das Österreichische Schlösschen erinnert (Stadtbibliothek). Das **Stadtmuseum** befindet sich in der ehemaligen Apotheke (1689) und zeigt stadtgeschichtliche Ausstellungen.

Umgebung: Östlich befindet sich die Halbinsel Mettnau. Ein großer Teil ist Naturschutzgebiet. Im Kurgebiet liegt das Scheffelschlösschen, Villa des Dichters J. V. von Scheffel (1826–1886).

Der Mindelsee drei Kilometer nordöstlich ist von einem Vogelschutzgebiet umgeben.

Stadtmuseum Radolfzell
Seetorstr. 3
+49 7732 815 34 Do–So 11–17 stadtmuseum-radolfzell.de

Halbinsel Höri

CD4 Im Kohlgarten 2, Gaienhofen; +49 7735 91 90 55 bodenseewest.eu

Die 63 Quadratkilometer große Halbinsel umfasst das nördliche Ufer des Untersees und das südliche des Zeller Sees. Während der Zeit des Nationalsozialismus zog es viele bekannte Künstler, deren Werke als »entartet« bezeichnet wurden, auf die Halbinsel, um in die Schweiz flüchten zu können. In den 1950ern fanden sich weitere Künstler ein. Es entstand der Begriff »Höri-Maler« oder »Höri-Künstler«, wobei das verbindende Element weniger der Malstil war als vielmehr die Gründe, warum sie sich hier niederließen. Max Ackermann, Otto Dix, Helmuth Macke und der Kunsthistoriker Walter Kaesbach waren die ersten. Ihnen folgten u. a. Erich Heckel, Ferdinand Macketanz, der Fotograf Hugo Erfurth, Curth Georg Becker, Walter Herzger, Jean Paul Schmitz, Rudolf Stuckert und Rose-Marie Schnorrenberg.

Die Kunstroute auf der Höri (Broschüre im Tourismusbüro Untersee) führt zu den Plätzen, an denen die Künstler malten. Stelen zeigen den Blickwinkel der Maler, eine Reproduktion des Werks und eine Erläuterung.

Gaienhofen

D4 3360 Im Kohlgarten 1 +49 7144 999 91 23 Hermann-Hesse-Tage (Okt) gaienhofen.de

Gaienhofen ist hauptsächlich bekannt, weil hier von 1904 bis 1912 **Hermann Hesse** gelebt hat. Bei einer Führung kann man das **Haus** besuchen, das er 1907 bauen ließ. Im **Hesse Museum** werden neben der Ausstellung zu Leben und Werk Hesses auch Werke anderer Künstler gezeigt. Die Abteilung »Literaturlandschaft Höri« beschäftigt sich mit weiteren Schriftstellern und Verlegern, die auf der Höri gelebt haben.

Im Ortsteil Hemmenhofen wurde das ehemalige Wohn- und Atelierhaus von **Otto Dix** in ein **Museum** umgewandelt.

Hermann-Hesse-Haus
Hermann-Hesse-Weg 2 hermann-hesse-haus.de

Hesse Museum
Kapellenstr. 8
Di–So 10–17 (Nov–Mitte März: Fr, Sa 14–17, So 10–17) hesse-museum-gaienhofen.de

Museum Haus Dix
Otto-Dix-Weg 6
Mitte März–Okt: Di–So 11–18 kunstmuseum-stuttgart.de/museum-haus-dix

Elisabeth Noelle-Neumann (1916–2010)

Allensbach wurde als Sitz des Instituts für Demoskopie bekannt. Gegründet wurde das Institut, das als erstes in Deutschland Meinungsumfragen durchführte, 1947 von der Kommunikationswissenschaftlerin Elisabeth Noelle-Neumann, auch »Pythia vom Bodensee« genannt, und ihrem Ehemann. Im Lauf der Jahrzehnte hat das Institut Millionen von Bundesbürgern befragt.

Mit dem Kanu unterwegs

Länge 10,5 km **Dauer** ca. drei Stunden **Start** Bodman **Ziel** Wallhausen
Rasten Man kann die Tour, wann immer man will, unterbrechen

Eine Kanutour gehört zu den schönsten Ausflügen am Bodensee. Ein idealer Ausgangspunkt für diese Fahrt ist das Strandbad Bodman. Von hier geht es entlang der schroffen Steilabstürze des dicht bewaldeten Bodanrücks zum Anleger bei der Marienschlucht und weiter zum sogenannten Teufelstisch. Dann ist es nur noch eine kurze Strecke zum Strandbad Wallhausen. Die Tour ist auch für Anfänger und Familien geeignet.

① Bodman

In Bodman startet die Tour. Mit dem Kanu paddelt man vom Strandbad in südöstliche Richtung bis zum Ortsende. Danach beginnt Natur pur.

② Bodanrück

Der Bodanrück ist eine breite bewaldete Landzunge, die den Bodensee in den Überlinger See und den Gnadensee teilt. Der Höhenzug besteht in erster Linie aus Molassegestein und erhebt sich bis auf 692 Meter. Bei Bodman fällt der Bodanrück steil zum Seeufer ab und wird durch tiefe Schluchten zergliedert. Nach Osten hin ist er eher hügelig. Obstwiesen und Weiden sowie Wald prägen das Landschaftsbild. Man kann die Tour überall und problemlos zum Rasten oder Schwimmen unterbrechen.

Roadbook

Start: Strandbad Bodman
GPS-Koordinaten: 47.804764,9.030053

① Startpunkt der Kanutour ist das **Strandbad Bodman.** **km 0,0**
② Von hier paddelt man in südöstlicher Richtung am **Bodanrück** entlang. Unterwegs gibt es viele Bademöglichkeiten.
③ Vor dem **Schiffsanleger** bei der Marienschlucht kann man einfach anlegen. Hier kann man eine Pause einlegen, ein Picknick machen und baden. **km 6,5**
④ Von der Marienschlucht geht es ca. drei Kilometer am Ufer entlang weiter zum **Teufelstisch** (Seezeichen Nr. 22). **km 9,5**
⑤ Bis zum **Strandbad Wallhausen** ist es in südöstlicher Richtung nur noch ein Kilometer. **km 10,5**

Schwierigkeit: leicht

Vom Kanu aus kann man den Uferbereich neu und anders entdecken

Legende
Routenempfehlung

Im Biergarten des Strandbads Bodman kann man vor oder nach der Kanutour seinen Durst löschen oder eine kleine Mahlzeit einnehmen

④ Teufelstisch

Der Teufelstisch ist eine Felsnadel im Uferbereich der Steilwand von Wallhausen. Sie endet in einer flachen Platte dicht unter der Wasseroberfläche. Rings um den Teufelstisch fällt die Wand fast senkrecht bis zu 90 Meter ab. Nach einigen tödlichen Tauchunfällen besteht am Teufelstisch generelles Tauchverbot.

⑤ Wallhausen

Vom Teufelstisch nach Wallhausen, einem Vorort von Konstanz, ist es nur noch ein kurzes Stück. Das Strandbad liegt am Ortsausgang von Wallhausen Richtung Konstanz.

③ Schiffsanleger Marienschlucht

Am Steilufer des Bodanrücks entlang geht die Kanutour weiter zum Anleger an der Marienschlucht (www.marienschlucht.de). Neben dem Steg kann man das Kanu am flachen Sandstrand ans Ufer ziehen.

Kanuverleih

Sowohl im Strandbad Bodman als auch im Strandbad Wallhausen gibt es Kanu-Ausleihstationen von La Canoa – KanuZentrum Konstanz (www.lacanoa.com). Ausgeliehen werden können Einsitzer-Kajaks und -Kanus sowie Teamkanus, die mit vier Sitzen ausgestattet sind, aber auch von zwei Personen leicht gepaddelt werden können. In Bodman können auch Teamkanus für bis zu zwölf Personen gemietet werden, die von fünf Personen gepaddelt werden können. Bei Sturmwarnung und bei Gewitter werden an den Stationen keine Kanus ausgegeben.

Strandbad Bodman
Im Neustückern 4
+49 7773 54 08
Mai – Mitte Sep: tägl. 9 – 20
strandbad-bodman.de
Reservierung online unter: touren@lacanoa.com

Strandbad Wallhausen
Uferstr. 39
+49 7533 997 71 64
Sommer: tägl. 10 – 20:30
Reservierung online unter: touren@lacanoa.com

Ausrüstung

Bei den Ausleihstationen bekommt man Kanu, Paddel und Schwimmweste gestellt. Außerdem gibt es eine Einweisung und eine kurze Erläuterung zur Paddeltechnik. Mitbringen sollte man Regen- und Sonnenschutz (Kopfbedeckung, Sonnencreme), Handtuch, Badezeug, Ersatzkleidung, Getränke und evtl. Essen. Auf Wunsch kann man hierfür auch eine Gepäcktonne mieten.

Im Notfall

Wasserschutzpolizei Konstanz
+49 7531 590 20

Wasserschutzpolizei Reichenau
+49 7534 971 90

Internationale Notrufnummer
112

8

Singen

C3 48 770 August-Ruf-Str. 13 Hohentwielfestival (Mitte Juli) Di, Sa tourismus.in-singen.de

Am Fuß des Vulkankegels Hohentwiel *(siehe S. 114f)* liegt Singen im Herzen des Hegaus – als Wirtschafts-, Verkehrs-, Einkaufs- und Kulturzentrum für die umliegenden Gemeinden. Der Ort wurde zwar schon 787 erstmals urkundlich erwähnt, vergrößerte sich jedoch kaum. Das änderte sich erst, als Singen im 19. Jahrhundert zu einem Eisenbahnknotenpunkt wurde und sich viele Fabriken, darunter auch Maggi, ansiedelten.

Rathaus - Kunst im öffentlichen Raum

Hohgarten 2 +49 7731 850 Mo – Fr 8:30 – 12, Mo, Di, Do 14 – 16, Mi 14 – 17 singen.de

Kunst im öffentlichen Raum ist bereits seit 1928 Teil des Innenstadtkonzepts. Zu den bekanntesten Kunstwerken zählen die beiden Wandbilder von Otto Dix, *Krieg und Frieden* (1960) im Ratssaal sowie *Das Paradies* im Trauzimmer. Ebenfalls im Rathaus befinden sich die Plastik *Anmut* (1964) von Roland Martin im Foyer des Bürgersaals, das Triptychon *Der Mensch in der Gemeinschaft* (1960) von Curth Georg Becker im Bürgersaal sowie der Fassadenfries *Located World* (2000) von Joseph Kosuth. Vor dem Rathaus steht der *Narrenbrunnen* von Gero Hellmuth.

Auch sonst finden sich in der ganzen Stadt Skulpturen, Wandbilder, Glasfenster und Public-Art-Projekte, die man auf dem Kunstpfad SkulpTour entdecken kann (www.singen-kulturpur.de).

②

Stadthalle Singen

Hohgarten 4 +49 7731 855 04 stadthalle-singen.de

Die Stadthalle ist das vielseitigste Veranstaltungszentrum zwischen Schwarzwald und Bodensee. Hier finden Opern- und Theateraufführungen, Rock-, Pop- und Klassikkonzerte sowie Messen statt. Nach Einbruch der Dunkelheit ist die Stadthalle schön illuminiert.

Restaurants

El Toro Las Tapas
Traditionelles spanisches Restaurant, riesige Auswahl an Tapas.

Schwarzwaldstr. 25
+49 7731 288 09
eltoro-lastapas.de

La Pasta
Hausgemachte Pasta, italienische Spezialitäten.

Schwarzwaldstr. 6
+49 7731 663 62
lapasta-singen.de

③

Archäologisches Hegau-Museum

Am Schlossgarten 2 +49 7731 85 267 Di – Sa 14 – 18, So, Feiertage 14 – 17 hegau-museum.de

In dem Museum im Singener Schloss werden Exponate aus 15 000 Jahren Menschheitsgeschichte ausgestellt. Zu sehen sind u. a. Funde aus der Steinzeit, Werkzeuge, das sogenannte *Singener Schwert*, einer der ältesten Eisenfunde nördlich der Alpen, sowie Exponate aus der römischen Kaiserzeit.

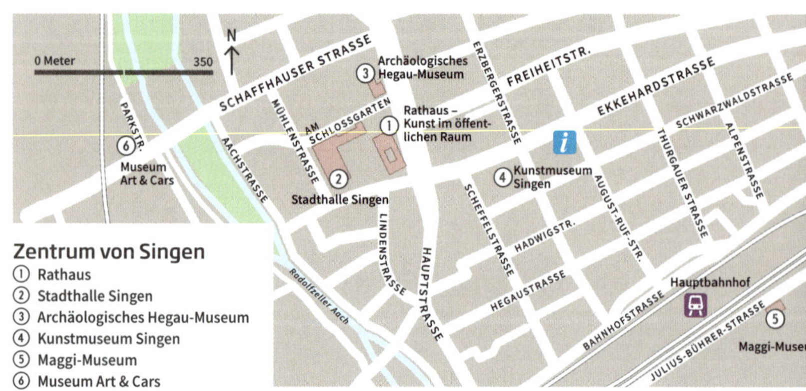

Zentrum von Singen
① Rathaus
② Stadthalle Singen
③ Archäologisches Hegau-Museum
④ Kunstmuseum Singen
⑤ Maggi-Museum
⑥ Museum Art & Cars

Highlight

④
Kunstmuseum Singen
Ekkehardstr. 10
+49 7731 852 71 Di – Fr 14 – 18, Sa, So 11 – 17
kunstmuseum-singen.de

Die Werke der Höri-Künstler, jener Maler, die von 1933 bis 1945 in der »inneren Emigration« auf der Halbinsel Höri gelebt und gearbeitet haben, bilden den Kern der Singener Kunstsammlung.

Der zweite Schwerpunkt des Museums ist zeitgenössische Kunst aus der Vierländerregion Bodensee.

⑤
Maggi-Museum
Julius-Bührer-Str. 8
Führungen auf Anfrage; +49 7731 31 99 01

Das Maggi-Museum ist im »Gütterli-Hüsli« untergebracht, in dem Julius Maggi 1887 die erste deutsche Maggi-Niederlassung gründete. Es dokumentiert die Firmengeschichte von den Anfängen bis heute. Zu sehen sind u. a. eine Flaschensammlung, Schriftstücke, etwa der erste Pachtvertrag, der Nachbau einer Küche sowie ein Kolonialwarenladen mit Produkten.

Schon gewusst?
Singen ist seit der Jüngeren Steinzeit (3000 v. Chr.) durchgehend besiedelt – eine Seltenheit.

⑥
Museum Art & Cars
Parkstr. 1 +49 7731 969 35 10 Mi – Sa 14 – 18, So 11 – 18 museum-art-cars.com

Im MAC 1 werden Oldtimer im Dialog mit Kunst präsentiert. Im 2019 eröffneten zweiten Museumsbau MAC 2 werden auf vier Etagen und in einer 18 Meter hohen Halle Meilensteine aus der Welt des Automobils und der Designgeschichte gezeigt, außerdem Lichtkunst, Fotografie und Videomapping – ein Dreiklang-Erlebnis aus Oldtimern, Kunst und Architektur. Im Café-Restaurant PARK 1 kann man zwischen Oldtimern und Kunst fein speisen.

Burgen und Vulkane im Hegau
Der Hegau ist eine außergewöhnliche Region – nicht nur wegen der kegelförmigen Relikte vulkanischer Tätigkeit vor 14 Millionen Jahren. Mit rund 380 Befestigungen ist er auch die burgenreichste deutsche Landschaft, selbst wenn heute nur noch wenige Reste der Wehranlagen vorhanden sind.

Hohenhewen (844 m)
Der Hohenhewen gehört zu den markantesten Hegaubergen. Die Burg wurde Mitte des 12. Jahrhunderts erbaut und während des Dreißigjährigen Kriegs zerstört. Von der einst mächtigen Anlage sind nur noch wenige Teile erhalten.

Mägdeberg (664 m)
Die Burg auf dem Mägdeberg wurde als Reichenauische Abtsburg (1235/1240) erbaut. 1633 wurde sie geplündert, 1634 vom Hohentwiel-Kommandanten niedergerissen, um Stützpunkte gegnerischer Truppen auszuschalten.

Hohenstoffeln (844/832 m)
Der mit zwei Gipfeln äußerst markante Hohenstoffeln gehört zu den Wahrzeichen des Hegaus. Auf den Gipfeln befinden sich Ruinen von Burgen, die im Dreißigjährigen Krieg zerstört wurden. Der Abbau von Basalt führte zu großen Substanzverlusten.

Hohenkrähen (644 m)
Die Ruinen auf dem Hohenkrähen gehören zu den imposantesten im Hegau. Die Festung wurde um 1190 gebaut und 1512 erstmals zerstört. Nach dem Wiederaufbau wurde die Burg vom Kommandanten der Hohentwiel niedergelegt, um Feinden keinen Unterschlupf bieten zu können.

Friedinger Schlossberg (543 m)
Das »Friedinger Schlössle« ist die einzige noch erhaltene Ritterburg. Sie wurde zwischen 1180 und 1200 erbaut, mehrmals zerstört, jedoch immer wieder aufgebaut. Heute ist hier ein Ausflugslokal.

Hohentwiel

C3 Auf dem Hohentwiel 2a +49 7731 691 78 Apr – Mitte Okt: tägl. 9 –18:30; Mitte Okt – März: Di – So 10 –16 (letzter Einlass eine Stunde vor Schließung) festungsruine-hohentwiel.de

Die Festungsruine auf dem erloschenen Vulkankegel des Hohentwiels (686 m) ist die größte Deutschlands. Die Ursprünge der Festung reichen bis ins Jahr 914 zurück. Einst mussten Besucher 40 Pfund Steine als Baumaterial für die Burg den steilen Berg hinauftragen.

In ihrer über 1000-jährigen Geschichte war die Burg zunächst in den Händen unterschiedlicher Adelsfamilien wie der Zähringer, der Eppenstein, der Herren von Singen und der Familie Klingenberg. Während des Dreißigjährigen Kriegs (1618 – 1648) war die nun artilleriesichere Anlage als württembergische Landesfestung von besonderer strategischer Bedeutung. Sie wurde fünf Mal erfolglos belagert. Im 18. Jahrhundert verfiel die Anlage immer mehr, wurde aber noch als Gefängnis genutzt. 1801 ordnete Napoléon dann an, die Burg zu schleifen. Anschließend wurde sie ein beliebtes Objekt der Romantiker. Dem Dichter Joseph Victor von Scheffel (1826 –1886) diente sie etwa als Schauplatz seines historischen Romans *Ekkehard* (1855). Held der Geschichte ist der St. Galler Mönch Ekkehard II.

Heute erläutert ein Geschichtspfad auf zwölf Tafeln die historisch interessante Stellung der Festung. Im Infozentrum (alte Remise der Domäne auf halber Höhe) steht ein originalgetreues Modell der Anlage im Zustand des 18. Jahrhunderts. Und mithilfe der kostenlosen Smartphone-App »Monumente 3D, Festung Hohentwiel« kann man sogar sehen, wie die Burganlage um 1800 aussah.

Außerdem

① In der **Fürstenburg** befanden sich Repräsentations- und Wohnräume, es gab aber auch ein Badehaus. Im Erdgeschoss lagen die Stallungen.

② **Zisternen** gewährleisteten die Wasserversorgung auf der Burg.

③ Herzog Burkhard III. gründete 970 auf der seit 914 bestehenden Höhenburg ein **Kloster**. Es wurde von Burkhards Witwe, Herzogin Hadwig, besonders gefördert – sie berief Ekkehard II. von St. Gallen, den späteren Romanhelden Victor von Scheffels, auf den Twiel. Allerdings wurde das Kloster 1005 von König Heinrich II. nach Stein am Rhein verlegt. Die Gebäude auf dem Hohentwiel dienten nun u. a. als **Kaserne**, Vorrats- und Munitionslager. Der Klosterhof wurde zum Paradeplatz umfunktioniert.

④ **Bastionen** machten die Burg sicher gegen Feuerwaffen.

⑤ **Türme und Tore** blieben von der mittelalterlichen Burg erhalten.

Die Festung Hohentwiel wurde in den Jahrhunderten mehrmals umgebaut und verstärkt. Diese Illustration zeigt die Burg um das Jahr 1591 ↑

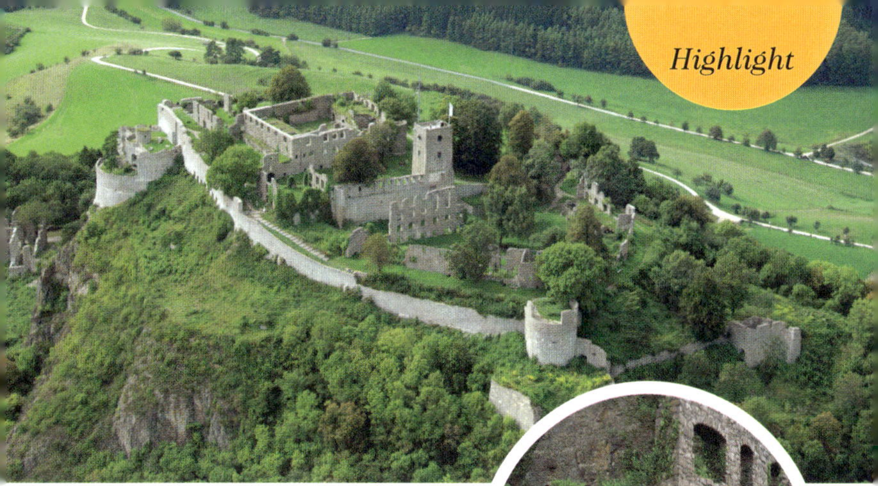

Highlight

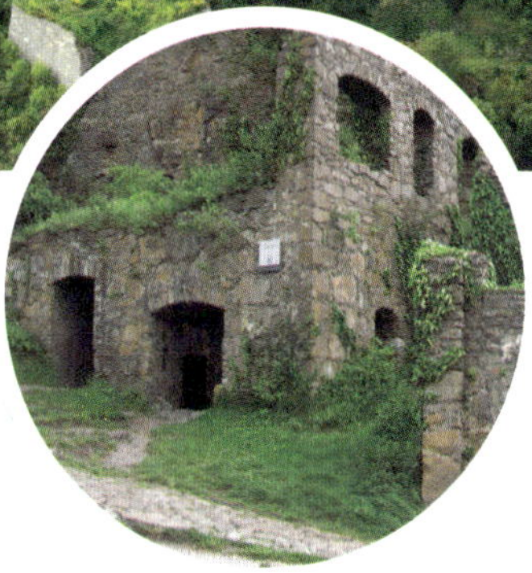

Blick auf die Festungsruine Hohentwiel und die Schmiede (Detail), die zu den zahlreichen Wirtschaftsgebäuden der Burg zählte. Diese waren nötig, da die Burg zu Belagerungszeiten autark sein musste ↑

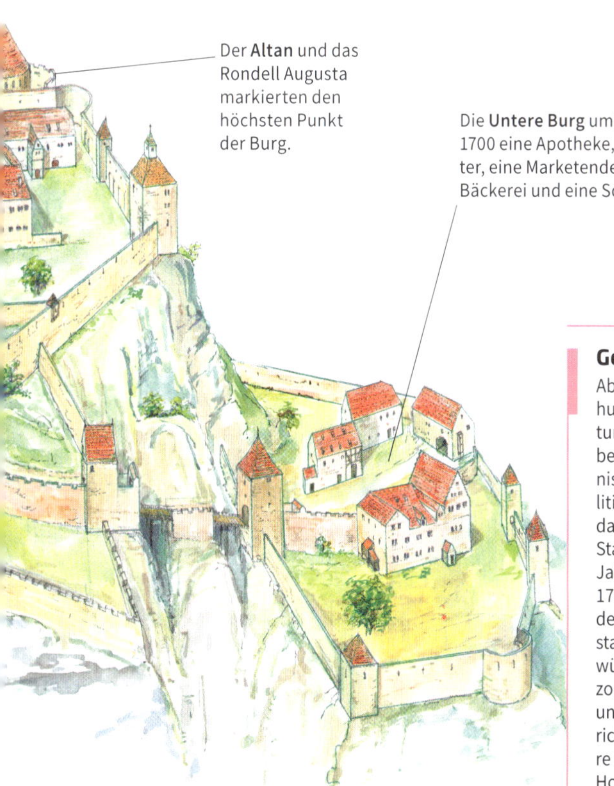

Gefängnis

Ab Mitte des 17. Jahrhunderts diente die Festung auch als württembergisches Staatsgefängnis. Hier saßen viele politische Gefangene ein, darunter auch der Staatsrechtler Johann Jakob Moser (1701–1785). Er war als Haupt des bürgerlichen Widerstands ins Visier des württembergischen Herzogs Carl Eugen geraten und wurde ohne Gerichtsverfahren fünf Jahre (1759 – 64) auf dem Hohentwiel festgesetzt.

10

Bodman

D3 1400 Seestr. 5; +49 7773 93 00 40
bodenseepur.de

Bodman liegt am Bodanrück und ist Teil der Doppelgemeinde Bodman-Ludwigshafen. Dazwischen erstreckt sich das Naturschutzgebiet Aachried. An der Stelle, an der die karolingische Pfalz lag, die dem Bodensee seinen Namen gab, steht heute die Pfarrkirche. Am Ortseingang befindet sich das Atelier des Bildhauers Peter Lenk. Einige seiner Werke sind in einer Freilichtausstellung (Kaiserpfalzstr. 20) zu sehen. Hauptsehenswürdigkeit ist Schloss Bodman (Mitte 19. Jh.), das von einem Park umgeben ist. Der Schlosstorkel (1772), heute ein Restaurant, zeugt vom früher regen Weinbau.

Ludwigshafen

D3 4600 Hafenstr. 5; +49 7773 93 00 40
Hafenfest (Juli)
bodenseepur.de

Ludwigshafen hieß bis 1826 Sernatingen, wurde aber umbenannt, als Großherzog Ludwig von Baden einen neuen Hafen anlegen ließ. Die Uferpromenade wird vom ehemaligen großherzoglich-badischen Hauptzollamt bestimmt. Die Zollhauswand schmückt das Triptychon *Ludwigs Erbe* von Peter Lenk, in dem er Politikern, Wirtschaft und Zeitgeist den Spiegel vorhält.

12

Sipplingen

D3 2050 Seestr. 3; +49 7551 949 93 70
Seezauber (Anfang Aug)
sipplingen.de

Das ehemalige Fischer- und Weinbaudorf war schon in der Steinzeit besiedelt. Bisher wurden 20 Pfahlbausiedlungen nachgewiesen. Im Dorfkern sind vor allem die Fachwerkhäuser sehenswert. Die Kirche St. Martin und Georg birgt zwei Figuren von Joseph Anton Feuchtmayer.

Auf dem Sipplinger Berg befindet sich das Seepumpwerk und Forschungslabor des Zweckverbands Bodensee-Wasserversorgung, der etwa vier Millionen Menschen mit Trinkwasser versorgt. Werksbesichtigungen sind nach Anmeldung (Tel. +49 7551 833 11 57) möglich.

13

Überlingen

E3 22 700 Landungsplatz 3 – 5; +49 7551 947 15 22 Schwedenprozession (2. So im Mai), Promenadenfest (Juli), Töpfermarkt (Aug) Sa, Mi
ueberlingen-bodensee.de

Überlingen wartet mit der längsten Uferpromenade am See auf. Herz ist der Landungsplatz. Hier befindet sich die Greth, ein im Jahr 1788 im klassizistischen Stil erbautes Handelshaus, das heute als Markthalle mit Cafés und Restaurants fungiert. In unmittelbarer Nähe steht der Brunnen *Bodenseereiter* von Peter Lenk. Der Reiter trägt Schlittschuhe und ähnelt stark Martin Walser. Ebenfalls an der Seepromenade sind die **Städtische Galerie »Fauler Pelz«** und das Zeughaus zu finden.

An der Hofstatt steht das Rathaus (1490 – 94), dessen Saal mit einem Arkadenfries von Jakob Russ geschmückt ist. Zum Rathaus gehört der Pfennigturm, in dem früher die Münzen geprägt wurden.

Am Wahrzeichen der Stadt, dem fünfschiffigen gotischen Münster St. Nikolaus, wurde von 1250 bis 1550 gebaut. Im Innenraum ist vor allem der

Die rekonstruierten bronzezeitlichen Pfahlbauten im Pfahlbaumuseum Unterhuhldingen

Blick vom See auf die Überlinger Altstadt und Uferpromenade

Hochaltar (1616) von Jörg Zürn bemerkenswert.

Am Münsterplatz stehen die um 1600 im Renaissancestil erbaute Kanzlei, heute das Stadtarchiv, und der Ölberg, ein gotisches Bauwerk von 1493. Etwas oberhalb informiert das **Städtische Museum** im Reichlin-von-Meldegg-Haus über die Geschichte Überlingens.

Die Franziskanerkirche (14. Jh.) wurde im 18. Jahrhundert barockisiert. Am Hochaltar stehen zwei Figuren von Joseph Anton Feuchtmayer.

Zur Entspannung laden der Stadtgarten und viele Grünanlagen ein, die sich wie ein grüner Gürtel um die Innenstadt ziehen. Für die Landesgartenschau 2021 wurde das Ensemble um einen Park im Westen erweitert.

Umgebung: Im **Haustierhof Reutemühle** im Ortsteil Bambergen leben über 150 Haustierarten aus aller Welt.

Städtische Galerie
Seepromenade 2
Di–Fr 14–17, Sa, So 12–17
staedtischegalerie.de

Städtisches Museum
Krummebergstr. 30
Di–Sa 9–12:30, 14–17 (Apr–Okt: auch So 10–15)
museum-ueberlingen.de

Haustierhof Reutemühle
Reuteweg 71
Apr–Okt: tägl. 10–19 (letzter Einlass: 17); Nov–März: 10–16 haustierhof-reutemuehle.de

14  Basilika Birnau

E3 Birnau-Maurach 5, Uhldingen-Mühlhofen tägl. 7:30–18 (Winter bis 17) Mo–Sa 8, So 7:30, 9, 10:45 birnau.de

Die Wallfahrtskirche, die zum UNESCO-Welterbe gehört, steht auf einem Hügel oberhalb der Mauracher Bucht. Die auch als »Barockjuwel am Bodensee« bezeichnete Kirche wurde 1746–49 von Peter Thumb errichtet. Der Innenraum erhielt eine reiche barocke Ausstattung mit Fresken von Gottfried Bernhard Göz sowie Stuckaturen, Altären und Skulpturen von Joseph Anton Feuchtmayer. Das bekannteste Werk ist der *Honigschlecker* am Bernhardsaltar. Im Fresko *Maria als Königin* hat sich der Maler Göz selbst mit Krücke dargestellt, da er vom Gerüst gefallen war. Den Hauptaltar schmückt das Bild der *Lieblichen Mutter von Birnau*.

Auf der anderen Seite der B31 liegt der Friedhof für die Opfer aus Aufkirch, Außenstelle des KZ Dachau.

15 Uhldingen

E3 8350 Ehbachstr. 1; +49 7556 921 60
Hafenfest (Ende Juli)
Do seeferien.com

Bekannt ist Uhldingen wegen des **Pfahlbaumuseums**, in dem 23 Pfahlbauten, die zwischen 4000 und 850 v. Chr. am Ufer standen, rekonstruiert wurden. Sie sind Teil der UNESCO-Welterbestätte »Prähistorische Pfahlbauten um die Alpen«. Beim Rundgang erfährt man, wie die Menschen in der Stein- und Bronzezeit gelebt haben *(siehe auch S. 118f)*. Das Museum zeigt Funde aus Unteruhldingen und Sipplingen.

Am Ortsrand liegt das **Reptilienhaus**. Hier kann man sich Echsen, Schlangen und Geckos ansehen. Und im **Auto & Traktor Museum** kann man dank 350 Fahrzeugen eine Zeitreise durch 100 Jahre Stadt- und Landleben machen.

Pfahlbaumuseum
Strandpromenade 6 Apr–Okt: tägl. 10–18 (Okt: bis 17:30)
pfahlbauten.de

Reptilienhaus
Ehbachstr. 4
Apr–Okt: tägl. 9:30–18; Nov–März: Sa, So 11–17
reptilienhaus.de

Auto & Traktor Museum
Gebhardsweiler 1 tägl. 9:30–17:30 (März, Nov, Dez: Di–So 10–17) autoundtraktor.museum

Pfahlbauten

Die ersten Pfahlbauten in der Bodensee-Region entstanden in der Jungstein- und Bronzezeit vor über 6000 Jahren. Sie befanden sich am Ufer (Feuchtbodensiedlung), in Mooren, in Überschwemmungsgebieten sowie im seichten Wasser. Die Häuser hatten gemeinsame oder separate Plattformen. Die erste Pfahlbausiedlung wurde 1853 am Zürichsee entdeckt. Das wurde als eine solche Sensation begriffen, dass eine Welle planloser Grabungen an den Seeufern einsetzte. Erst seit den Grabungen in den Jahren 1929/30 kann von einer wissenschaftlichen Erschließung gesprochen werden, die am Bodensee über 100 Siedlungen zutage brachte. Die UNESCO hat 2011 die prähistorischen Pfahlbauten rund um die Alpen zum Welterbe erklärt.

Die **Zwischenräume** des Grundgerüsts wurden mit Lehm, Flechtwerk oder Holzbohlen ausgefüllt.

Überwachungsturm

Wände aus Holzbohlen

Lehmgefache

Ufernahe Siedlung, nur bei Hochwasser »überflutet«

Dorfhalle, Versammlungshalle

Das **Satteldach** war die häufigste Dachform.

Die Platzierung im See bot Sicherheit vor Feinden und vor Raubtieren. Die Pfahlbaudörfer waren wohl von Palisaden mit **Wehrtürmen** umschlossen.

Das 1922 gegründete **Pfahlbaumuseum** in Unteruhldingen *(siehe S. 117)* macht die Pfahlbauweise für den Laien anschaulich. Hier wurden Bauten unterschiedlicher Fundorte nachkonstruiert. Die Zeichnung ist an das Pfahlbaumuseum angelehnt.

Pfahlbauten wurden auf **senkrechten Pfählen** als Stütze errichtet. Über diesen Stützen wurde aus waagerecht gelegten Stämmen eine Bühne geschaffen, über der sich dann das Haus erhob. Die Wände bestanden oft aus Flechtwerk, das mit Lehm bestrichen wurde. Die verbreitetste Dachdeckung war Schilf, vielleicht wurden auch Schindeln verwendet.

Satteldach

Vorratshaus

Dachsparren

Siedlung im Wasser auf **gemeinsamer Plattform**

Stroh- oder Holzschindeldach

Haus auf eigener Plattform

Mittelständer

Durchhängendes Dach

Kulthaus

Wind- oder Giebelbretter schlossen die Häuser nach oben ab. Sie konnten die Form von Tierköpfen haben.

Firstpfahl

Holzbohlenwand/ geflochtene Wand

Walmdach

→ *Firstpfahl des Kulthauses in Unteruhldingen*

Insel Mainau

E4 +49 7531 30 30 Linienbus von Konstanz-Hauptbahnhof Parkplatz auf dem Festland tägl. 9 – 20 (letzter Einlass: 19) Gräfliches Inselfest (Mai/Juni), Mittsommerfest (Ende Juni), Adventskonzerte (Dez) mainau.de

Die Insel Mainau, die der schwedischstämmigen Familie Bernadotte gehört, ist mit ca. 45 Hektar Fläche die drittgrößte im Bodensee. Bedingt durch das milde Klima wachsen im Park subtropische, teils auch tropische Pflanzen. Wegen ihrer reichen Vegetation wird die Insel auch als Blumeninsel bezeichnet. Sie ist zu jeder Jahreszeit einen Besuch wert: Im Frühjahr blühen Tulpen, Hyazinthen und Narzissen, im Sommer Rosen und im Herbst Dahlien. Des Weiteren locken viele Pflanzausstellungen, Schmetterlings- und Palmenhaus, ein Spielplatz und viele Restaurants.

Das **Schmetterlingshaus** auf der Insel Mainau ist mit ca. 1000 Quadratmeter Fläche das zweitgrößte in Deutschland. In tropischer Umgebung kann man bis zu 1000 farbenprächtige Falter bewundern.

Inselbesucher werden vom Mainau-Maskottchen **Blumi** begrüßt.

Typisch für die Mainau sind **Blumenskulpturen** wie hier der Pfau in der Nähe des Kräutergartens.

Außerdem

① Der **Schiffsanleger** befindet sich im Osten der Insel. Hier gibt es auch einen Souvenirshop.

② Der **Damm** führt vom Parkplatz zur Insel.

③ In der **Metasequoia-Allee** kann man Urweltmammutbäume bewundern.

④ Die **Wasserwelt** ist ein Spielplatz mit einem 60 Zentimeter tiefen Wasserbecken mit Flößen und einer Seilfähre.

⑤ Auf dem **Bauernhof mit Ponyreiten und Streichelzoo** wohnen Alpakas, Hasen, Hühner, Ziegen, Ponys, Esel, Schafe, Katzen und eine Kuh.

⑥ Auf dem **Weinlehrpfad** entdeckt man Reben aus aller Welt.

⑦ Im **Dahliengarten** entzündet sich von Ende August bis zum ersten Frost ein wahres Blütenfeuerwerk.

⑧ Der **Italienische Rosengarten** ist geometrisch angelegt. Hier blühen im Sommer ca. 500 verschiedene Rosensorten.

↑ *Blick auf die Insel Mainau. Aus der Luft erkennt man das Schloss, die Kirche, das gläserne Palmenhaus und den Schiffsanleger*

Highlight

Großherzog Friedrich I. legte das **Arboretum** ab 1856 an. Hier sind ca. 250 Gehölzarten und -sorten zu bewundern, darunter einer der ältesten »Urweltmammutbäume« *(Metasequoia glyptostroboides)* Deutschlands.

Schloss und Kirche wurden ab 1732 im Auftrag des Deutschherrenordens nach Entwürfen von Johann Caspar Bagnato gebaut.

0 Meter 200 N

Unter der Glaskonstruktion wachsen auf der **Schlossterrasse** mehr als 20 Palmenarten, darunter eine 1888 gepflanzte Kanarische Dattelpalme. Im Frühjahr (zweite März-Hälfte) findet hier eine Orchideenschau mit rund 3000 Pflanzen statt.

Die **Italienische Blumen-Wassertreppe** wurde von Lennart Bernadotte im Stil italienischer Renaissancegärten angelegt. Säulenförmige Koniferen säumen die Kaskade.

Im Frühjahr blühen im östlichen Teil der Insel Tausende von **Tulpen, Narzissen und Hyazinthen**.

Schaufelraddampfer *Hohentwiel*

Der Schaufelraddampfer *Hohentwiel* ist das einzige noch betriebene Dampfschiff und zugleich das älteste Passagierschiff, das den Bodensee befährt. Im Januar 1913 lief die *Hohentwiel* als siebtes Dampfschiff der Königlich Württembergischen Staatsbahnen in Friedrichshafen vom Stapel. Aufgrund der luxuriösen Ausstattung wurde das Schiff nicht nur zu Kurs-, sondern auch für Repräsentationsfahrten des württembergischen Königshauses eingesetzt. 1962 wurde die *Hohentwiel* ausgemustert. Danach wurde der Dampfer das schwimmende Clubhaus des Bregenzer Segelclubs. Kurz vor der Verschrottung erwarb der Verein »Internationales Bodenseeschifffahrtsmuseum« 1984 den Dampfer und begann, ihn zu renovieren. Seit 1990 ist das Dampfschiff wieder im Einsatz und befährt auf den unterschiedlichsten Touren den See.

→ *Das maritime Flair und die vornehme Eleganz der Belle Époque machen eine Fahrt auf der* Hohentwiel *zu einem besonderen Erlebnis*

↑ *Herzstück unter Deck ist der Hecksalon mit seinem festlichen Ensemble aus hellem Kirschbaumholz in braunem Samt. Für das leibliche Wohl an Bord sorgt der mehrfach ausgezeichnete Heino Huber*

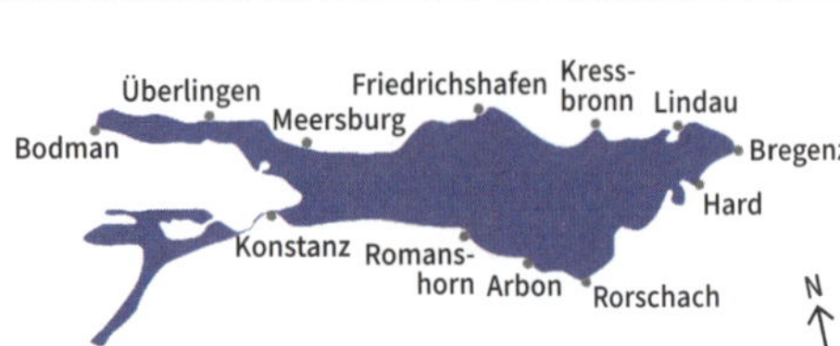

Die Hohentwiel *fährt in den Sonnenuntergang – mit anschließendem Gourmetdinner*

Schaufelraddampfer *Hohentwiel*

Rundtouren von April bis Oktober
Historische Schifffahrt Bodensee GmbH, Hafenstr. 15, A-6971 Hard
+43 5574 635 60
hs-bodensee.eu

Dixie Törn
Nachmittags-Rundfahrt mit schwungvoller Dixiemusik.
Dixieland – Jazz on Board
Die Roaring Twenties auf dem Achterdeck.

Jazz Brunch
Rundfahrt mit Frühstück und Livemusik.
Mittags Törn
Zweieinhalbstündige Rundfahrt mit Drei-Gänge-Menü.
Captain's Dinner
Gourmet-Dinnerfahrt.
Gourmetfahrten
Fünf-Gänge-Menü und exklusive Weine (19 – 22).
Festspielfahrten
Mit dreigängigem Festspielmenü.

English Afternoon Tea
Mit klassischer Pianomusik.
Wine & Dine Hohentwiel
Menü mit Spitzenweinen.
Nacht der Sinne
Mit Gourmetdinner, Tischmusik, Barmusik.
König Wilhelm II.
Nachmittagsfahrt mit saisonalen Strudelspezialitäten.
Zeitreise
Parallelfahrt mit dem Motorschiff *Oesterreich* mit Umstieg auf das andere Schiff.

Schloss Salem – eines der schönsten Bodensee-Kulturdenkmäler

17 Salem

F3 11 580 Am Schlosssee 1; +49 7553 82 37 80 salem-baden.de

Kloster und **Schloss Salem** zählen zu den schönsten Kulturdenkmälern am Bodensee. Die Anlage, 1134 als Zisterzienserkloster gegründet, vermittelt ein gutes Bild vom Reichtum der früheren Abtei. An die Blütezeit erinnert das gotische Münster. Im Barock ließen Äbte die Räume mit Stuckaturen und Malereien ausstatten. Seit 1802 gehört Salem den Markgrafen von Baden. 1920 gründeten Max von Baden und Kurt Hahn die Privatschule Schloss Salem.

In einem knapp 200 Hektar großen Waldgebiet leben über 200 Berberaffen in freier Wildbahn. Der **Affenberg** ist außerdem Heimat für bis zu 60 Störche und einen Hirsch mit Kühen. Das kleine **Feuchtmayer Museum** widmet sich dem Leben und Werk des berühmten Barockkünstlers.

Schloss Salem
+49 7553 916 53 36 Apr – Okt: Mo – Sa 9:30 – 18, So 10:30 – 18 salem.de

Affenberg Salem
Mendlishauser Hof Mai – Okt: tägl. 10 – 17:30 (Aug: bis 18; Sep, Okt: bis 17; letzter Einlass: 1 Std. vorher) affenberg-salem.de

Feuchtmayer Museum
Tüfinger Str. 10 Apr – Okt: Sa, So 11–17 feuchtmayermuseum.de

18 Meersburg

E4 6050 Kirchstr. 4; +49 7532 44 04 00 Winzerfest (Juli), Weinfest (Sep), Mittelaltermarkt (Okt) Fr meersburg.de

Mit seiner schönen Lage an einem Rebhang, den Fachwerkhäusern, der Burg und dem Schloss zählt Meersburg zu den beliebtesten Zielen am See. Die **Burg Meersburg** soll schon Merowingerkönig Dagobert I. im 7. Jahrhundert angelegt haben. Sie wurde nie erobert und gilt heute als älteste bewohnte Burg Deutschlands. Bei einem Besuch sieht man mehr als 35 eingerichtete Räume.

Direkt neben der Burg liegt das barocke **Neue Schloss**, das 1710 – 12 nach Entwürfen von Balthasar Neumann als Residenz der aus Konstanz geflüchteten Fürstbischöfe erbaut wurde.

Auf einer Anhöhe in einem Weinberg steht das **Fürstenhäusle**, Rückzugsort von Annette von Droste-Hülshoff. Heute erinnert hier ein Museum an die Dichterin.

In der **Bibelgalerie** erfährt man mehr über die Entstehung der Heiligen Schrift und ihre Überlieferungsgeschichte.

Das **vineum bodensee** stellt im historischen Heilig-Geist-Spital rund um einen Weintorkel aus dem Jahr 1607 die Kulturgeschichte des Weins in Meersburg und am Bodensee dar.

An der Hafenmole hat Peter Lenk in der *Magischen Säule* berühmte Meersburger satirisch porträtiert.

Burg Meersburg
tägl. 10 – 18:30 (Nov – Feb: bis 18) burg-meersburg.de

Neues Schloss
Apr – Okt: tägl. 9:30 – 18; Nov – März: Sa, So 12 – 17 neues-schloss-meersburg.de

Fürstenhäusle
Stettener Str. 11 +49 7532 60 88 Apr – Okt: tägl. 10 – 17 fuerstenhaeusle.de

Die Burg Meersburg (Altes Schloss) ragt über der Unterstadt auf

Die Hagnauer Kirche St. Johann Baptist

Bibelgalerie
Kirchstr. 4
+49 7532 53 00 Di–Sa 11–13, 14–17, So 14–17
bibelgalerie.de

vineum bodensee
Vorburggasse 11
Apr–Okt: Di–So 11–18; Nov–März: Sa, So 11–18
vineum-bodensee.de

19

Hagnau

F4 1420 Im Hof 1; +49 7532 43 00 43 Sommerfest (Mitte Juli), Weinfest (Anfang Aug) hagnau.de

Das Winzer- und Fischerdorf ist in Weinberge und Obstgärten eingebettet. Das Dorf war bis 1803 im klösterlichen Besitz, wovon noch sechs ehemalige Klosterhöfe zeugen, in denen Klöster ihren Wein lagerten. Sehenswert sind u. a. der 1568 umgebaute Salmannsweiler Hof, das ehemalige Amtshaus der Reichsabtei Weingarten, heute das Gasthaus zum Löwen, und die ehemalige Hofmeisterei (1714) der Reichsabtei Weingarten. In dem Gebäude residieren heute das Rathaus und das **Hagnauer Museum**, das die Geschichte des Orts beleuchtet und über berühmte Bürger aufklärt. Einer von ihnen war Heinrich Hansjacob, seit 1869 Pfarrer in Hagnau, der – um den notleidenden Winzern im Ort zu helfen – 1881 zur Gründung einer **Winzergenossenschaft** aufrief, der ersten Badens.

Überragt wird der von schönen Fachwerk- und Steinhäusern geprägte Ortskern von der spätgotischen, später barockisierten Kirche St. Johann Baptist mit schönen Schnitzereien aus dem 15. Jahrhundert. Die Büste des hl. Johannes, die bei jeder Seegfrörne ihren Standplatz wechselt, steht seit 1963, dem letzten Mal, dass der See ganz zufror, in Münsterlingen.

Von den früher 27 Weinpressen des Orts ist ein Torkel (1747) erhalten geblieben, er liegt unter einem Dach im Uferpark. **Das kleine Museum** zeigt eine Spielzeugsammlung mit Puppenstuben von 1830 bis 1950.

Rund um Hagnau sind viele Wanderwege ausgeschildert, etwa die Weinbergwanderung.

Hagnauer Museum
Im Hof 5 +49 7532 91 39 Do 15:30–18, So, Feiertage 14:30–17
hagnauer-museum.de

Winzerverein
Strandbadstr. 7 +49 7532 10 30 hagnauer.org

Das kleine Museum
Neugartenstr. 20
+49 7532 99 91 Apr–Okt: Mi, So 14–17 puppen-und-spielzeugmuseum.de

20

Immenstaad

F4 6600 Dr.-Zimmermann-Str. 1; +49 7545 201 37 00 Hennensuppe (Jan) Mi immenstaad-tourismus.de

Immenstaad liegt idyllisch zwischen Obstplantagen und Weinbergen. Seinen Namen hat der Ort wohl von dem alemannischen Gründer Immo.

In Immenstaad gibt es einige schöne Fachwerkhäuser, etwa die Alte Vogtei von 1732, heute ein Restaurant, das Schwörerhaus (1578), das ehemalige Salz- und Torkelhaus der Gemeinde, oder das Haus Michael (Hauptstr. 24/26; 1461). Von der spätgotischen Pfarrkirche St. Jodokus sind aus der Bauzeit nur noch Chor und Wehrturm erhalten.

Sehenswert im Ortsteil Kippenhausen sind das Haus Montfort (1796), das heute ein Restaurant, das Heimatmuseum und die Montfort-Galerie beherbergt, sowie das Fachwerkhaus zum Puppenhaus (18. Jh.), heute ein Café.

Bei einem Besuch sollte man auch eine Fahrt mit der Lädine *St. Jodok*, einem alten Lastensegler (www.laedine.de), einplanen. Die Ausflugsfahrten starten am Landungssteg, mit 100 Metern der längste am Bodensee.

Auf dem Apfel- und Weinspazierweg erfahren Besucher Interessantes zum Obst- und Weinanbau am Bodensee. Vom Hochberg (454 m) sieht man die drei Immenstaader Schlösser: Schloss Kirchberg, heute in Eigentumswohnungen umgewandelt, Schloss Hersberg, heute eine Bildungsstätte, und Schloss Helmsdorf, das von einem Campingplatz umgeben ist.

Ein etwas anderer »Wanderweg« bietet sich im Abenteuerpark Immenstaad an (www.abenteuerpark.com). Hier bewegt man sich in fünf bis 15 Meter Höhe auf Seilen und Balken durch den Wald.

21

Friedrichshafen

G4 61 220 4 km nordöstlich des Zentrums Bahnhofplatz 2; +49 7541 20 35 54 44 Fasnetumzug (Feb), Stadtfest (Anf. Juli), Seehasenfest (Mitte Juli), Kulturufer (Anf. Aug) Di (Charlottenhof), Fr (Adenauerplatz), Sa (Schlemmermarkt) friedrichshafen.de/tourismus

Mit Messe, Flughafen und großen Industriebetrieben ist Friedrichshafen das wirtschaftliche Zentrum der Region. Die Stadt ist relativ jung. Sie entstand 1811, als König Friedrich von Württemberg Buchhorn mit dem Dorf und Kloster Hofen zu Stadt und Schloss Friedrichshafen vereinigte. Die Besiedlungswurzeln reichen jedoch bis ins 5. Jahrhundert zurück. Mit der industriellen Revolution und dem Aufsteigen des ersten Zeppelins setzten sich der wirtschaftliche Erfolg und die Ausrichtung der Stadt auf Luftfahrt durch.

Die Schlosskirche ist im Oberschwäbischen Barock ausgestattet

①

Schloss

Schlossstr. 2
für Besucher

Erbaut wurde das Schloss 1654 als Benediktinerkloster (Kloster Hofen) durch den Vorarlberger Michael Beer. 1802 wurde das Kloster aufgelöst und gelangte im Zuge der Säkularisierung 1806 in den Besitz des Königreichs Württemberg. Unter König Wilhelm I. von Württemberg (1781–1864) wandelte man das Kloster 1823–30 nach den Plänen des damaligen Hofbaumeisters Giovanni Salucci zu einer königlichen Sommerresidenz um.

Gegen Ende des Zweiten Weltkriegs richteten Brandbomben schwere Schäden an. Die drei Flügel brannten bis auf die Außenmauern und die Gewölbe des Erdgeschosses nieder, auch die Nebengebäude wurden fast vollständig zerstört. Zwischen 1951 und 1965 wurde das Schloss wieder aufgebaut. Da die herzogliche Familie den West- und Südflügel der ehemaligen Residenz bewohnt, ist es für Besucher geschlossen.

②

Schlosskirche

Schlosskirche 1
tägl. 9–18 So 9:30
schlosskirche-fn.de

Die Schlosskirche am westlichen Ende der Friedrichshafener Bucht ist mit ihren 55 Meter hohen Kuppeltürmen aus Rorschacher Sandstein das weit über den See hin sichtbare Wahrzeichen der Stadt. Sie wurde von 1695 bis 1701 unter der Leitung des Vorarlberger Architekten Christian Thumb als Teil von Kloster Hofen erbaut und zählt zu den berühmten oberschwäbischen Bauwerken des Barock. Seit 1812 ist sie evangelische Kirche. 1944 wurde

Zentrum von Friedrichshafen

① Schloss
② Schlosskirche
③ Schulmuseum
④ Zeppelin-Denkmal
⑤ Zeppelin-Brunnen
⑥ Klangschiff
⑦ Buchhornbrunnen
⑧ Aussichtsturm an der Hafenmole
⑨ Medienhaus am See
⑩ Kunstverein
⑪ Dornier Museum
⑫ Zeppelin Hangar
⑬ Zeppelin Museum

0 Meter 300
N

Highlight

Die Uferpromenade von Friedrichshafen mit vielen Cafés, Medienhaus am See und Zeppelin Museum

sie bei einem Luftangriff teilweise zerstört, zwischen 1947 und 1951 renoviert. Im Inneren des Kirchenbaus sind vor allem die prachtvollen barocken Stuckaturen von Johann Schmuzer und seinen Söhnen aus der Wessobrunner Schule, die Gemälde an den Seitenaltären von Joseph Anton Feuchtmayer sowie das Chorgestühl von Martin Höfle aus dem Jahr 1701 sehenswert.

③

Schulmuseum

Friedrichstr. 14
+49 7541 20 35 56 10
Di – So 10 – 17
schulmuseum.friedrichshafen.de

Das Museum vermittelt einen Überblick über 1000 Jahre Schulgeschichte, von der Kloster- und Stiftsschule bis heute. Im Mittelpunkt stehen drei original eingerichtete Klassenzimmer aus den Jahren 1850, 1900 und 1930, in denen man sich anhand von Unterrichtsmaterialien ein Bild davon machen kann, wie der Schulalltag früher ausgesehen haben mag. In weiteren Räumen sind alte Gerätschaften aus dem Schulalltag zu sehen, zudem werden u. a. die teils harten Bestrafungen erläutert.

④

Zeppelin-Denkmal

Uferpromenade

Im Stadtgarten erinnert eine 13 Meter hohe Bronzesäule an den berühmtesten Sohn der Stadt. Das von Toni Schneider-Manzell geschaffene, 1985 eingeweihte Denkmal trägt als Inschrift einen Spruch von Ferdinand Graf von Zeppelin (1838 – 1917): »Man muss nur wollen und daran glauben, dann wird es gelingen.«

Zeppelin-Brunnen

Uferpromenade

Vor dem Alten Rathaus ließ Florian Vollenweider im Jahr 1909 einen Brunnen errichten. Dargestellt ist ein Junge, der auf einer Weltkugel steht und ein Luftschiff in den Armen hält. Obwohl der Brunnen den Zweiten Weltkrieg unbeschadet überstand, wurde er 1956 abgebrochen. 2000 stellte die Stadt zum 100-jährigen Jubiläum der ersten Zeppelinfahrt eine Rekonstruktion auf.

Vom Aussichtsturm hat man einen tollen Blick über den See

Klangschiff

Uferpromenade

An der Promenade steht das Klangschiff *Im Augenblick*, das der Künstler Helmut Lutz (* 1941) 1994 konstruierte und – parallel zum Kriegsgeschehen in den Ländern des ehemaligen Jugoslawien – als eine Art Friedensbotschafter die Donau entlangschickte. Das Klangschiff machte dabei Station in Beuron, Ulm, Passau, Linz, Wien, Bratislava, Budapest und zuletzt in Mohács an der Grenze zu Serbien. Dort wurde eine riesige hölzerne Träne mit der Aufschrift »Europa weint« über Bord geworfen. Seinen endgültigen »Ankerplatz« fand es in Friedrichshafen. Die Konstruktion ist 40 Meter lang und zeigt Darstellungen des Europastiers und der Urania.

Heute finden auf dem Klangschiff Konzerte und Performances statt.

(7)

Buchhornbrunnen

Adenauerplatz

Seit 2001 schmückt der vom Künstlerehepaar Gernot und Barbara Rumpf entworfene Brunnen den Adenauerplatz vor dem Rathaus. Der stilisierte Baum, eine Buche, sowie das schräg im Brunnenbecken liegende Horn ergeben das Wort »Buchhorn«, den ursprünglichen Namen Friedrichshafens. Weitere Figuren zeugen von der industriellen Entwicklung der Stadt.

Aussichtsturm an der Hafenmole

Uferpromenade

Der Aussichtsturm an der Hafeneinfahrt wurde 2000 aufgestellt. Ein stählerner Treppenaufgang führt über neun Ebenen hoch auf 22 Meter. Von dort oben genießt man die wunderschöne Aussicht auf Schloss und Schlosskirche, die Obstgärten und den herrlichen Panoramablick auf den Bodensee und die Alpen.

Medienhaus am See

Karlstr. 42 +49 7541 203 35 00 Di–Fr 10–19, Sa 10–16 medienhaus-am-see.de

Das Medienhaus am See zählt zu den spektakulärsten Gebäuden am Bodensee-Ufer. Hinter der komplett verglasten Außenfassade befindet sich die Stadtbibliothek mit über 100 000 Medien für jedes Alter und jeden Geschmack, verteilt auf drei Ebenen.

Highlight des Ensembles ist der runde, kieselförmige Veranstaltungssaal – »der Kiesel« –, in dem Lesungen, Theateraufführungen und Konzerte stattfinden.

Kunstverein

Buchhornplatz 6 +49 7541 219 50 siehe Website kunstverein-friedrichshafen.de

Der Kunstverein Friedrichshafen wurde im Jahr 1983 mit der Zielsetzung gegründet, das Verständnis für zeitgenössische Kunst zu fördern. Der Verein organisiert jedes Jahr mehrere Ausstellungen junger

Themenwege in Friedrichshafen

Besucher können Friedrichshafen auch auf Themenwegen entdecken. Der Zeppelin-Pfad geht an neun Stationen auf die Stadtgeschichte ein. Er beginnt am westlichen Stadtrand bei der Ziegelei Grenzhof. Hier verlief früher die Grenze zwischen Baden und Württemberg. Weiter führt der Pfad über das Industriegelände in Manzell, wo früher die Luftschiffhalle stand und 1900 der erste Aufstieg des LZ 1 stattfand. Der Zeppelin-Pfad erstreckt sich auf zwölf Kilometern durch die Innenstadt bis zum Flughafen.

Ein weiterer Themenweg in Friedrichshafen würdigt den Konstrukteur Karl Maybach (1879–1960). Der Maybach-Weg passiert die wichtigsten Orte, an denen Karl Maybach in Friedrichshafen gelebt und gearbeitet hat.

Der Geschichtspfad führt zu historisch interessanten Gebäuden und Örtlichkeiten. Die drei Kilometer lange Strecke verläuft vom Hafenbahnhof bis zur Schlosskirche am Seeufer entlang, über den alten Friedhof bis zum Stadtbahnhof.

Restaurants

Felders
Qualitativ hochwertige, kreative und regionale Küche, schöne Seeterrasse.
Karlstr. 42
+49 7541 39 19 55
felders-restaurant.de

Zum Klosterwirt
Sehr gute regionale Küche in traditionellem Ambiente, toller Service.
Flugplatzstr. 23
+49 7541 727 81
zumklosterwirt-fn.de

Künstler und Künstlerinnen in den Räumen am Buchhornplatz, um sie einer breiteren Öffentlichkeit vorzustellen.

Künstlergespräche, Führungen, Performances, Screenings und Diskussionsrunden komplettieren das Angebot.

(11)   

Dornier Museum

Claude-Dornier-Platz 1
+49 7541 487 36 00
tägl. 10–17 (Nov–Apr: Di–So 10–17)
dorniermuseum.de

Seit 2009 präsentiert das Dornier Museum die Geschichte eines der innovativsten deutschen Unternehmen, der Dornier-Werke, und seines Gründers Claude Dornier (1884–1969). Hier kann man 100 Jahre Luft- und Raumfahrtgeschichte sehr anschaulich nachvollziehen.

In dem einem Flugzeughangar nachempfundenen Gebäude direkt am Flughafen Friedrichshafen werden auf mehr als 6000 Quadratmeter Ausstellungsfläche und einem 25 000 Quadratmeter großen Landschaftspark knapp 400 Exponate gezeigt. Darunter sind zwölf Originalflugzeuge wie die legendäre *Do 27*, ein einmotoriges Mehrzweckflugzeug, oder der *Merkur* (ein Verkehrsflugzeug aus den 1920ern), aber auch Triebwerke, Nachbauten von Teilen des Spaceshuttles sowie Originalsatelliten. Die zum Teil noch flugfähigen Maschinen kann man sich im Hangar aus nächster Nähe ansehen. Eine Ausstellung wendet sich speziell an Kinder, die hier die Raumfahrt entdecken können, und wer selbst einmal fliegen will, kann das im Flugsimulator ausprobieren.

Begleitend zu den Ausstellungen gibt es eine umfassende Dokumentation über die Firmengeschichte der Dornier-Werke sowie über die Entwicklung der Luft- und Raumfahrt.

Auch in der Nacht ist das Museum ein »Hingucker«, da es dann von dem Lichtkünstler James Turell in verschiedene Farben getaucht wird.

(12)  

Zeppelin Hangar

Messestr. 132 +49 7541 590 03 43 zeppelin-nt.de

Rund 60 Jahre, nachdem das Luftschiff *Hindenburg* am 6. Mai 1937 beim Landeanflug auf Lakehurst, 100 Kilometer südlich von New York, in Flammen aufging *(siehe S. 131)* und so die Ära der Luftschifffahrt vorerst beendet hatte, startete das Unternehmen Zeppelin Luftschifftechnik (ZLT) den Versuch, den Mythos erneut zu erwecken.

Das Ergebnis ist der Zeppelin NT (Neue Technologie), der bis auf die äußere Form nichts mehr mit seinen Vorgängern gemein hat. Im September 1997 stieg der erste Prototyp vom Werftgelände in Friedrichshafen in die Luft. Seit August 2001 werden Rundflüge angeboten.

Mit einer Länge von 110 Metern, einer Breite von 69 Metern und einer Höhe von 34 Metern zählt der Hangar des Zeppelin NT zu den größten Hallen Süddeutschlands. Von den Dimensionen her ist die Halle so ausgelegt, dass drei Zeppelin NT pro Jahr zeitgleich produziert werden könnten. In die Halle passen zwei Luftschiffe, die Konstruktion eines dritten Exemplars könnte man parallel dazu vorbereiten.

Bei einer Besichtigung des Hangars innerhalb einer Führung (Di, Fr 16; Anmeldung bis 14) hat man die Möglichkeit, sich über die Technologie des Luftschiffs zu informieren und Wissenswertes über den Aufbau und Einsatz des Zeppelins zu erfahren.

Das Medienhaus am See mit dem Veranstaltungssaal »der Kiesel«

(13)

Zeppelin Museum

Seestr. 22 · +49 7541 380 10 · Museum: Mai – Okt: tägl. 9 – 17; Nov – Apr: Di – So 10 – 17; Archiv und Bibliothek: Di, Mi, Do 9 – 12, 13 – 17 (tel. Anmeldung unter: +49 7541 38 01 70) · zeppelin-museum.de

Das Zeppelin Museum beherbergt seit 1996 die weltgrößte und umfangreichste Sammlung zu allen Aspekten der Luftschifffahrt. Der Schwerpunkt der Objektsammlung liegt auf den Zeppelin-Luftschiffen. Das Museum ist im ehemaligen Hafenbahnhof direkt am Bodensee untergebracht. In der fast 4000 Werke umfassenden Kunstabteilung sind Arbeiten der größten Meister aus Süddeutschland vom Mittelalter bis zur Neuzeit versammelt.

Das Museum ist in zwei Bereiche unterteilt. Im Erdgeschoss und ersten Stockwerk befindet sich die Dauerausstellung Technik zur Geschichte der Luftschifffahrt mit der begehbaren originalgetreuen Rekonstruktion eines Teilstücks von LZ 129 *Hindenburg*. Zu sehen sind das Promenadendeck im Bauhaus-Design der 1930er Jahre, originale Passagierkabinen mit aufklappbaren Waschbecken sowie Toilettenanlagen. Im zweiten Obergeschoss ist die Kunstabteilung untergebracht mit Gemälden und Skulpturen aus dem Bodensee-Raum sowie den Sammlungen zu Otto Dix und Max Ackermann. Neue Kunstformen wie Videos und Installationen ergänzen den Bestand. Ein besonderes Highlight der Sammlung bildet ein Teil des Nachlasses des Fotografen Andreas Feininger (1906 – 1999).

Expertentipp
Für Kunstfans

Neben den Dauerausstellungen zeigt das Zeppelin Museum auch Wechselausstellungen zu gesellschaftlich relevanten Themen, einem bestimmten Künstler oder einer ganzen Kunstrichtung.

Highlight

Zeppelin NT

Der Zeppelin NT ist wesentlich kleiner als die riesigen Vorgänger. Eigentlich ist er auch kein Zeppelin im klassischen Sinn, sondern ein hochmodernes halbstarres Luftschiff.
Länge: 75,00 m
Durchmesser: 14,16 m
Breite: 19,50 m
Höhe: 17,40 m
Hüllenvolumen: 8425 m³
Hüllenoberfläche: 2630 m²
Gewicht: 20 690 kg
Besatzung: 2 Piloten
Kapazität: 12 bis 13 Passagiere oder 1900 kg Nutzlast
Höchstgeschwindigkeit: 125 km/h
Reisegeschwindigkeit: 115 km/h
Reichweite: 900 km
Maximale Flughöhe: 2600 m, übliche Flughöhe 300 m
Gondellänge: 10,70 m
Gondelbreite: 2,30 m
Gondelhöhe: 2,50 m
Triebwerke: 3 Motoren Lycoming 0-360 mit je 147 kW

← *Modell des LZ 129* Hindenburg *im Museum*

1 *Motorgondel, 1928 für Graf Zeppelin gefertigt, mit fünf Gondeln am Rumpf*

2 *Das Zeppelin Museum im ehemaligen Hafenbahnhof in klarer Bauhaus-Architektur*

1

2

Die Katastrophe von Lakehurst

Der Zeppelin LZ 129 *Hindenburg*, eines der größten Luftfahrzeuge, ging am 6. Mai 1937 bei der Landung in Lakehurst (New Jersey, USA) in Flammen auf, als sich die Wasserstofffüllung entzündete. 36 Menschen kamen ums Leben. Die Katastrophe bedeutete das vorläufige Ende der Verkehrsluftschifffahrt.

Das prachtvolle Neue Schloss in Tettnang

Tettnang

H4 19 500 Montfortstr. 41; +49 7542 51 05 00
Montfortfest (Anf. Juli), Bählesfest (Sep), Weihnachtsmarkt (Dez)
Di, Sa tettnang.de

Tettnang ist Zentrum des Hopfenanbaus und wartet mit einem historischen Stadtkern und dem **Neuen Schloss** auf, das Christoph Gessinger ab 1712 als Residenz der Grafen von Montfort erbaute. Die Innenausstattung stammt von den besten Kunsthandwerkern der Bodensee-Region. Heute befindet sich in dem Schloss ein Museum. Bei einer Führung kommt man durch Prunkräume.

Am Montfortplatz steht das Alte Schloss (1667), heute das Rathaus. Über dem Portal des Renaissancebaus befindet sich das Allianzwappen des Erbauers und seiner Ehefrauen. Auf der anderen Seite des Platzes prunkt die Rokokokapelle St. Georg (1682).

Das Torschloss (15.–17. Jh.) ist das älteste Schloss Tettnangs und beheimatet das **Montfort-Museum** und das **Elektronikmuseum**.

Das **Hopfengut N°20** zeigt in drei Gebäuden die Geschichte des Tettnanger Hopfenanbaus. Vom Museum führt der vier Kilometer lange, mit Infotafeln bestückte Hopfenpfad zur Kronenbrauerei.

Neues Schloss
Montfortplatz 1
+49 7542 51 05 00
Führungen: Apr – Okt: Di – So 11–16 stündl.
schloss-tettnang.de

Montfort-Museum
Montfortstr. 43
+49 7542 51 01 80
Apr – Okt: Di – So 14 –18

Elektronikmuseum
Montfortstr. 41
Apr – Okt: Di – So 14 –18
emuseum-tettnang.de

Hopfengut N°20
Hopfengut 20
+49 7542 95 22 06
Mitte Apr – Okt: Di – So 10:30 –17 hopfengut.de

Hotels

Hotel Sonnenhof
In der Villa mit Park werden Gäste verwöhnt.
Sonnenhof 8, D-88079 Kressbronn
+49 7543 50 02 20
sonnenhof-bodensee.de

Schloss Hotel Wasserburg
Hotel in einer Burg auf der Halbinsel Wasserburg.
Halbinselstr. 78, D-88142 Wasserburg
+49 8382 273 33 00
schloss-hotel-wasserburg.de
€€€

23

Eriskirch

G5 4920 Schussenstr. 18; +49 7541 97 08 22
Apfelwochen (Ende Sep)
eriskirch.de

Der beschauliche Ort ist in eine schöne Schilf- und Uferlandschaft eingebettet. Die gotische Liebfrauenkirche ist das Wahrzeichen von Eriskirch. Sehenswert im Innenraum sind ein Freskenzyklus (15. Jh.) mit Szenen aus dem Alten und Neuen Testament sowie die Chorfenster mit schönen Glasmalereien.

Entlang der Schussen, die in Eriskirch in den See mündet, befinden sich zwei schöne gedeckte Holzbrücken aus den Jahren 1824 und 1828.

24

Langenargen

G5 7640 Obere Seestr. 2/1; +49 7543 93 30 92
Uferfest (Ende Juli), Match Race Germany (Sep), Weihnachtsmarkt (Dez) Do
tourismus-langenargen.de

Langenargen liegt zwischen den Mündungen der Schussen und der Argen, hat eine schöne Uferpromenade und einen historischen Ortskern. Wahrzeichen ist das 1866 im maurischen Stil erbaute Schloss Montfort. Dort hängen Gemälde des 16. bis 18. Jahrhunderts. Heute sind im Schloss ein Konzertsaal und ein Restaurant untergebracht. Vom Schlossturm hat man einen wunderbaren Blick.

Die prächtige Barockkirche St. Martin wurde 1722 geweiht. Beeindruckend ist der Hochaltar, der den Chorraum ausfüllt. Mit dem anschließenden Hospital zum Heiligen Geist prägt das Gebäudeensemble den Marktplatz. Gegenüber befindet sich das **Museum Langenargen**. Gezeigt werden Kunstwerke und Zeugnisse aus der Geschichte Langenargens. Darüber hinaus beherbergt das Museum Bilder des in Langenargen geborenen Barockmalers Franz Anton Maulbertsch (1724–1796) und eine Sammlung des Matisse-Schülers Hans Purrmann.

In Langenargen gibt es viele Kunstwerke im öffentlichen Raum, etwa den Fischerbrunnen von Fidelis Bentele oder die Skulptur *Dammglonker* von Roland Martin.

Museum Langenargen
Marktplatz 20
+49 7543 34 10
Apr–Okt: Di–So 11–17
museum-langenargen.de

Kressbronn

H5 8620 Im Bahnhof; +49 7543 966 50
Weinufer (Aug) Do
kressbronn.de

Kressbronn ist die südöstlichste Gemeinde Baden-Württembergs. Am Kirchplatz steht die Eligiuskapelle (1748) mit Rokokoaltar. Ende des 19. Jahrhunderts wurde im Seepark das **Schlössle** erbaut, in dem sich ein Museum mit Modellen historischer Schiffe von Ivan Trtanj befindet. Nebenan kann man in der **Lände** Ausstellungen sehen. Der Schwerpunkt liegt auf zeitgenössischer Kunst.

In der Nähe des Jachthafens führt eine Hängebrücke

Die Kabelhängebrücke über die Argen bei Kressbronn

(1898) über den Fluss Argen. Sie ist die älteste in Deutschland und soll als Vorbild für die Golden Gate Bridge in San Francisco gedient haben.

Auf der Hofanlage Milz mit vier Gebäuden aus drei Jahrhunderten gewinnt man einen Einblick in Geschichte und Entwicklung der Landwirtschaft (nur Führungen; Termine im Tourismusbüro).

Museum im Schlössle
Seestr. 20 +49 7543 54 74 60 Apr–Okt: Di–So 10–12, 15–18 historische-schiffsmodelle.com

Lände
Seestr. 24 +49 7543 96 65 23 Fr 15–17, Sa, So 15–18 laende.kressbronn.info

26

Nonnenhorn

H5 1800 Seehalde 2; +49 8382 82 50
Winzerfest (Aug)
nonnenhorn.eu

Im südwestlichsten Vorposten Bayerns steht die spätgotische Kapelle St. Jakobus. Auf die Weinbautradition weist der älteste im Bodensee-Raum erhaltene Weintorkel (1591) hin. Alle sieben Jahre wird zur Erinnerung an die Pest 1517 der Schäfflertanz aufgeführt.

Wasserburg

H5 3800 Lindenplatz 1; +49 8382 88 74 74
Apfelwochen (Ende Sep–Anf. Okt) wasserburg-bodensee.de

Der Luftkurort Wasserburg liegt auf einer Halbinsel. An deren Spitze steht die Kirche St. Georg (um 1400), der Friedhof birgt das Grab von Horst Wolfram Geißler (1893–1983), der 1921 *Der liebe Augustin* veröffentlichte. Die Fundamente des Schlosses neben der Kirche gehen auf eine Kirchenburg zurück. Im **Malhaus**, dem früheren Gerichtshaus (1597), befindet sich ein Heimatmuseum.

Museum im Malhaus
Halbinselstr. 77 +49 8382 75 04 57 Mi–Fr, So 10:30–12:30, So 14:30–16
museum-im-malhaus.de

Bauernpfad Kressbronn

Der etwa 2,5 Kilometer lange Rundweg führt in schönster Höhenlage an der Straußner Halde bei Berg entlang. An verschiedenen Stationen gibt es Infos zu Hopfen, Wein, Obst, Wald, Vieh- und Milchwirtschaft. Auf vielen Bänken kann man die Aussicht auf den See und die Bergwelt genießen. Außerdem wartet im Sommer in Nitzenweiler ein Maislabyrinth mit Aussichtsturm.

Eriskircher Ried

Länge 6,6 km **Dauer** 1,5 Std. (reine Gehzeit)
Start Naturschutzzentrum **Ziel** Rotachmündung

G5 Naturschutzzentrum Eriskirch, Bahnhofstr. 24 +49 7541 818 88
Apr – Okt: Di – Do 14 –17, Fr – So 10 –13, 14 –17; Nov – März: Di – Do 14 –16, Fr 9 –12, So 14 –17 naz-eriskirch.de

Das Eriskircher Ried ist das größte Naturschutzgebiet am nördlichen Bodensee-Ufer und erstreckt sich zwischen der Schussenmündung bei Eriskirch und der Mündung der Rotach am östlichen Rand von Friedrichshafen. Bis in den Herbst hinein können viele seltene Pflanzen und Tiere von befestigten Wegen, einem Lehrpfad oder von zwei Beobachtungsplattformen bewundert werden. Im Herbst ist das Ried wichtige Station vieler Zugvögel, ab Oktober überwintern Tausende von Wasservögeln.

① Naturschutzzentrum Eriskirch

Das Zentrum ist nicht nur Infostelle und Ausgangspunkt für Führungen. Hier befindet sich auch die Dauerausstellung »Natur am Bodensee« mit vielen Modellen, Schautafeln und Aquarien, die faszinierende Einblicke in die Tier- und Pflanzenwelt bietet.

⑥ Singschwäne *(Cygnus cygnus)*
Die seltenen Singschwäne (gelbe Schnäbel) rasten hier nur, bevor sie im Frühjahr gen Norden weiterziehen.

Wasserfrosch *(Rana esculenta)*
Der grüne Wasserfrosch wird bis zu zwölf Zentimeter lang und sitzt gern am Uferrand oder im seichten Wasser in der Sonne.

Weitere Tierarten

Hecht *(Esox lucius)* Der gefräßige Raubfisch – auch sehr geschätzt als Speisefisch – kann bis zu 20 Kilogramm schwer werden. Er versteckt sich gern in Schilfrändern in Ufernähe und lauert dort auf Beute.

Brandgans *(Tadorna tadorna)* Die auffallend gefärbte Brandgans oder Brandente lebt vor allem an den Meeresküsten, kann aber auch im Eriskircher Ried regelmäßig beobachtet werden.

Graureiher *(Ardea cinerea)* Der knapp einen Meter große Graureiher lebt das ganze Jahr über am Bodensee und brütet auch hier.

Silberreiher *(Egretta alba)* Er ist von Ende August bis Ende November Gast am Bodensee, bleibt aber auch immer häufiger den ganzen Winter über.

Rotfeder *(Scardinius erythrophthalmus)* Die Rotfeder ist im Bodensee eine der eher seltenen Weißfischarten. Sie fühlt sich besonders in pflanzenreichen Buchten wohl, in denen sie Nahrung sucht.

Schneider *(Alburnoides bipunctatus)* Der Schneider zählt zu den Karpfenfischen. Zur Laichzeit ist er leuchtend gefärbt.

Haubentaucher bei der Balz

Das Eriskircher Ried ist vor allem als Brutgebiet und Mauserplatz für Haubentaucher *(Podiceps cristatus)* von Bedeutung. Im Frühjahr kann man ihn besonders gut beobachten.

Roadbook

Start: Bahnhof Eriskirch
GPS-Koordinaten: 47.628938,9.52902

① Das **Naturschutzzentrum** ist der beste Startpunkt für eine Erkundung des Eriskircher Rieds. **km 0,0**

② Die **Brücke** über die Schussen liegt in einem Auwaldgebiet. **km 1,3**

③ An der **Schussenmündung** halten sich viele Watvögel auf, im Winter auch Singschwäne. **km 1,9**

④ Zum **Strandbad** kommt man durch Streuwiesen. Von hier sieht man sehr gut die Lilienblüte. **km 3,8**

⑤ Bei der **Beobachtungsplattform »Altes Strandbad«** halten sich im Sommer Seeschwalben, im Winter Wasservögel auf. **km 4,3**

⑥ Bei der **zweiten Beobachtungsplattform** lassen sich rastende und überwinternde Wasservögel beobachten. **km 5,7**

⑦ An der **Rotachmündung** kann man viele Seeschwalben und Großmöwen beobachten. **km 6,6**

Schwierigkeit: leicht

④ Irisblüte

Von Mitte Mai bis Anfang Juni entfaltet das Eriskircher Ried die üppigste Farbenpracht: Tausende Sibirische Schwertlilien färben die Riedwiesen blau mit einigen gelben Tupfern von der Wasser-Schwertlilie.

Bei Hochwasser sind die tieferen Flächen des Rieds überflutet

Lindau

H6 24 500 Alfred-Nobel-Platz 1; +49 8382 889 99 00 Tagung der Nobelpreisträger (Juni/Juli), Stadtfest (Juli), Kinderfest (Ende Juli), Jahrmarkt (Anf. Nov), Weihnachtsmarkt (Dez) Mi (Apr–Okt), Sa lindau.de

Lindau besteht aus der Gartenstadt auf dem Festland und der Altstadt auf der Insel. Die Anfänge reichen bis ins 9. Jahrhundert zurück, als das Damenstift Unserer Lieben Frau unter den Linden – daher auch der Name – gegründet wurde. Im 13. Jahrhundert erhielt Lindau den Status einer freien Reichsstadt und wurde als wichtige Station auf dem Handelsweg nach Italien wohlhabend. Nach einem Brand 1728 wurde ein Teil der Altstadt im Barockstil wiederaufgebaut. Nach einer kurzen österreichischen Phase fiel Lindau 1805 an Bayern.

Neuer Leuchtturm

Hafenmole

Wahrzeichen von Lindau ist die Hafeneinfahrt mit dem Neuen Leuchtturm und dem Bayerischen Löwen. Der Neue Leuchtturm wurde im Zuge einer Hafenerweiterung 1856 fertiggestellt. Über eine Wendeltreppe kann der Turm bestiegen werden. Nach Erklimmen der 139 Stufen hat man einen schönen Rundblick über Lindau und den See.

Löwenmole

Hafenmole

Der sechs Meter große Bayerische Löwe wacht über die ein- und ausfahrenden Schiffe. Er wurde zur selben Zeit aufgestellt wie der Leuchtturm und besteht aus acht Tonnen Kelheimer Marmor. Das bayerische Königshaus ließ ihn errichten, um zu zeigen, wer Herr über Hafen und Insel ist. Der Löwe ist über eine Mole mit Aussichtsplattform erreichbar.

Römerschanze

Seepromenade

Schanzen dienten einst dem Schutz des Stadtkerns. Im Osten des Hafenbeckens liegt die Römerschanze, die früher eine eigene Insel war und mittels Aufschüttungen mit der Hauptinsel vereint wurde. Vor der Römerschanze liegt das Römerbad (»Römus« genannt) mit schönem Steg.

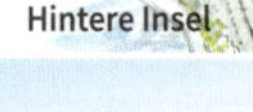

Hafeneinfahrt mit Löwe und Leuchtturm

Mangturm

Seepromenade

Der quadratische Mangturm wurde um 1200 gebaut. Er

Highlight

Blick über die Dächer und einen Teil des Rathauses

diente bis 1856 als Leuchtturm und war Endpunkt der Lindauer Stadtbefestigung. Das bunte Ziegeldach stammt aus dem 19. Jahrhundert. Seinen Namen hat der Mangturm von einem früher benachbarten Tuch- oder Mangenhaus. Heute finden hier Märchenstunden statt (Mitte Mai – Mitte Okt: Fr 19:30).

⑤
Lindavia-Brunnen

Reichsplatz

Der Lindavia-Brunnen wurde anlässlich des 20. Geburtstags von König Ludwig II. aufgestellt. Der Sockel ist aus hellrotem Marmor. Darüber thront Lindavia, die weibliche Verkörperung Lindaus. Die Beckenfiguren symbolisieren den früheren Reichtum Lindaus: Fischerei, Schifffahrt, Wein- und Ackerbau.

Zentrum von Lindau

① Neuer Leuchtturm
② Löwenmole
③ Römerschanze
④ Mangturm
⑤ Lindavia-Brunnen
⑥ Altes Rathaus
⑦ Diebsturm
⑧ St. Peter
⑨ Maximilianstraße
⑩ Stadtmuseum – Haus zum Cavazzen
⑪ Stadttheater/Marionettenoper
⑫ Münster Unserer Lieben Frau
⑬ St. Stephan
⑭ Heidenmauer
⑮ Spielbank Lindau
⑯ Inselhalle
⑰ Bad Schachen

⑥
Altes Rathaus

Bismarckplatz 4, Reichsplatz (Zugang zur Bibliothek)
+49 8382 274 74 70
Apr – Okt: Mi – So 14 –18

Das prächtige Gebäude mit Treppengiebel wurde zwischen 1422 und 1436 erbaut und 1576 im Stil der Renaissance umgebaut. Die Bemalung zeigt Szenen der Lindauer Geschichte und des Deutschen Reichstags, der 1496 im Rathaussaal tagte. Die Bildfenster im Erker stellen die Zehn Gebote dar. Der gotische Ratssaal ist einer der besterhaltenen in der ganzen Region.

Im Erdgeschoss des Alten Rathauses befinden sich das Stadtarchiv und die ehemals Reichsstädtische Bibliothek mit über 23 000 Büchern ab dem 14. Jahrhundert. Sie wurde 1538 gegründet.

⑦
Diebsturm

Schrannenplatz

Der Maletiz- oder Diebsturm wurde 1370 an der hochsten Stelle der Insel als Wehrturm errichtet und diente zeitweise auch als Gefängnis.

⑧
St. Peter

Schrannenplatz

Die älteste Kirche Lindaus wurde um 1000 gegründet und ist seit 1928 Kriegergedächtnisstätte. Im Inneren sind die Wandmalereien an der nördlichen Langhauswand interessant. Die um 1480 gemalten Fresken sind die einzig erhaltenen von Hans Holbein dem Älteren. Sie zeigen die Passion Christi und Szenen aus dem Leben des Kirchenpatrons. Das Fresko im Chor ist von Mathis Miller (1480 –1553).

Der Marktplatz mit Neptunbrunnen und Kirche St. Stephan

Maximilianstraße

In der Hauptstraße der Altstadt stehen viele schöne Patrizierhäuser aus dem 16. und 17. Jahrhundert im Stil der Gotik, der Renaissance und des Barock. Typisch sind Laubengänge, Speichergiebel und verzierte Fenstersäulen. Im spätgotischen Gasthaus zum Sünfzen am östlichen Ende kamen regelmäßig Lindauer Kaufleute zusammen. Gegenüber stehen zwei erkergeschmückte Häuser (16. Jh.) mit Krangauben sowie das Haus zum Pflug (14. Jh.). Von der Maximilianstraße zweigen viele Gassen ab, etwa das Zitronengässle.

Stadtmuseum – Haus zum Cavazzen

Marktplatz 6
wg. Renovierung
kultur-lindau.de

Am Marktplatz von Lindau steht das Haus zum Cavazzen, das mit den beeindruckenden Fassadenmalereien und dem hohen Mansardendach zu den schönsten Bürgerhäusern des Bodensees zählt. Das Gebäude ließ die Patrizierfamilie Seutter 1729 an der Stelle des einstigen Wohnhauses der lombardischen Kaufmannsfamilie da Cavazzo errichten, das 1728 abgebrannt war.

Seit 1930 beherbergt das Gebäude das Lindauer Stadtmuseum. Wegen der Sanierung des Gebäudes werden auch die Dauerausstellungen des Museums vollkommen neu gestaltet. Zum Bestand des Museums gehören Gemälde und Skulpturen aus dem 15. bis 19. Jahrhundert, darunter die berühmte *Lindauer Beweinung* (um 1420) und die Totentafeln vom Aeschacher Friedhof (16./17. Jh.), Möbel von der Gotik bis zum Jugendstil, eine kunsthandwerkliche, volkskundliche Sammlung mit Glas, Porzellan, Zinn und Fayence, eine Uhrensammlung, Spielzeuge sowie eine Sammlung mit mechanischen Instrumenten.

Stadttheater und Marionettenoper

Fischergasse 37
Stadttheater: +49 8382 911 39 11; Marionettenoper: +49 8382 911 39 15
marionettenoper.de

Im 13./14. Jahrhundert wurde am Barfüßerplatz eine Klosterkirche der Franziskaner erbaut. Nachdem das Kloster 1528 im Zuge der Reformation aufgelöst worden war, gelangte es in städtischen Besitz. Bis zum Umbau Ende des 19. Jahrhunderts, bei dem ein Konzertsaal integriert und der Bau um einen Theaterraum erweitert wurde, erfüllte das Gebäude viele Funktionen. Aus dem frühen 16. Jahrhundert ist nur ein wertvolles Wandbild erhalten: auf der linken Bühnenseite das Bild des Jüngsten Gerichts aus dem Jahr 1516.

1950/51 wurde das Theater zum heutigen Stadttheater umgebaut. Es ist ein Gastspielhaus und bietet Schauspielaufführungen verschiedener Bühnen.

Der Konzertsaal ist heute Spielstätte der Lindauer Marionettenoper. Zum Ensemble gehören über zwölf Puppenspieler, die die etwa 400 Marionetten mit Leben erfüllen. Zum Repertoire zählen acht Opern, zwei Operetten und ein Ballett *(Schwanensee)*.

Münster Unserer Lieben Frau

Marktplatz

Das Münster, auch Stiftskirche oder Marienkirche genannt, wurde nach dem Stadtbrand 1728 von dem Barockbaumeister Johann Caspar Bagnato, der auch Schloss Mainau und das Neue Schloss Meersburg entwarf, in nur vier Jahren als Kirche des 1802

Hotels

Lindauer Hof
Sehr gutes Hotel direkt am See mit Blick auf Hafen.
Dammgasse 2
+49 8382 40 64
lindauerhof.de

Hotel Bad Schachen
Nostalgisches Hotel mit Park und Strandbad.
Bad Schachen 1
+49 8382 29 80
badschachen.de

Szene aus einem Stück der Marionettenoper

aufgehobenen Damenstifts erbaut. Seit 1813 ist die Stiftskirche eine katholische Pfarrkirche. Die Ausstattung ist im Stil des Rokoko gehalten. Die Ursprünge der Kirche reichen ins 9. Jahrhundert zurück.

St. Stephan

Marktplatz

Der Grundstein von St. Stephan wurde im 12. Jahrhundert als dreischiffige romanische Pfeilerbasilika gelegt. 1528 wurde St. Stephan zur evangelischen Stadtpfarrkirche, ein Großteil der Ausstattung wurde während des Bildersturms zerstört. Der heutige Kirchenraum geht auf eine Umgestaltung 1781–83 im Stil des Rokoko zurück. Die Altäre und der schlichte Stuck präsentieren sich in protestantischer Zurückgenommenheit. Einziger auffälliger Schmuck sind die beiden Grabplatten von Daniel und Valentin Heider, zwei wohlhabenden Lindauer Bürgern.

Eine Besonderheit stellt das über 200 Jahre alte Gestühl dar. Da Lindau zunächst nicht der lutherischen Reformation, sondern dem Bekenntnis des Schweizer Reformators Zwingli folgte, wurde die Kirche entsprechend umgestaltet. Die Kanzel befindet sich in der Mitte, und die Rückenlehnen der Bänke lassen sich umklappen, sodass man sowohl zum Altar als auch zur Kanzel blicken kann.

Heidenmauer

Zwanzigerstr.

Die sogenannte Heidenmauer ist eine kolossale, blockförmige Befestigungsmauer Richtung Festland. Ob die Mauer auf die Römerzeit oder eher auf die Zeit der Staufer zurückgeht, ist nicht geklärt. Nichtsdestotrotz gilt sie als ältestes Bauwerk Lindaus.

Spielbank Lindau

Chelles-Allee 1
+49 8382 277 40
tägl. 12–2

Im Stadtpark gegenüber der Neuen Seebrücke liegt direkt am Ufer die Spielbank mit schönem Blick über den See.

Der moderne viergeschossige Rundbau nach einem Entwurf des Architekten Hans Lechner wurde im Jahr 2000 eröffnet.

Inselhalle

Zwanzigerstr. 12

Die Inselhalle am Kleinen See ist ein internationales Tagungs- und Kongresszentrum. Hier findet seit 1951 jedes Jahr im Juni/Juli die Tagung der Nobelpreisträger statt.

Bad Schachen

Bad Schachen, der rund sechs Kilometer lange Uferabschnitt nordwestlich der Lindauer Insel, wird geprägt von Villen, die im 19. und frühen 20. Jahrhundert der Adel und das Großbürgertum bauen ließen.

Das Uferbild wird vom Hotel Bad Schachen dominiert. Das seit 1752 bestehende Haus mit einem herrlichen Park hat einen eigenen Anleger der Weißen Flotte.

In der spätklassizistischen Villa Lindenhof befindet sich das **Museum friedens räume**. Das Anliegen des Trägervereins Pax Christi der Diözese Augsburg ist es, eine interkulturelle und interreligiöse Stätte für Austausch und Begegnung zu schaffen. Vor der Villa erstreckt sich im Lindenhofpark eine Liegewiese mit Zugang zum See. Der Park geht in das Lindenhofbad (freier Eintritt) über.

Das Schachen Schlössle (Enzisweilerstr. 5) wurde Ende des 15. Jahrhunderts errichtet und diente der Sicherung der freien Reichsstadt Lindau.

Museum friedens räume
Lindenhofweg 25
+49 8382 245 94
Mitte Apr – Mitte Okt: Di – Sa 10 –17, So 14 –17
friedens-raeume.de

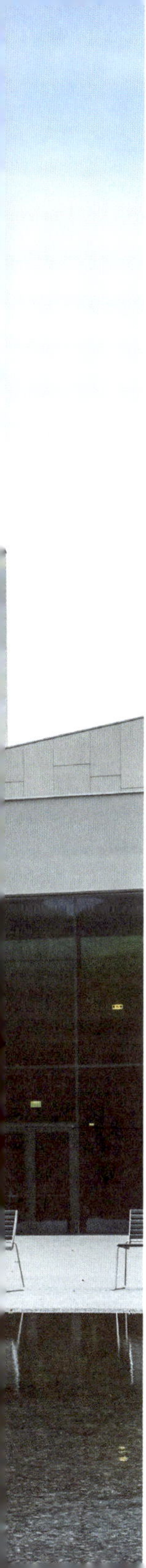

Österreichische Seite

Mit 28 Kilometer Uferlänge nimmt das österreichische Bundesland Vorarlberg den kleinsten Anteil am Bodensee ein. Geprägt wird dieser Abschnitt durch die lebendige Landeshauptstadt Bregenz und das Rheindelta, das zu den wichtigsten Naturschutzgebieten der Region gehört.

Die Umgebung von Bregenz war schon in der Jungsteinzeit besiedelt. Die Römer gaben dem Ort später den Namen Brigantium – das heutige Bregenz. Rund um den mittelalterlichen Stadtkern ist eine offene Stadt mit einem vielfältigen Kulturprogramm gewachsen, die auch mit moderner Architektur punktet.

Im international renommierten Kulturzentrum Bregenz kann man aber auch gut shoppen und die Vorarlberger Küche genießen. Einen besonders schönen Blick auf Bregenz, den Bodensee, den Bregenzerwald und die Schweizer Berge hat man vom Pfänder, dem Bregenzer Hausberg.

Ruhe findet man auch südöstlich im Bregenzerwald. Im Sommer locken hier Wanderwege und Mountainbikerouten, im Winter Skipisten, Loipen und Rodelstrecken.

Auch die Vorarlberger Städte Richtung Liechtenstein haben einiges zu bieten: von interessanten Bauten über innovative Museen wie dem Jüdischen Museum in Hohenems oder dem Rolls-Royce Museum in Gütle bei Dornbirn bis hin zu Naturschauspielen wie der Rappenloch- und der Alplochschlucht.

Die Bronzeskulptur Ready Maid von Gottfried Bechtold vor dem Festspielhaus Bregenz (siehe S. 150f)

DEUTSCHLAND
Stockach
Illmensee
Wilhelmsdorf
Ludwigshafen
Owingen
Ringgenweiler
Bodman
Sipplingen
Überlinger See
Salem
Überlingen
Basilika
Birnau
Radolfzell
Wallhausen
Uhldingen
Allensbach
Markdorf
Moos
Zeller See
Gnadensee
Insel
Mainau
Meersburg
Halbinsel
Höri
Horn
Insel
Reichenau
Gaienhofen
Untersee
Wollmatinger
Ried
Meers-
burg
Hagnau
Steckborn
Schloss
Arenen-
berg
Erma-
tingen
Konstanz
Immenstaad
Friedrichshafen
Gottlieben
Kreuzlingen
Bodensee
Romanshorn
Münsterlingen
Altnau
Müllheim
Güttingen
Kesswil
Uttwil
Friedrichs-
hafen
Weinfelden
Romanshorn
Frauenfeld
Amriswil
Frasnacht
SCHWEIZ
Arbon
Steinach
Horn
Wängi
Bischofszell
Wil
Sirnach
Rorschach
St. Gallen
Fischingen
Flawil
Gossau
Schweizer
Seite
Seiten 158–181
Herisau
Stein
Appenzell
Schwägalp
Österreichische
Seite
0 Kilometer
5
N

Österreichische Seite
Highlight
1 Bregenz
Sehenswürdigkeiten
2 Rheindelta
3 Lustenau
4 Dornbirn
5 Hohenems
6 Karren
7 Rappenlochschlucht
8 Schwarzenberg
Touren
T2 Radtour Lindau – Rorschach
T9 Tour auf dem Pfänder
T10 Rafting auf der Bregenzerach
Ravensburg
Waldburg
Bodnegg
Wangen im Allgäu
Tettnang
Deutsche Seite
Seiten 94–139
Eriskircher Ried
Eriskirch
Nonnenhorn
Langenargen
Kressbronn
Wasserburg
Weiler-Simmerberg
Leiblach
Hörbranz
Lindau
Lochau
Obersee
Pfändertunnel
Pfänder 1064 m
Rotach
Bregenz
Altenrhein
Fußacher Bucht
Hard
Rhein-delta
Alter Rhein
205
Bregenzerach
Weißach
Bolgenach
Leckner Ach
190
Rheineck
Wolfurt
Langenegg
St. Margrethen
Müselbach
Hittisau
Heiden
Rickenbach
Subersach
Lustenau
Egg
Widnau
Schwarzen-berg
Dornbirn
Bödele
Diepoldsau
Hochälpelekopf 1464 m
200
Winterstaude 1877 m
Hohenems
Dornbirner Ach
Altstätten
Karren
Bizauer Bach
Rappenloch-schlucht
Reuthe
Hang-spitze 1748 m
A14
203
Mellau
Ebnit
Schnepfau
Diedamskopf 2090 m
Emmebach
Kanisfluh
Oberriet
Hoher Freschen 2004 m
Au
Grünhorn 2039 m
Götzis
Ratzbach
Frödisch
Matona 1998 m
Meilenbach
Dürrenbach
Üntschenspitze 2135 m
Damülser Mittagsspitze 2095 m
193
Damüls
ÖSTERREICH

Tour auf dem Pfänder

Länge ca. 2 km **Dauer** ca. 50 Min. (reine Gehzeit); 60 m aufwärts, 125 m abwärts
Start Bergstation Pfänderbahn **Ziel** Gasthaus Pfänderdohle

Pfänderbahn Steinbruchgasse 4, Bregenz +43 5574 42 16 00 tägl. 8–19
pfaenderbahn.at pfaender.at
Alpenwildpark Pfänder +43 5574 421 84 ganzjährig tagsüber

Der 1064 Meter hohe Pfänder ist der Hausberg von Bregenz und mit seiner einzigartigen Aussicht auf den Bodensee und auf 240 Alpengipfel der berühmteste Aussichtspunkt der Region. Bei klarem Wetter reicht die Sicht von den Allgäuer und Lechtaler Alpen über den Bregenzerwald bis zu den Gipfeln des Arlberggebiets, der Silvretta, des Rätikon und den anderen Schweizer Bergen. Die Pfänderbahn bringt Sie vom Bregenzer Zentrum in wenigen Minuten hinauf, zu Fuß dauert der Aufstieg (ab Talstation) eine gute Stunde. Oben lockt ein Alpenwildpark.

Pfänderbahn
In den Panoramagondeln der Pfänderbahn gleitet man in sechs Minuten auf den Pfänder. Der Bregenzer Hausberg ist seit 1927 durch eine Luftseilbahn erschlossen. Die Talstation der Pendelbahn liegt auf 419 Metern, die Bergstation auf 1022 Metern.

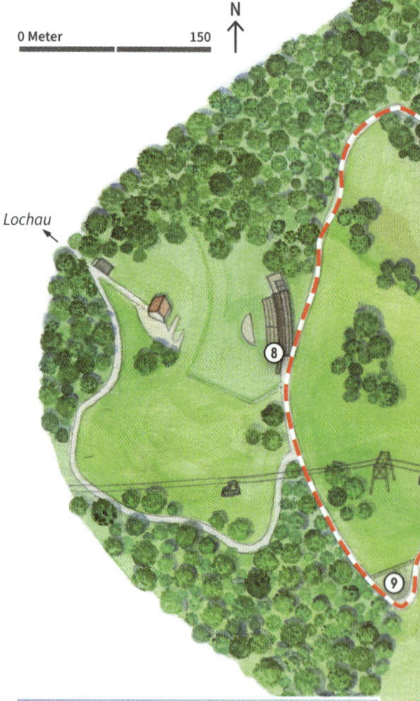

Pfänder
GPS-Koordinaten Pfänderbahn
Bergstation: 47.505979,9.779433

① An der **Bergstation** befindet sich die Rheintalterrasse mit feinstem Panoramablick.
② Das **Berghaus Pfänder** ist ein rustikales SB-Restaurant mit Aussichtsterrasse.
③ Das **Gipfelkreuz** lädt Pfänder-Besucher zum kurzen Innehalten ein.
④ Das **Gasthaus Pfänderspitze** hat ganzjährig geöffnet.
⑤ **Alpengasthof Schwedenschanze**
⑥ Der **Sendemast** dient der Übertragung von Rundfunk- und TV-Programmen sowie dem Fernsprechverkehr.
⑦ Beim Rundgang durch den **Alpenwildpark** lernt man die Tiere der Alpen kennen.
⑧ An der ehemaligen **Adlerwarte** vorbei geht es Richtung Alpenwildpark.
⑨ **Murmeltiere** leben im letzten Gehege. In ihrem Höhlensystem halten sie von Mitte Oktober bis Mitte März Winterschlaf.
⑩ Das **Gasthaus Pfänderdohle** ist ein gemütlicher Gasthof mit Terrasse und Rodelhang.

② Berghaus Pfänder
Das rustikale Selbstbedienungsrestaurant befindet sich direkt neben der Bergstation der Pfänderbahn. Von der Aussichtsterrasse hat man einen fantastischen Panoramablick über den Bodensee.

⑥ Sendemast
Über den Sender Pfänder strahlt der ORF Rundfunk- und Fernsehprogramme aus. Als Sendeturm dient seit 1958 eine knapp 95 Meter hohe, frei stehende Stahlfachwerkkonstruktion.

Gastronomie

Alpengasthof Schwedenschanze
+43 5574 420 24
Do – So 11–17

Berghaus Pfänder
+43 5574 421 84
Mai – Sep: tägl. 9:30 – 18:30

Gasthaus Pfänderdohle
+43 5574 430 73
Sep – Mai: tägl. 9:30 – 18 (Di, Mi bis 22)

Gasthaus Pfänderspitze
+43 5574 430 66
Di, Mi 10 – 22, Do – So 10 – 18

Parkplatz, Autostraße nach Lochau, Eichenberg

Legende

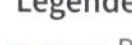
Routenempfehlung

START

ZIEL

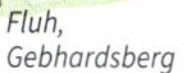

Fluh, Gebhardsberg

⑩ Gasthaus Pfänderdohle
Das gemütliche Alpengasthaus aus dem Jahr 1911 erreicht man in zehn Minuten von der Bergstation. Im Winter freuen sich Kinder über den Rodelhang, im Frühling und Herbst kann man auf der windgeschützten Terrasse draußen sitzen.

⑦ Steinböcke im Alpenwildpark
Mit etwas Glück erlebt man das Rudel Steinböcke in Aktion und kann den Tieren bei ihren Kletterkünsten zusehen.

Aktivitäten
Wandern
Gut ausgebautes Netz von Wegen.
Winter
Skifahren (2 Schlepplifte), Rodeln.
Paragliding
Nur Okt – Apr gestattet.
Veranstaltungen
Frühschoppen, Pferdekutschenfahrt und Vollmondwanderung.

Bregenz liegt malerisch am Bodensee

1

Bregenz

H6 29 300 Rathausstr. 35a; +43 5574 495 90
Bregenzer Frühling (März – Mai), Bregenzer Festspiele (Mitte Juli – Mitte Aug), Hafenfest (Ende Aug) Di, Fr
bregenz.travel

Schon die Römer siedelten in Brigantium, ab 470 dann die Alemannen. 1451 und 1523 wurde Bregenz habsburgisch. Im Dreißigjährigen Krieg zerstörten die Schweden die Stadt. Die Landeshauptstadt Vorarlbergs hat sich mit der Neuanlage des Hafens, des Molo und des Kornmarkts herausgeputzt. Überregionale Bedeutung erlangte Bregenz durch das Kunsthaus und die Bregenzer Festspiele. Hinter der Stadt erheben sich Pfänder und Gebhardsberg – beide mit Panoramablick.

Überblick: Bregenz

Der älteste Teil ist die Oberstadt. Die eigentliche Innenstadt ist viel neuer. Bregenz besitzt ein Theater, Ausstellungsgebäude, ein Landesmuseum, ein Casino und eine weitläufige Hafen- und Uferanlage. Hier befindet sich das Festspielhaus mit Seebühne.

①  

Kunsthaus Bregenz

Karl-Tizian-Platz
+43 5574 48 59 40
Di – So 10 – 18 (Do bis 20)
kunsthaus-bregenz.at

Das Kunsthaus Bregenz (KUB) wurde 1994 – 97 nach einem Entwurf des Architekten Peter Zumthor erbaut. Das puristische, von einer Glaswand umgebene Gebäude war in seiner Modernität lange einzigartig am Bodensee.

Die Wechselausstellungen mit internationaler Avantgardekunst finden weit über die Landesgrenzen hinaus Beachtung. Ambiente und Küche des Cafés präsentieren sich modern und interessant.

Das Kunsthaus wird eingerahmt von Hauptpostamt (links) und Theater am Kornmarkt (rechts). Das Hauptpostamt (Seestr. 5) stammt aus der k. u. k. Zeit (1895) und ist der Zwillingsbau des Postamts in Bad Ischl. Im zweiten Stock befindet sich die Ausstellungsfläche Bildraum Bodensee, eine Plattform für zeitgenössische Kunst.

Im Theater am Kornmarkt (Landestheater im ehemaligen Kornmarkt von 1838) werden jedes Jahr rund 20 Eigenproduktionen und Gastvorstellungen aufgeführt.

Das Kunsthaus Bregenz mit dem Hauptpostamt (links)

Zentrum von Bregenz

① Kunsthaus Bregenz
② Nepomukkapelle
③ vorarlberg museum
④ Rathaus
⑤ Seekapelle St. Georg
⑥ Martinsturm
⑦ Deuring Schlössle
⑧ Altes Rathaus
⑨ Kapuzinerkloster
⑩ Künstlerhaus Palais Thurn & Taxis
⑪ St. Gallus
⑫ Burg Hohenbregenz
⑬ Zisterzienserabtei Mehrerau
⑭ Festspielhaus Bregenz

Highlight

②
Nepomukkapelle
Kornmarktstr.

Die kleine Nepomukkapelle ist eine Grabkapelle mit überkuppeltem Zentralbau. Gestiftet wurde sie von Dr. Franz Wilhelm Haas als Dank für seine Rettung aus dem Bodensee und 1757 von Johann Michael Beer von Bildstein gebaut. Über dem Portal der kreisrunden Kapelle befindet sich eine Statue des hl. Nepomuk, Patron gegen Wassergefahren. Im Innenraum mit dem reich geschmückten Hochaltar sieht man Malereien im Rokokostil und Barockstatuen.

vorarlberg museum
Kornmarktplatz 1
+43 5574 460 50
Di – So 10 – 18 (Do bis 20)
vorarlbergmuseum.at

Das vorarlberg museum ist das kunst- und kulturgeschichtliche Landesmuseum Vorarlbergs. Die Sammlung umfasst etwa 160 000 Objekte, archäologische Artefakte, sakrale und profane Kunst von der Frühzeit bis zur Gegenwart, volkskundliche Objekte und vieles mehr. Den Besuchern wird etwa vor Augen geführt, wie die Römer und später die alemannischen Siedler in der Hafenstadt gelebt haben. Eine Abteilung ist dem Handwerk und den regionalen Bräuchen, alten Waffen, Münzen und Medaillen sowie Trachten gewidmet.

Besonders originell ist die Sammlung von Tragorgeln. In der Abteilung Kunst hängen viele Porträts von Angelika Kauffmann (1741–1807), deren Familie aus dem Bregenzerwald stammte *(siehe S. 157)*. Interessant sind auch die Objekte aus der Frühzeit, römische und gotische Skulpturen und Malereien. Prunkstücke sind eine Steintafel aus Lauterach (9. Jh.) und ein Kruzifix aus der Klosterkirche Mehrerau aus dem frühen 16. Jahrhundert.

Seit 2013 überdacht ein großer Erweiterungsbau mit Panoramafenster das Museum. Der Kornmarkt dahinter lädt als Fußgängerzone zum Verweilen ein.

④
Rathaus
Rathausstr. 4

Das Rathaus wurde 1686 als Speicher errichtet. 1720 wurde der Bau ein Verwaltungsgebäude, 1810 dann Rathaus. 1898 gestaltete man ihn im Stil der Neorenaissance um.

Durch die Rathausstraße kommt man zum Marktplatz Leutbühel. Eine in den Boden eingelassene Tafel zeigt an, bis wohin der See einst reichte. In der Kirchstraße findet man in Hausnummer 29 die schmalste Hausfassade der Welt (57 cm).

⑤
Seekapelle St. Georg
Rathausstr. 4

Die Kapelle, die zu ihrer Bauzeit direkt am Seeufer stand, wurde im Jahr 1445 zur Erinnerung an den Sieg über die Appenzeller errichtet und 1690 – 98 barockisiert. Der Renaissancealtar aus dem Jahr 1615 von Esaias Gruber stammt aus der Schlosskapelle Hofen in Lochau.

0 Meter 200
N
Bodensee
Seebühne
⑭ Festspielhaus Bregenz
Jachthafen
Hafen
Kunsthaus Bregenz ①
② Nepomukkapelle
vorarlberg museum ③
④ Rathaus
⑤ Seekapelle St. Georg
Bahnhof
Busbahnhof
Talstation Pfänderbahn
Zisterzienserabtei Mehrerau ⑬
Deuring Schlössle ⑦
⑥ Martinsturm
⑧ Altes Rathaus
Künstlerhaus Palais Thurn & Taxis ⑩
Friedhof
⑨ Kapuzinerkloster
⑪ St. Gallus
⑫ Burg Hohenbregenz
Strandweg
Stadionstr.
Mehrerauerstr.
Seepromenade
Molo
Seestr.
Kornmarktstr.
Rathausstr.
Seeanlagen
Reichstr.
Am Steinenbach
Belruptstrasse
Schillerstr.
Scheibeng.
Bahnhofstrasse
Montfortstr.
Jahnstr.
Kaiserstr.
Weiherstr.
St.-Anna-Strasse
Deuringstr.
Am Brand
Klostergasse
Römerstrasse
Wolfeggstrasse
Kirchstrasse
Thalbachgasse
Amtstorstr.
Gallusstrasse
Kolumbanstrasse
Blumenstr.
Quellenstrasse
Rheinstrasse

Das Alte Rathaus von Bregenz in Fachwerkbauweise

Martinsturm

Martinsgasse 3b
+43 5574 410 15 99
Mai – Okt: Di – So 10 –18
martinsturmbregenz.at

Der Martinsturm mit seiner Zwiebelkuppel ist ein Wahrzeichen von Bregenz. Der Turm, ursprünglich ein Getreidespeicher aus der Zeit der Stadtgründung um 1250, wurde im 14. Jahrhundert auf einem römischen Fundament errichtet und 1599 aufgestockt. Die Zwiebelhaube kam später dazu. Der Turm diente jahrhundertelang als Hochwacht: Ein Turmwächter hatte die Aufgabe, die Bregenzer bei Feuer zu alarmieren. Heute finden hier Wechselausstellungen zur Stadtgeschichte und Veranstaltungen statt.

Im Erdgeschoss befindet sich der Chor der angrenzenden Martinskapelle, die Graf Wilhelm III. von Montfort 1362 stiftete. Die Fresken sind wie eine gemalte Bibel.

⑦

Deuring Schlössle

Ehre-Guta-Platz 4

Römische Mauerreste im Keller und gotische Fassaden erinnern an die bewegte Geschichte des Hauses. Ende des 17. Jahrhunderts wurde die Wehranlage zur Verteidigung der Stadt von Johann Albert von Deuring als Schloss umgebaut. Der achteckige Turm mit barockem Abschluss wird Michael und Johann Georg Kuen zugewiesen. Das Deuring Schlössle diente vielen Malern als Sujet, 1912 etwa Egon Schiele.

Altes Rathaus

Oberstadt

Das Alte Rathaus wurde 1662 von Michael Kuen erbaut und bis zu Beginn des 19. Jahrhunderts als Rathaus genutzt. Der solide Fachwerkbau steht am Unteren Tor, einem früheren Stadttor der Oberstadt. Ein Relief zeigt die Fruchtbarkeits- und Reitergöttin Epona mit ihrem Füllhorn.

Kapuzinerkloster

Kirchstr. 36
klaraschwestern.at

Das Kapuzinerkloster wurde 1639 während des Dreißigjährigen Kriegs gegründet. Als die Schweden Bregenz einnahmen, konnten die Kapuziner Schutz für ihr Kloster erwirken und vielen Bürgern Asyl gewähren. 1996 mussten sie den Standort Bregenz aufgeben. Seit 2001 ist das Gebäude an die Schwestern der Heiligen Klara vermietet.

Künstlerhaus Palais Thurn & Taxis

Gallusstr. 10 **+43 5574 427 51** **bei Ausstellungen: Mi – Sa 14 –18, So 11–17**
kuenstlerhaus-bregenz.at

Das Palais Thurn & Taxis in der 1848 erbauten Villa Gülich ist seit 1953 Sitz der Berufsvereinigung bildender Künstlerinnen und Künstler Vorarlbergs. Das Hauptgebäude umschließt mit Nebengebäuden einen kleinen Park. Seit 1984 wird das Palais auch für Ausstellungen als internationales Zentrum für zeitgenössische Kunst genutzt.

Insgesamt besitzt Bregenz eine rege Galerieszene, die teilweise mit öffentlichen Mitteln subventioniert wird. Neben Vorarlberger Künstlern ist hier auch viel internationale Avantgarde zu sehen.

St. Gallus

Kirchplatz 3 **+43 5574 425 63** **sanktgallus.at**

Die Stadtpfarrkirche St. Gallus steht außerhalb des Zentrums am Ufer des Thalbachs. Der Legende nach wurde das Aureliakirchlein, das früher hier stand, im 7. Jahrhundert von dem irischen Mönch Gallus geweiht. Urkundlich erwähnt wurde die Kirche erstmals 1097. Nach Bränden wurde sie 1380 und 1480 jeweils neu geweiht. Die Umfassungsmauer und ein Turm stammen aus dem 15. Jahrhundert. 1672 kam ein weiterer Turm dazu, 1738 wurde die Kirche durch den Bregenzer Baumeister Franz Anton Beer im Barockstil umgebaut.

Der schlichte Innenraum ist typisch für Vorarlberger Sakralbauten. Im Gegensatz dazu schwelgten das angrenzende Tirol und Bayern in opulentem Barock. Am Hochaltar (1746), einem Werk von Abraham Bader, stehen Figuren der Heiligen Gallus, Petrus und Paulus sowie von Papst Gregor, in der Seitenkapelle Figuren der Heiligen Magnus und Nikolaus. Der Benediktinermönch Magnus aus St. Gallen, der im 8. Jahrhundert lebte, gilt als Schutzheiliger des Allgäu, Nikolaus sollte die Seeleute auf dem Bodensee schützen.

Burg Hohenbregenz

Die Festung auf dem 598 Meter hohen Gebhardsberg wurde Ende des 11. Jahrhunderts von den Grafen von Bregenz erbaut. Urkundlich erwähnt ist, dass Hugo von Montfort 1338 Eigentümer der Festung war. Als diese Linie 1451 ausstarb, kaufte Sigismund von Tirol die Festung, die Stadt Bregenz und deren Umland. 1647 wurde Hohenbregenz von schwedischen Truppen unter Feldmarschall Wrangel besetzt. Beim Abzug sprengten sie die Burg. Heute sind nur noch Ruinen zu sehen.

Im 17. Jahrhundert entwickelte sich der Gebhardsberg zu einem Wallfahrtsort des Hl. Gebhard (949 – 995). Er wurde als jüngster Sohn von Ulrich IV. von Bregenz auf der Festung geboren und später Bischof von Konstanz. 1723 weihte man eine in der Ruine errichtete Kapelle ihm zu Ehren. Die Fresken, die Szenen aus dem Leben des Heiligen zeigen, entstanden 1895.

1964 wurde auf dem Gebhardsberg eine Burggaststätte eingerichtet, die bis heute mit guter Küche und wunderbarer Aussicht glänzt. Man kann den Berg auch zu Fuß erreichen: vom Zentrum oder vom Pfändergipfel über Waldwege in ca. einer Stunde.

Die Vorarlberger Landesbibliothek ist im ehemaligen Benediktinerstift St. Gallus am Fuß des Gebhardsbergs untergebracht. Die frühere barocke Stiftskirche wurde umgestaltet. Im Kuppelsaal finden Ausstellungen und Konzerte statt.

Zisterzienserabtei Mehrerau

Mehrerauerstr. 66 +43 5574 714 61 59 (Führung)
Führungen Mo – Sa 7:15, 16:30, So 7:15, 10, 18
mehrerau.at

Im Westen von Bregenz steht die Mehrerau, seit 1854 ein Zisterzienserkloster. Die Anlage wurde 1094 von Benediktinern gegründet und ist seither ein Zentrum religiösen und geistigen Lebens. 1774 – 81 entstand nach Plänen des Barockbaumeisters Franz Anton Beer der neue Konventsbau mit Klosterkirche. 1808 wurde das Kloster im Zuge der Säkularisation geplündert und die prachtvolle Klosterkirche abgebrochen. Die Steine verwendete man für den Bau der Lindauer Hafenmole. Einige Jahre später siedelten sich wieder Mönche an: Das Gebäude wurde zur Zuflucht der Zisterzienser des Klosters Wettingen im Aargau. 1855 – 59 erfolgte der Neubau der Klosterkirche, die im 20. Jahrhundert ausgestaltet wurde. Sie besitzt u. a. ein Marmortabernakel von Hans Arp. Der Altar stammt von 1582.

Heute befinden sich im Komplex ein Sanatorium und ein Gymnasium.

Restaurants

Maurachbund

Exzellente gutbürgerliche Gerichte in einem der ältesten Gasthäuser der Stadt.

Maurachgasse 11
+43 5574 444 46
maurachbund.at

Kornmesser

Die Speisekarte bietet »g'hörige« Gasthausküche, aber auch leichte Speisen.

Kornmarktstr. 5
+43 5574 548 54
kornmesser.at

Martinsturm (links) *und Herz-Jesu-Kirche* (rechts) *vor der Kulisse des Säntis*

Festspielhaus Bregenz

Bregenzer Festspiel- und Kongresshaus Platz der Wiener Symphoniker 1 +43 5574 41 30 bregenzerfestspiele.com
Casino Platz der Wiener Symphoniker 3, Bregenz +43 5574 451 27 casinos.at

Das 1980 eröffnete Festspielhaus ist ein internationales Kongress- und Veranstaltungszentrum mit jährlich rund 400 000 Gästen. Bekanntester Spielort ist die Seebühne unter freiem Himmel, die in den Bodensee ragt. Im Festspielhaus findet zudem jeweils eine weitere Opernaufführung statt, dazu das Tanzfestival Bregenzer Frühling, die Konzertreihe Bregenzer Meisterkonzerte, Konzerte des Symphonieorchesters Vorarlberg sowie Shows und Konzerte. Auf der Seebühne traten bereits Stars wie Falco, Peter Gabriel, Supertramp, Herbert Grönemeyer, Elton John, Udo Jürgens und Cro auf. Im Jahr 2008 wurde die Seebühne sogar zur Filmkulisse: Hier wurden Szenen zum Film *James Bond 007: Ein Quantum Trost* gedreht.

Bregenzer Festspiele
Zu den Bregenzer Festspielen zählen Spiel auf dem See, Oper im Festspielhaus und Orchesterkonzerte. Die Opernfestspiele auf der Seebühne finden seit 1946 jedes Jahr von Mitte Juli bis Mitte August statt.

Chronik

1946
Erste Bregenzer Festspiele mit Mozarts *Bastien und Bastienne* und *Eine kleine Nachtmusik* im Gondelhafen

1980
Eröffnung des Festspielhauses Bregenz mit bis zu 1765 Plätzen. Es dient auch als Ausweichspielstätte bei schlechtem Wetter

1987
Erster Bregenzer Frühling im Festspielhaus, bei dem Tanzensembles aus der ganzen Welt auftreten

2006
Aufstellung der Bronzeskulptur *Ready Maid* von Gottfried Bechtold auf dem Platz der Wiener Symphoniker

2006
Anbringen einer Lichtinstallation von Cerith Wyn Evans auf dem Dach des Festspielhauses mit dem Neonlicht-Schriftzug *299.792.458 m/s*

Highlight

Schon gewusst?

Die Seebühne verfügt über 7000 Sitzplätze und eine herausragende Bühnentechnik.

↑ *Blick auf das Festspielhaus Bregenz und Bühnenbild von* Rigoletto *(2021) auf der Seebühne* (Detail)

2008
Während der Fußball-Europameisterschaft 2008 nutzt das ZDF die Seebühne als EM-Studio

2008
Dreharbeiten für den James-Bond-Film *Ein Quantum Trost* auf der Seebühne

2010
Uraufführung des Films *Der Atem des Himmels* von Reinhold Bilgeri auf der Seebühne

2022/2023
Aufführung von *Madame Butterfly* von Giacomo Puccini auf der Seebühne

2024/2025
Aufführung von *Der Freischütz* von Carl Maria von Weber unter der Regie von Philipp Stölzl auf der Seebühne

Rafting auf der Bregenzerach

Länge 9–16 km je nach Einstieg **Dauer** halber bis ganzer Tag
Start je nach Einstieg **Ziel** Wolfurt

Raftingtouren auf der Bregenzerach bieten die Möglichkeit, den Bregenzerwald aus einer ganz anderen Perspektive kennenzulernen. Ein Großteil der Tour, deren Länge sich nach dem Wasserstand richtet und zwischen neun und 16 Kilometer lang sein kann, führt durch die unberührte Natur des Natura-2000-Schutzgebiets zwischen Doren und Kennelbach. Spritzige Wellen wechseln mit ruhigen Passagen, die genügend Zeit geben, die faszinierende Landschaft zu genießen. Ebenfalls je nach Wasserstand ist man in Zwei- bis Dreierteams im Kanadier unterwegs oder im großen Zehner-Raft. Für die Sicherheit sorgen erfahrene Bootsführer, die jede Tour begleiten und davor eine Einweisung geben. Je nach Einstieg und Länge der Tour ist man einen halben oder einen ganzen Tag unterwegs. Zwischendurch werden immer wieder mal Pausen eingelegt.

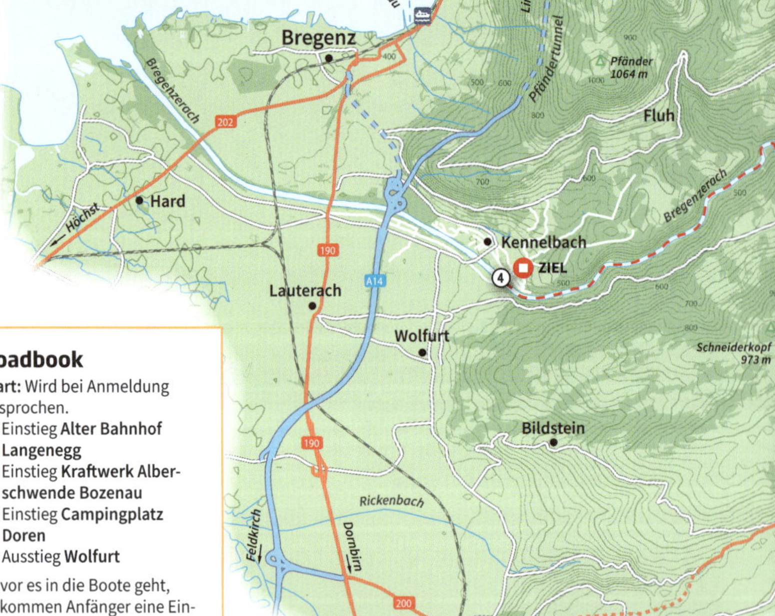

Roadbook

Start: Wird bei Anmeldung besprochen.

① Einstieg **Alter Bahnhof Langenegg**
② Einstieg **Kraftwerk Alberschwende Bozenau**
③ Einstieg **Campingplatz Doren**
④ Ausstieg **Wolfurt**

Bevor es in die Boote geht, bekommen Anfänger eine Einführung in das Wildwasserfahren und in den Gebrauch der Paddel und machen in einem flachen Flussstück erste Erfahrungen auf dem Wasser. Der Einstieg richtet sich nach Wasserpegel, Wetterverhältnissen sowie nach den Vorkenntnissen, der Fitness und den Wünschen der jeweiligen Gruppe.
Schwierigkeit: Wird bei Anmeldung besprochen.
Dauer: Je nach Strecke fünf bis sieben Stunden.

Rafting ist eine ideale Kombination aus Naturerlebnis, sportlicher Aktivität und Teamgeist

Bregenzerach

Die Bregenzerach ist ein knapp 70 Kilometer langer Zufluss des Bodensees durch den Bregenzerwald in Vorarlberg. Nahezu alle Gemeinden des Bregenzerwalds liegen im Tal der Bregenzerach oder einer ihrer Nebenflüsse wie Rotach und Weißach. Der Unterlauf der Bregenzerach ist bestens geeignet für Wildwassersport.

Ablauf

Die Streckenwahl der Raftingtour ist dem Wasserpegel, den Wetterverhältnissen und den Anforderungen der Gruppe angepasst und wird deshalb bei jeder Raftingfahrt individuell festgelegt. Teilnehmende sollten mindestens zwölf Jahre alt sein und über gute Schwimmkenntnisse verfügen.
Die Wildwasserausrüstung (Neoprenanzug, Schuhe, Schwimmweste, Helm) wird vom Veranstalter gestellt, selbst mitbringen sollte man Badesachen und ein Handtuch. Bevor es dann in die Boote geht, gibt es ein Sicherheitsgespräch sowie eine ausführliche Einweisung in die Paddeltechnik. Eine Raftingtour dauert (mit Pausen) zwischen fünf und sieben Stunden.

Kontakt

AktivZentrum Bregenzerwald
Lutz Schmelzinger
Neugut 43, Schnepfau
+43 676 783 78 78
aktiv-zentrum.at

Canyoning Team Vorarlberg
Merbodgasse 9, Bregenz
+43 5574 540 24
canyoning-team.com

Die wendigen und doch gutmütigen »Top-on-Side-Boote« ermöglichen Anfängern den idealen Einstieg ins Wildwasserfahren

2 Rheindelta

H6 Rheindeltahaus, Im Böschen 25, Hard; +43 5578 744 78 Apr – Okt: Sa, So 11–17 rheindelta.com rheindelta.org

Das Rheindelta ist mit rund 2000 Hektar Flachwasser, Schilfröhricht, Feuchtwiesen und Auwäldern das größte Feuchtbiotop-Schutzgebiet am Bodensee und reicht von der Mündung des Alten Rheins über die Mündung des Neuen Rheins bis zur Dornbirner Ach in Hard. Durch die Sedimente, die der Rhein jahrtausendelang angeschwemmt hat, sind ausgedehnte Flachwasserbereiche entstanden, die etwa zwei Drittel des Schutzgebiets einnehmen. Sie sind wichtige Laichgebiete für Fische und bieten Wasser- und Watvögeln Nahrung. Für Zugvögel und Überwinterungsgäste ist der Bodensee besonders wichtig, da er sehr nahrungsreich ist und nur selten zufriert.

Obwohl das Rheindelta in erster Linie für seine Vogelwelt bekannt ist, ist es auch ein bedeutender Lebensraum für Kleinsäuger. Auch Biber, die 1686 in Vorarlberg wegen ihrer Felle ausgerottet waren, siedelten sich wieder am Alten Rhein an.

Die Pflanzenwelt beeindruckt mit einer Vielzahl seltener Arten. Bislang konnten rund 600 Blütenpflanzen und Farne nachgewiesen werden. Sowohl auf österreichischer (Vorarlberger Naturschutzgebiet Rheindelta) als auch auf Schweizer Seite (Naturschutzgebiet Altenrhein; *siehe S. 163*) ist ein Schutzgebiet ausgewiesen. Es gibt viele Wege mit Orientierungstafeln. Das Rheindeltahaus ist die zentrale Anlaufstelle des Naturschutzgebiets. Hier erhält man Informationsmaterial, es gibt wechselnde Ausstellungen zu speziellen Themenbereichen. Auch geführte Exkursionen werden angeboten.

3 Lustenau

H7 23 580 Rathausstr. 1; +43 5577 818 10 Sommer.Lust (Fr, Juni – Aug), Kirchweihfest (2. So Okt) Do lustenau.at

Lustenau liegt zwischen Bregenz und Dornbirn am Rhein. Bei Lustenau sollen die Römer unter Kaiser Konstantin II. die alemannischen Stämme besiegt haben. 887 wurde der Ort erstmals in einer karolingischen Urkunde als »Lustenoua« erwähnt. Bis 1806 war Lustenau Freier Reichshof des Heiligen Römischen Reichs, erst nach dem Wiener Kongress kam es unter österreichische Herrschaft. Im 20. Jahrhundert wurde die Gemeinde zu einem Zentrum der Vorarlberger Stickereiindustrie.

Einen Besuch lohnt das Museum **Rhein-Schauen**, das über den Rhein und die Rheinregulierung vor über 100 Jahren informiert. Vom Museum zum Bodensee fährt von Mai bis Oktober das historische Rheinbähnle auf dem Rheindamm.

DOCK 20 – Kunstraum und Sammlung Hollenstein beherbergt seit 1971 den 1200 Exponate umfassenden künstlerischen Nachlass der expressionistischen Malerin Stephanie Hollenstein (1886 – 1944). Neben den Werken von Hollenstein liegt der Fokus auf der Präsentation aktueller Kunst.

Rhein-Schauen
Höchster Str. 4 +43 5577 205 39 Di, Do 8 –12, 13:30 –16, Mi 8 –12 rheinschauen.at

DOCK 20 – Kunstraum und Sammlung Hollenstein
Pontenstr. 20 +43 5577 81 81 42 20 bei Ausstellungen: Do 14 – 20, Fr, Sa 14 – 18 dock20.lustenau.at

Das Naturschutzgebiet Schleienlöcher im Rheindelta ist nach der Fischart Schleie benannt

Blick auf Lustenau am Alten Rhein

4 Dornbirn

H7 · 50 360 · Rathausplatz 1a; +43 5572 221 88 · dornbirn.info

Dornbirn ist die größte Stadt Vorarlbergs und das wirtschaftliche Zentrum des Bundeslands. Die Stadt liegt im Rheintal am Fuß des Bregenzerwaldgebirges. Das Gebiet war bereits in der Bronzezeit besiedelt, wie entsprechende Funde nachweisen. Die erste urkundliche Erwähnung fand 895 in einer St. Galler Urkunde statt. 1380 wurde Dornbirn Teil des Habsburgerreichs. Die Stadt entwickelte sich Ende des 19. Jahrhunderts zu einem Zentrum der Textilindustrie, wovon auch zeugt, dass Kaiser Franz Joseph I. 1900 bei einem Besuch in Dornbirn in der Textilfabrik F. M. Hämmerle die erste Außerhaus-Telefonanlage in Betrieb nahm.

Da Dornbirn erst 1901 zur Stadt erhoben wurde, gibt es nur wenige Prachtbauten. Wahrzeichen ist das Rote Haus. Das Rheintalhaus wurde 1639 als Wohn- und Gasthaus errichtet. Bis heute ist hier ein Restaurant.

Das **Stadtmuseum** in einem ehemaligen Patrizierhaus am Marktplatz zeigt Wissenswertes über die Geschichte der Stadt. Die Ausstellungen des **Vorarlberger Architektur Instituts** widmen sich zeitgenössischer Architektur.

Die interaktive Naturschau **inatura** auf einem früheren Industriegelände zählt zu den meistbesuchten Museen der Bodensee-Region. Hier werden Flora, Fauna und die Geologie Vorarlbergs mit Exponaten zum Anfassen und Begreifen dokumentiert. Der **Kunstraum** auf demselben Gelände ist ein Ausstellungshaus für zeitgenössische Kunst.

Das **FLATZ Museum** zeigt Werke des Dornbirner Aktionskünstlers Wolfgang Flatz (* 1952) und versteht sich als Forum für den Austausch künstlerischer Positionen.

Stadtmuseum
Marktplatz 11 · Di–So 10–17 · stadtmuseum.dornbirn.at

Vorarlberger Architektur Institut
Marktstr. 33 · +43 5572 511 69 · Di–Fr 14–17 (Do bis 20), Sa 11–15 · v-a-i.at

inatura
Jahngasse 9 · +43 5572 23 23 50 · tägl. 10–18 · inatura.at

Kunstraum Dornbirn
Jahngasse 9 · +43 5572 550 44 · tägl. 10–18 · kunstraumdornbirn.at

FLATZ Museum
Marktstr. 33 · +43 5572 306 48 39 · Do 17–20, Fr 15–17 · flatzmuseum.at

5 Hohenems

H8 · 16 700 · Marktstr. 2; +43 5576 427 80 · Schubertiade (Mitte Juni, Anfang Sep) · hohenems.at

Hohenems liegt am Rand des Rheintals. Am Stadtplatz steht der Renaissancepalast, die ehemalige Residenz der Grafen von Hohenems. In der Schlossbibliothek wurden 1755 zwei bedeutende Originalhandschriften des Nibelungenlieds gefunden.

Vom 17. bis zum 19. Jahrhundert lebten in Hohenems viele jüdische Familien, wovon noch viele Gebäude im Jüdischen Viertel beidseits der Schweizer Straße und der Friedhof am südlichen Stadtrand zeugen. Mehr über ihre Geschichte erfährt man im **Jüdischen Museum**.

Sehenswert ist auch das Freilicht- und Mühlenmuseum **Stoffels Säge-Mühle**, eine einzigartige Dokumentation über 2000 Jahre Mühlentechnik.

Das **E.-Schwarzkopf-Museum** ist der Sopranistin Elisabeth Schwarzkopf gewidmet, das **Franz-Schubert-Museum** dem berühmten Wiener Komponisten. Die Konzerte der Schubertiade finden im Markus-Sittikus-Saal statt.

Jüdisches Museum
Schweizer Str. 5 · +43 5576 73 98 90 · Di–So 10–17 · jm-hohenems.at

Stoffels Säge-Mühle
Sägerstr. 11 · +43 5576 724 34 · Mai–Okt: tägl. 9–18 · museum-stoffels-saege-muehle.at

E.-Schwarzkopf-Museum
Schweizer Str. 1 · +43 5576 720 91 · bei Schubertiade-Konzerten · schubertiade.at

Franz-Schubert-Museum
Marktstr. 1 · wie Schwarzkopf-Museum

6

Karren

H7 Dornbirner Seilbahn, Gütlestr. 6; +43 5572 221 40 tägl. 9–23 (So bis 21) karren.at

Der 976 Meter hohe Karren südöstlich von Dornbirn ist der Hausberg der Stadt. In fünf Minuten ist man mit der Seilbahn auf dem Gipfel mit wunderbarer Aussicht auf das Dreiländereck und den Bodensee. Von hier aus kann man etliche Wanderungen unternehmen, den Gipfel des Staufen besteigen, auf einem Waldlehrpfad zum Staufensee absteigen oder Rappen- und Alplochschlucht erkunden.

Am Gipfel des Karren befindet sich ein Panoramarestaurant (Tel.: +43 5572 547 11). Da die Seilbahn bis spätabends fährt, kann man hier schön zu Abend essen.

2016 wurde unterhalb des Restaurants die »Karren-Kante« eröffnet, eine zwölf Meter über die Felskante hinausragende Plattform, deren Geländer größtenteils aus Glas besteht und den Besuchern einen Rundumblick bietet.

7

Rappenlochschlucht

H7 Einstieg Parkplatz Gütle Ende Apr–Mitte Nov (witterungsbedingt) rappenloch.at

Die Rappenlochschlucht liegt etwa fünf Kilometer südöstlich von Dornbirn. Sie ist eine der größten Schluchten Mitteleuropas. Über Stege geht man durch eine beeindruckende Kulisse mit tosenden Wassermassen.

Am Ausgang der Rappenlochschlucht liegt der Staufensee mit dem über 100 Jahre alten Wasserkraftwerk Ebensand, das die Energie für die Spinnmaschinen im Gütle lieferte. Danach folgt die ebenfalls sehenswerte Alplochschlucht. Beide durchwandert man in etwa einer Stunde.

Am Eingang der Rappenlochschlucht wurde 1900 ein Park mit einem Mammutbaum angelegt, der heute 41 Meter hoch ist. In einem Spinnereigebäude von 1862 hat das **Rolls-Royce Museum** seinen Sitz. Das größte Rolls-Royce-Museum der Welt zeigt auf 3500 Quadratmetern mehr als 1000 Exponate, darunter den Safari-Tourenwagen von König George V, den Landauer von Queen Mum und den Rolls-Royce aus dem Film *Lawrence von Arabien*. Im zweiten Stock kann man im Tea Room eine Pause im Stil der Kolonialzeit machen.

Das **Krippenmuseum** zeigt 120 Krippen aus der ganzen Welt.

Umgebung: Drei Kilometer südwestlich vom Gütle liegt das idyllische Walser-Bergdorf Ebnit. Im Spätmittelalter waren die Menschen aus dem Kanton Wallis wegen Armut gezwungen, ihre Heimat zu verlassen. U. a. in Vorarlberg wurden ihnen hierfür abgelegene Täler zur Rodung und Besiedelung zur Verfügung gestellt. Das Walser-Dorf Ebnit wurde 1351 gegründet.

In **Ebnit** gibt es einen Hochseilgarten, einen Schluchten-Fox-Parcours, einen 3-D-Bogen-Parcours, Reitmöglichkeiten und im Winter Skilifte.

Rolls-Royce Museum
Gütle 10 +43 5572 526 52 März–Nov: Di–So 10–18
rolls-royce-museum.at

Krippenmuseum
Gütle 11c +43 5572 20 06 32 Mai–6. Jan: Di–So 10–17 krippenmuseum-dornbirn.at

Sportverein Ebnit
sv-ebnit.at

Hotel

Martinspark
Österreichs erstes Architekturhotel in bester Lage.
Mozartstr. 2, A-6850 Dornbirn
viennahouse.com

Tosender Wasserfall in der Rappenlochschlucht

Dorfbrunnen und Tanzhaus im Zentrum von Schwarzenberg

8

Schwarzenberg

J7 1840 Hof 454; +43 5512 35 70 Schubertiade (Mitte Juni, Ende Aug) schwarzenberg.at

Schwarzenberg liegt mitten im Bregenzerwald und gilt als eines der schönsten Dörfer Vorarlbergs. Das Ortsbild wird von alten Bauernhäusern bestimmt. Das Tanzhaus (früher Gerichtstätte) und 16 weitere Häuser gehören zum Dorfensemble. Das älteste Haus am Platz ist das Mesmerstüble, das von einem Brand 1755 verschont wurde.

Die Pfarrkirche ist ein wunderschöner Barockbau. Zu einer echten Sehenswürdigkeit machen sie jedoch die Gemälde im Inneren, die von Joseph Johann Kauffmann und seiner Tochter **Angelika Kauffmann** stammen. Der Tochter widmet Schwarzenberg auch ein eigenes Museum. Gezeigt werden Gemälde, Stiche und Erinnerungsgegenstände der Malerin, die in ihrer Jugend immer wieder Zeit hier verbrachte. Wechselausstellungen widmen sich dem Schaffen der Künstlerin.

Jedes Jahr findet im Sommer die Schubertiade, das bedeutendste Schubert-Festival der Welt, statt *(siehe auch Hohenems, S. 155)*. Das Festival konzentriert sich auf wenig gespielte Werke Schuberts und anderer Komponisten der Romantik. In Schwarzenberg finden die Konzerte im Angelika-Kauffmann-Saal statt, der dank seiner herausragenden Akustik zu den besten Kammermusiksälen der Welt zählt.

Schwarzenberg ist Station des **Wälderbähnle**, das ursprünglich Bregenz mit Bezau im Bregenzerwald verband. Heute fährt die Museumsbahn mit historischen Dieselloks oder über 100 Jahre alten Dampfloks noch fünf Kilometer von Bezau nach Schwarzenberg.

Schwarzenberg ist der ideale Startpunkt für Wanderungen oder Mountainbike-Touren. Im Winter lockt das Skigebiet **Bödele** zwischen Dornbirn und Schwarzenberg mit Langlaufloipen (9 km) und Skipisten (24 km).

Umgebung: Im Bregenzerwald hat sich in den vergangenen Jahren eine eigenständige Handwerkerszene entwickelt. Im **Werkraum Haus** in Andelsbuch, knapp fünf Kilometer östlich von Schwarzenberg, zeigt der Zusammenschluss von 85 Betrieben neben dem Bahnhof Möbel und Objekte.

Vom Gasthof Ritter (Bersbuch 349) geht man in fünf Minuten zu Vorarlbergs größtem Hochseilgarten über Wasser. Der **Aqua Hochseilgarten** liegt eingebettet in einer eindrucksvollen Schlucht über der Bregenzerach. Zuerst seilt man sich von einer Brücke ab, dann geht es über Kletterfelsen, -steige, Seilbahnen und diverse Hochseilelemente. Den Abschluss bildet ein Flying Fox über die Bregenzerach.

Angelika Kauffmann Museum
Brand 34 Di – So 10 – 17 angelika-kauffmann.com

Wälderbähnle
Mitte Mai – Anfang Okt waelderbaehnle.at

Bödele
Dez – März boedele.info

Werkraum Haus
Hof 800 +43 5512 263 86 Di – Fr 10 – 18, Sa 10 – 16 werkraum.at

Aqua Hochseilgarten
AktivZentrum Bregenzerwald; +43 676 783 78 78 aktiv-zentrum.at

Angelika Kauffmann

Die Schweizer Malerin Angelika Kauffmann (1741 – 1807) wurde durch ihre klassizistischen Porträts bekannt. Sie verkehrte in englischen, deutschen und italienischen Künstlerzirkeln. Da ihr Vater, der Porträt- und Freskenmaler Joseph Johann, aus Schwarzenberg stammte, besitzt das Dorf einige ihrer Werke, u. a. das Altarblatt in der Kirche, wo auch ihre Büste steht. Weitere Arbeiten sind im vorarlberg museum in Bregenz.

BADHUTTE
20

Die Badhütte in Rorschach von 1924 bietet *Badevergnügen wie anno dazumal* (siehe S. 163)

Schweizer Seite

An den Bodensee grenzen die Schweizer Kantone St. Gallen und Thurgau. Zum Kanton St. Gallen mit der gleichnamigen Stadt als Hauptort gehört die Uferlinie von der Grenze zu Österreich bei Altenrhein bis kurz vor Arbon, zum Kanton Thurgau das ganze restliche Südufer einschließlich dem des Untersees bis Stein am Rhein. Eine Enklave innerhalb des Kantons St. Gallen bilden die Kantone Appenzell Ausserrhoden und Appenzell Innerrhoden mit dem Säntis (2502 m).

Rorschach mit seinem schönen alten Kornhaus am Hafen ist die einzige größere Stadt des Kantons St. Gallen am Schweizer Ufer des Obersees. Auf Thurgauer Seite schließen das idyllische Arbon und Romanshorn mit dem größten Hafen am Bodensee an. Kreuzlingen, die größte Schweizer Stadt am See, liegt nur wenige Minuten von Konstanz entfernt.

Während die Schweizer Seite des Obersees stark durch Dienstleistungsbetriebe und Industrie geprägt ist, präsentieren sich die Ortschaften am Untersee mit Fachwerk, mittelalterlichen Mauern und Toren. Highlight ist Stein am Rhein, an dessen schön restaurierten Bürgerhäusern man sich kaum sattsehen kann.

Ist man auf der Schweizer Seite des Bodensees unterwegs, sollte man unbedingt St. Gallen einen Besuch abstatten. In der wirtschaftlichen und kulturellen Metropole der Ostschweiz kann man einerseits im Stiftsbezirk ins Mittelalter eintauchen und andererseits alle Vorzüge einer modernen Stadt genießen.

Natur pur bieten die beiden Appenzeller Kantone. Einen Besuch des Säntis, des höchsten Gipfels in der Bodensee-Region, sollte man ebenfalls einplanen.

DEUTSCHLAND

Engen
Eigeltingen
Stockach
Aach
B31
A81
L191
Mühlhausen
A98
B31
Ludwigshafen
B34
B31N
Owingen
A81
Bodman
Sipplingen
B314
Singen
Hohentwiel
Deutsche Seite
Seiten 94–139
Überlinger See
Salem
Überlingen
Basilika Birnau
Radolfzell
B33
B34
Allensbach
Wallhausen
Uhldingen
Moos
Zeller See
Gnadensee
Insel Mainau
Meersburg
Halbinsel Höri
Horn
Insel Reichenau
Rhein
Untersee
Stein am Rhein
Gaienhofen
Wollmatinger Ried
Meersburg
T3
16
15
Konstanz
18
Steckborn
17
Schloss Arenenberg
Ermatingen
14
Wagenhausen
13
Gottlieben
13
Kreuzlingen
12
Münsterlingen
Altnau
Müllheim
Güttingen
Hüttwilersee
A7
Weinfelden
Thur
16
Aach
Frauenfeld
14
Seuzach
A1
SCHWEIZ
Sitter
Winterthur
Bischofszell
Wängi
Thur
Wil
7
Sirnach
A1
Fischingen
8
Flawil
6
Gossau
Herisau
Necker
Urnäsch
Lichtensteig
9
Schwägalp
Schweizer Seite
Wattwil
N
0 Kilometer 10
Säntis
2502 m

Schweizer Seite
Highlight
5 St. Gallen
Sehenswürdigkeiten
1 St. Margrethen
2 Rheineck
3 Altenrhein
4 Rorschach
6 Gossau
7 Stein
8 Appenzell
9 Schwägalp
10 Arbon
11 Romanshorn
12 Münsterlingen
13 Kreuzlingen
14 Gottlieben
15 Ermatingen
16 Schloss Arenenberg
17 Steckborn
18 Stein am Rhein
Touren
T3 Radtour Steckborn – Konstanz
T11 Von Rorschach ins Appenzellerland
T12 Ausflug auf den Säntis
Wilhelmsdorf
Illmensee
Markdorf
B33
B32
Bodnegg
Wangen im Allgäu
Hagnau
B31
B30
Tettnang
Immenstaad
Friedrichshafen
B467
Bodensee
Romanshorn
Eriskircher Ried
B31
Eriskirch
A96
B12
Kesswil
Uttwil
Langenargen
Nonnenhorn
B308
Weiler-Simmerberg
Friedrichs-hafen
Kressbronn
11
Romanshorn
Wasserburg
B12
Hörbranz
Lindau
Lochau
Amriswil
Frasnacht
Obersee
Arbon
10
Steinach
Horn
Altenrhein
3
Hard
Bregenz
Rhein-delta
4
Rorschach
T11
190
Wolfurt
Langenegg
7
2
Rheineck
1
Heiden
St. Margrethen
Müselbach
5
St. Gallen
Goldach
Lustenau
A14
Egg
13
Widnau
Diepoldsau
Dornbirn
Schwarzen-berg
200
203
Hohenems
7 Stein
Altstätten
Karren
Rappenloch-schlucht
A13
Reuthe
Ebnit
8
Appenzell
Mellau
Götzis
Oberriet
ÖSTERREICH
Wissbach
Österreichische Seite
Seiten 140–157
13
Schwendibach
193
Damüls
T12

1

St. Margrethen

H7 5990
Hauptstr. 117; +41 71 747 56 66 stmargrethen.ch

St. Margrethen liegt am Ufer des Alten Rheins. Der Ort war schon zu Zeiten der Römer ein Verkehrsknoten zu wichtigen Alpenpässen. Viele Jahrhunderte war die Geschichte des Orts eng mit der vom Kloster St. Gallen verknüpft. Aus dieser Zeit stammen Bauten wie das Schlösschen Bergsteig (um 1400), das Weingut Schloss Weinberg, der Bufflershof, das Gutshaus Heldsberg, der Riegelbau in der Burghalde und das Schulhaus im Wasen.

Am nordwestlichen Dorfrand steht die Kirche St. Margaretha, deren Ursprünge ins 10. Jahrhundert zurückreichen. Oberhalb des Orts, in der Nähe der Burgruine Grimmenstein, liegt das gleichnamige Kloster. Die Kirche St. Ottilia besitzt einen schönen Barockaltar.

Zwischen St. Margrethen und Au können Geschichtsinteressierte das **Festungsmuseum Heldsberg**, eine Festung aus dem Zweiten Weltkrieg, besuchen.

Der Rheindamm von Sargans nach St. Margrethen (57 km) ist ein ideales Freizeitgelände. Hier kann man ohne Autoverkehr spazieren gehen, Rad fahren oder skaten.

Umgebung: 14 Kilometer südwestlich liegt Altstätten, eine der schönsten historischen Kleinstädte der Ostschweiz. Hier lassen sich malerische Gassen, gut erhaltene Herrschaftshäuser (16./17. Jh.) mit bemalten Fassaden, etwa das Haus zum Raben (1763) mit Malereien und Stuckaturen, sowie aufwendig dekorierte Brunnen entdecken.

Zehn Kilometer südlich von Altstätten liegt die **Kristallhöhle Kobelwald**. Den Höhlenbach entlang geht es hinein in den Berg. Dort erwarten den Besucher größere und kleinere Höhlen mit Kristallen und Tropfsteinen, ein kleiner See und ein Wasserfall.

Die Markthalle Altenrhein – ein typisches Hundertwasser-Gebäude

Festungsmuseum Heldsberg
Obere Heldsbergstr. 5 +41 71 744 82 08 Apr – Okt: Sa 10 –16 festung.ch

Kristallhöhle Kobelwald
Oberriet +41 71 761 19 77 Apr – Okt: So, Feiertage 11 –17, Mo – Sa nach Anmeldung beim Höhlenwart kristallhoehle.ch

Rheineck

H6 3400
Hauptstr. 21; +41 71 886 40 10 rheineck.ch

Rheineck am Alten Rhein war früher ein wichtiger Handelsplatz, verlor aber mit der Öffnung weiterer Pässe und der Rheinregulierung an Bedeutung. Eines der Wahrzeichen ist die Ruine Burgstock, die südwestlich liegt. Die Burg wurde im 12. Jahrhundert erbaut und während der Appenzeller Kriege zerstört.

In der Altstadt stehen viele Fachwerk- und Jugendstilhäuser. Das Rathaus mit Treppengiebel stammt von 1555. Im Inneren ist vor allem der Rokokoratssaal mit Malereien von Heinrich Herzig (1887 – 1965) sehenswert. Die heutige Pfarrkirche St. Jakob entstand im 16. Jahrhundert, wovon noch der Chor erhalten blieb. 1722 erhielt der gotische Bau ein barockes Gesicht. Der Löwen- oder Custerhof wurde 1742 – 46 als Sommerresidenz gebaut. Das Palais dient heute als Berufs- und Weiterbildungszentrum. Das Rhytor (Rheintor) ist das letzte noch erhaltene Tor aus dem 15. Jahrhundert. Auf der Ostseite ist es mit Gemälden von Heinrich Herzig geschmückt.

Von Rheineck kann man mit der Bergbahn nach Walzenhausen fahren und dort wandern. Oder man fährt mit dem Schiff durch das Naturschutzgebiet Bisenwäldeli nach Rorschach.

Altenrhein

G6 orts gemeinde-altenrhein.ch

Altenrhein liegt an der Mündung des Alten Rheins. Mit der Ansiedlung der Dornier-Werke 1924 wandelte sich das Fischerdorf zu einer industriell geprägten Siedlung. Hier wurde etwa das Wasserflugzeug *Dornier Do X* entwickelt und gebaut, das 1929 erstmals vom Bodensee abhob.

Auf dem Flughafengelände befindet sich das **Fliegermuseum Altenrhein** mit historischen Flugzeugen. Eine Ausstellung behandelt die Geschichte der Firma Dornier.

Nahe dem Flughafen steht das letzte von Friedensreich

Hundertwasser (1928 – 2000) konzipierte Bauwerk, die **Markthalle Altenrhein**. Typisch für Hundertwasser sind die goldenen Zwiebeltürme, die leuchtenden Farben und die geschwungenen Linien.

Zwischen Altenrhein und der Mündung des Alten Rheins liegt das Schutzgebiet Altenrhein.

Fliegermuseum Altenrhein
Flughafen Altenrhein Di – So 10 – 18 (Juli, Aug: auch Mo)
fliegermuseum.ch

Markthalle Altenrhein
Knotternstr. 2
+41 79 506 47 35 siehe Website markthalle-altenrhein.ch

Rorschach

G6 9640
Hafenpavillon; +41 71 841 61 41 Sandskulpturen Festival (Aug)
rorschach.ch

Die Kleinstadt erhielt schon 947 das Marktrecht und entwickelte sich im Mittelalter zu einem bedeutenden Handelsplatz. Davon zeugen noch heute stattliche Bürgerhäuser und das Kornhaus, Wahrzeichen Rorschachs und schönster Getreidespeicher der Schweiz. Coelestin von St. Gallen beauftragte Johann Caspar Bagnato mit dem Bau des **Kornhauses**, das 1749 in Betrieb genommen wurde. Rorschach wurde damit Eingangstor für Weizen aus Süddeutschland. Heute beherbergt es ein lokal- und regionalhistorisches Museum.

Seit Anfang 2013 lädt das gläserne Würth-Verwaltungsgebäude ins **Forum Würth**, in dem Höhepunkte der Sammlung Würth präsentiert werden. Schwerpunkt sind die klassische Moderne und die Kunst der Gegenwart. Der Skulpturengarten rund um das Haus bietet ein Panorama der modernen Bildhauerei.

Das ehemalige Kloster Mariaberg (1487 – 89) wurde unter dem St. Galler Abt Ulrich Rösch erbaut, aufgrund von Auseinandersetzungen zwischen St. Gallen und dem Abt vor der Fertigstellung jedoch zerstört und erst später wieder aufgebaut. Besonders schön sind der gotische Kreuzgang und der freskengeschmückte Kapitelsaal.

Die Ursprünge der Pfarrkirche St. Kolumban reichen ins 8. Jahrhundert zurück. Der heutige Bau entstand Mitte des 17. Jahrhunderts. Die Innenausstattung ist barock.

Ein nostalgisches Badevergnügen ist der Besuch der Badhütte von 1924.

Oberhalb des Städtchens, am Rorschacherberg, befinden sich drei Schlösser. Schloss Wartegg wurde 1557 von Kaspar Blarer von Wartensee erbaut. Während der Französischen Revolution hielten sich hier viele gekrönte Häupter auf. Das Schloss ist heute ein Hotel mit Restaurant. Von Schloss Wartensee aus wachten im 17. Jahrhundert Ritter über die Rheintal-Straße. Schloss Wartensee wurde ebenfalls in ein Hotel umgewandelt. Wann das St. Annaschloss gebaut wurde, ist unbekannt. Ende des 12. Jahrhunderts gehörte es den Edlen von Rorschach. Heute ist es in Privatbesitz und nicht zugänglich.

Im Sommer findet in Rorschach das Sandskulpturen Festival statt, für das jedes Jahr 15 Tonnen Sand an den See transportiert werden. Künstler aus aller Welt treten gegeneinander an und formen meterhohe Skulpturen.

Museum im Kornhaus
Hauptstr. 58
+41 71 841 40 62
Apr – Okt: tägl. 13 – 17
museum-rorschach.ch

Forum Würth
Churerstr. 10
Apr – Sep: tägl. 10 – 18; Okt – März: Di – Sa 11 – 17
wuerth-haus-rorschach.ch

Der Hafen von Rorschach mit schöner Uferpromenade

Von Rorschach ins Appenzellerland

Länge 14,5 km **Dauer** Die Fahrt mit der Zahnradbahn dauert etwa 25 Minuten. Die Züge verkehren stündlich **Start/Ziel** Rorschach

Henry-Dunant-Museum **Asylstr. 2, CH-9410 Heiden** **+41 71 891 44 04**
Apr – Okt: Mi – Fr 13 –17, Sa, So 11–17; Nov – März: Mi 14 –19, Sa, So 11–16
dunant-museum.ch

Bei dieser Rundreise geht es von Rorschach am Seeufer mit der Zahnradbahn in das 400 Meter über dem Bodensee gelegene Biedermeierdorf Heiden. Danach hat man die Wahl: Entweder man nimmt das PostAuto nach Walzenhausen oder bewältigt die Strecke über Wolfhalden zu Fuß auf dem Witzweg. Von dort geht es mit der Zahnradbahn über die Hexenkirchli-Schlucht nach Rheineck, wo man auf ein Schiff umsteigt, das durch das Naturschutzgebiet des Alten Rheins zurück nach Rorschach fährt.

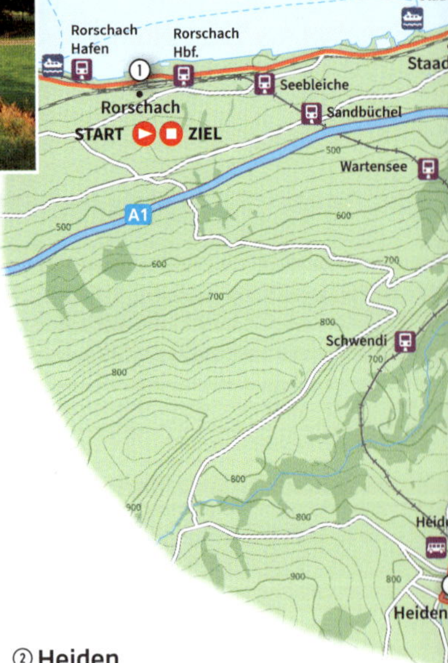

① Zahnradbahn Rorschach - Heiden

Die Zahnradbahn von Rorschach nach Heiden zählt zu den touristisch traditionsreichsten Bergbahnen der Schweiz, sie erschließt seit 1875 ab der Hafenstadt Rorschach das Appenzellerland über dem Bodensee. Im Sommer findet die Fahrt auch in offenen Aussichtswagen statt.

Roadbook

Start: Bahnhof am Hafen Rorschach
GPS-Koordinaten: 47.478595,9.492911

① Rorschach **km 0,0**
Die Rundreise beginnt am Bahnhof Rorschach am Hafen. Mit der Zahnradbahn geht es ins 800 Meter hoch gelegene Heiden.

② Heiden **km 7,2**
Beim Dorfpark des Biedermeierdorfs Heiden geht der beschilderte Witzweg los.

③ Wolfhalden **km 9,5**
Heiden, Wolfhalden und Lutzenberg bildeten bis 1666 eine Gemeinde: Kurzenberg. Kirchenbauten in Heiden und Wolfhalden führten zur Spaltung.

④ Walzenhausen **km 13,2**
Der Kurort Walzenhausen ist der Endpunkt des Witzwanderwegs. Hier nimmt man die Zahnradbahn nach Rheineck.

⑤ Rheineck **km 14,5**
Von Rheineck geht es mit dem Schiff auf dem Alten Rhein zurück nach Rorschach.

② Heiden

Heiden liegt eingebettet zwischen Bodensee und Säntis. Von hier hat man einen einmaligen Panoramablick auf den See. Sein heutiges Erscheinungsbild erhielt das Dorf nach 1838. Damals brannte es fast vollständig nieder und wurde im Stil des Klassizismus neu aufgebaut. Einen Besuch wert ist das Henry-Dunant-Museum, das Leben und Werk von Henry Dunant (1822 –1912), Gründer des Roten Kreuzes und erstem Friedensnobelpreisträger, gewidmet ist.

Das Kornhaus in Rorschach beherbergt ein Erlebnismuseum

⑤ Rheineck - Rorschach

Von Rheineck geht es mit dem Schiff durch das Naturschutzgebiet des Alten Rheins zurück zum Ausgangspunkt Rorschach. Das Naturschutzgebiet zwischen den Mündungen des Alten und des Neuen Rheins in den Bodensee entstand, als das alte Flussbett des Rheins bei der Begradigung des Flusslaufs abgetrennt wurde.

Routeninfos

Heiden – Walzenhausen: Mit dem PostAuto, das stündlich fährt, gelangt man in ca. 23 Minuten nach Walzenhausen. Für den Witzweg sollte man zweieinhalb bis drei Stunden veranschlagen. Die Strecke führt von Heiden (794 m) über Wolfhalden (709 m), Klus (699 m), Sonder (781 m), Schiben (725 m) und Hostet (743 m) nach Walzenhausen (673 m).

Walzenhausen – Rheineck: Mit der Zahnradbahn geht es in drei Minuten hinunter nach Rheineck. Die Bahn verkehrt stündlich.

Rheineck – Rorschach: Schiffe befahren die Strecke von Mai bis Mitte Oktober täglich um 10:40, 13:10 und 15:50. Die Fahrt dauert etwa eine Stunde.

Tickets: Rundfahrttickets mit zwei Zahnradbahnen, PostAuto und Schiff gibt es in Rorschach, Heiden, Walzenhausen, Rheineck, im PostAuto und auf dem Schiff.

④ Walzenhausen

Der Ort wird nicht zu Unrecht auch als »Balkon über dem Bodensee« bezeichnet. Von Walzenhausen hat man einen herrlichen Blick über den See bis zu den Tiroler Alpen. Darüber hinaus gilt Walzenhausen auch als Tor ins ländliche Appenzellerland.

②-④ Witzweg

Durch das schöne Appenzellerland mit toller Aussicht auf den See führt der Witzweg von Heiden über Wolfhalden nach Walzenhausen. Rund 40 Witztafeln laden zum Schmunzeln ein.

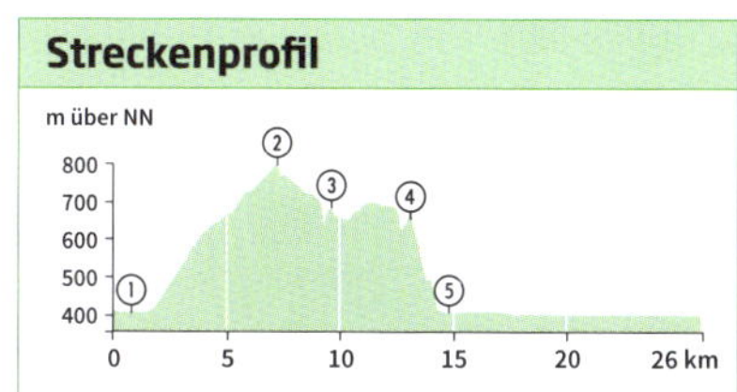

Die Stiftsbibliothek ist ein großartiges Beispiel barocker Baukunst

5

St. Gallen

F7 76 200 Bankgasse 9; +41 71 227 37 37
St. Galler Fasnacht (Feb), St. Galler Festspiele (Mitte Juni – Anf. Juli), OpenAir St. Gallen (Ende Juni)
st.gallen-bodensee.ch

St. Gallen ist Hauptstadt des gleichnamigen Kantons und größte Stadt der Ostschweiz. Ihre Wurzeln gehen auf das Jahr 612 zurück, als sich der irische Mönch Gallus hier niederließ. 747 wurde ein Benediktinerkloster gegründet, im 8. Jahrhundert kam eine Bibliothek hinzu. Im Mittelalter war St. Gallen ein wichtiger Leinenproduzent, im 19. Jahrhundert lebte die Stadt von der Stickerei, wofür sie bis heute bekannt ist. Seit 1983 sind Stiftskirche und -bibliothek UNESCO-Welterbe.

Überblick: St. Gallen

St. Gallen liegt an der Steinach, einem Fluss, der in den Bodensee mündet, und wird seit der Stadterweiterung 1918 auch vom Sittertobel geteilt. Der Großteil der Stadt liegt in einem Tal zwischen den zwei Hügeln Rosenberg im Norden und Freudenberg im Süden.

Mittelpunkt der Stadt ist der Stiftsbezirk mit der großartigen Stiftskirche. Die schöne, verwinkelte Altstadt mit Fachwerkhäusern, Erkern und typischen, holzgetäfelten »Erststockbeizli« lädt zum Bummeln und Verweilen ein. Die meisten Museen befinden sich am Rand der Altstadt.

Mühleggbahn

St. Georgen-Str.

Die Mühleggbahn, die im Jahr 1893 zwischen dem Müllertor und dem Dorf St. Georgen den Betrieb aufnahm, ist das älteste innerstädtische öffentliche Verkehrsmittel in St. Gallen. Die Wassergewichtsseilbahn wurde 1950 zu einer Zahnradbahn und 1975 zu einem Schrägaufzug umgebaut.

Die Mülenenschlucht, durch die das Wasser der Steinach von der Mühlegg Richtung Stadtzentrum fließt, gilt als Ort der Einsiedelei des hl. Gallus, aus der St. Gallen entstand.

Stiftsbibliothek

Klosterhof 6d tägl. 10–17 2 Wo. im Nov
stibi.ch

Im Gegensatz zum Großteil des Klosters entging die einzigartige Stiftsbibliothek der Zerstörungswut der Reformation. Der Hauptsaal wurde auf Geheiß von Fürstabt Coelestin Gugger von Staudach 1758–67 von Peter Thumb gebaut. Er ist ein großartiges Beispiel barocker Baukunst mit Rokokodetails. Der Holzboden weist Intarsien auf, die Decke Stuckwerk der Brüder Gigl sowie Trompe-l'Œil-Malereien von Josef Wannenmacher. Unter der Leitung des Klosterbruders Gabriel Loser wurden die Holzarbeiten ausgeführt.

Alle Wände sind bis unter die Decke mit Regalen bedeckt. In der Bibliothek lagern etwa 170 000 Bücher und Manuskripte, u. a. eine Sammlung irischer Schriften (8.–11. Jh.). Zu den kostbarsten Büchern zählen der *Goldene Psalter* (um 860), der Höhepunkt fränkischer Buchmalerei, der mit Goldtinte geschrieben ist, der *Folchart-Psalter* (864–883), ein *Irisches Evangeliar* (um 750), das *St. Galler Cantatorium* (um 925), die älteste vollständige Musikhandschrift der Welt, und der *Codex Abrogans* (Ende 8. Jh.), das älteste erhaltene Buch in deutscher Sprache.

Im Westflügel der Klosteranlage befindet sich das Lapidarium, eine Sammlung wertvoller Bausteine aus dem 8. bis 17. Jahrhundert, sowie die Dauerausstellung »Die Kultur der Abtei St. Gallen«.

St. Laurenzen

Magnihalden 15 · Mo–Sa 9:30–16; Turm: Mo–Sa 9:30–11:30, 14–16 (Sommer)

St. Laurenzen ist neben der Stiftskirche die bedeutendste der Stadt. Der heutige Bau geht auf das 15. Jahrhundert zurück. Mit der Reformation wurde die Kirche zur Hauptkirche der reformierten Bürger. Ihre neugotische Gestalt erhielt sie Mitte des 19. Jahrhunderts. Vom Turm hat man einen herrlichen Blick.

④

Textilmuseum

Vadianstr. 2 · +41 71 228 00 10 · tägl. 10–17 · textilmuseum.ch

Das Museum spiegelt die Bedeutung der Stadt als wichtiges Zentrum der Textilindustrie wider. Wechselausstellungen im Jahresrhythmus widmen sich vielfältigen Themen wie Handwerk, Musik oder Textilkunst. Zu sehen sind auch die in St. Gallen entwickelten Muster sowie verschiedene Gerätschaften, die zu ihrer Herstellung notwendig waren.

⑤

Stadtlounge

Bleicheli-Quartier

Die Idee für dieses Projekt hatten der Architekt Carlos Martinez und die Multimedia-Künstlerin Pipilotti Rist. Ihr Kunstobjekt verwandelt das Bleicheli-Quartier in eine rund um die Uhr zugängliche Spiel-, Relax- und Business-Oase. Wie in einer Lounge breitet sich ein roter Teppich aus, darüber hängen Leuchtkörper, die das Quartier in wechselnde Lichtstimmungen tauchen.

Zentrum von St. Gallen

1. Mühleggbahn
2. Stiftsbibliothek
3. St. Laurenzen
4. Textilmuseum
5. Stadtlounge
6. Kunst Halle Sankt Gallen
7. Museum im Lagerhaus
8. Lokremise
9. Marktplatz
10. Bohl
11. Kunstmuseum
12. Historisches und Völkerkundemuseum
13. Bierflaschenmuseum
14. Universität
15. Naturmuseum
16. Botanischer Garten
17. Wildpark Peter und Paul
18. Stiftskirche

⑥

Kunst Halle Sankt Gallen

Davidstr. 40 +41 71 222 10 14 Di – Fr 12 – 18, Sa, So 11 – 17 k9000.ch

Das angesehene Forum für Gegenwartskunst sieht sich als Bühne für experimentierfreudige Künstler. Die Ausstellungen wechseln häufig und spiegeln die aktuellen Entwicklungen in der modernen Kunst wider.

Museum im Lagerhaus

Davidstr. 44 +41 71 223 58 57 während Ausstellungen Di – Fr 14 – 18, Sa, So 12 – 17 museumimlagerhaus.ch

Das Museum im Lagerhaus zeigt Art brut, naive Kunst und Schweizer Outsider-Art.

Lokremise

Grünbergstr. 7 +41 71 277 82 00 lokremise.ch

Beim St. Galler Bahnhof ist im größten noch erhaltenen Lokomotiv-Ringdepot aus dem Jahr 1911 ein Kulturzentrum mit Theater, Kino, Tanz, Kunst und Gastronomie entstanden.

Marktplatz

Der einstige Hauptplatz der Stadt liegt im nördlichen Teil der Altstadt. Er ist von schönen Häusern aus dem 17. und 18. Jahrhundert umgeben. Die meisten bestehen aus Backstein und besitzen kunstvoll bemalte Fassaden. Daneben gibt es auch reliefgeschmückte Fachwerkhäuser. Viele Häuser sind mit reich verzierten Erkern ausgestattet – ein typisches Merkmal der St. Galler Architektur. In der Marktgasse 23 präsentiert ein Uhrmacherladen eine kleine Sammlung an Spieldosen, Spieluhren und Singvögeln.

Bohl

Die verlängerte Promenade an der Ostseite des Marktplatzes wird von der weißen Fassade des Waaghauses (1583) beherrscht. Das Gebäude diente bis ins 19. Jahrhundert als Lagerhaus und zum Wiegen von Gütern. Heute sitzt hier die Stadtbehörde, es finden aber auch Konzerte und Ausstellungen statt.

Jenseits der Bohl liegt das aufgehobene Dominikanerinnenkloster St. Katharina. Der gotische Kreuzgang ist eine Oase der Ruhe inmitten der Stadthektik. Im Sommer finden hier Konzerte statt.

Restaurants

Zum Schlössli

Die St. Galler Institution serviert kreativ interpretierte regionale Klassiker.

Zeughausgasse 17
+41 71 222 12 56
schloessli-sg.ch

Brasserie LOK

Typische französische Brasserieküche.

Grünbergstr. 7
+41 71 277 11 77
lokremise.ch

Kunstmuseum

Museumstr. 32 +41 71 242 06 71 Di – So 10 – 17 (Mi bis 20) kunstmuseumsg.ch

Das Museum liegt in einem der schönsten klassizistischen Gebäude der Schweiz und zeigt Druckgrafiken von Dürer und Rembrandt, niederländische Malerei des 17. Jahrhunderts und Meisterwerke von der Romantik bis zum Impressionismus. Die Kunst der Jahrhundertwende ist mit Gemälden von Liebermann, Corinth oder von Stuck vertreten, die Moderne mit Werken von Kirchner, Klee und Warhol sowie mit Installationen von Merz, Serra, Paik, Signer und Rist.

⑫

Historisches und Völkerkundemuseum

Museumstr. 50 +41 71 242 06 42 Di – So 10 – 17 hvmsg.ch

Objekte aus der Frühgeschichte des Kantons St. Gallen bis zum 20. Jahrhundert stehen in der historischen Ab-

Das Historische Museum beleuchtet die St. Galler Geschichte

Highlight

Seerosenteich im Tropenhaus des Botanischen Gartens

teilung im Mittelpunkt. Neben archäologischen Funden sind Schriftzeugnisse, Erinnerungsstücke und Räume verschiedener Epochen zu sehen.

In der völkerkundlichen Abteilung sind Kunst und Werkzeuge aus Polynesien, Australien und Afrika ausgestellt. Im Dachgeschoss gibt es ein Kindermuseum.

Bierflaschenmuseum

St. Jakob Str. 37 · +41 71 243 43 43 · Mo–Fr 8–12:15, 13:30–18, Sa 8–16:30

Auf dem Gelände der Brauerei Schützengarten sind 2000 Flaschen von 260 Schweizer Brauereien zu sehen. Die ältesten sind 140 Jahre alt.

Universität

Dufourstr. 50 · unisg.ch

Die Universität ist aufgrund ihrer modernen Architektur und Einrichtung auch für Besucher interessant. Das Hauptgebäude von 1963 enthält einen Keramikfries von Joan Miró, Wandgemälde von Antoni Tàpies, ein Mosaik von Georges Braque sowie Skulpturen von Alberto Giacometti. Im Innenhof steht eine Skulptur von Hans Arp. In einem späteren Bau sind Werke von Gerhard Richter, Josef Felix Müller und Luciano Fabro.

Naturmuseum

Rorschacher Str. 263
+41 71 243 40 40
Di–So 10–17 (Mi bis 20)
naturmuseumsg.ch

Das Museum bietet spannende Einblicke in die Welt der Natur u. a. mit einem Landschaftsrelief, das die Kantone St. Gallen und Appenzell zeigt, und dem versteinerten Skelett eines Entenschnabel-Dinosauriers.

Botanischer Garten

Stephanshornstr. 4 · +41 71 224 45 14 · tägl. 8–17 · stadt.sg.ch

Im Stadtteil Neudorf wartet der Botanische Garten mit rund 8000 beschrifteten Pflanzen aus aller Welt, Führungen und Ausstellungen auf. Hier wachsen Gebirgs-, Gift- und Heilpflanzen, tropische Nutzpflanzen, Orchideen, Seerosen und vieles mehr. In den ungeheizten Gewächshäusern gedeihen u. a. Gebirgspflanzen, die den Winter im Freien nicht überstehen. Im Tropenhaus kann man Nutzpflanzen, einen Regenwald und im Sommer Seerosen entdecken. Orchideen sorgen mit ihren Farben, Formen und Düften für ein sinnliches Erlebnis. Im Lithopshaus kann man »Lebende Steine« betrachten. Diese Pflanzen entwickeln pro Wachstumsperiode nur ein Blattpaar.

Im Botanischen Garten beginnt der Planetenwanderweg, der ein Modell unseres Sonnensystems im Maßstab 1:1 Milliarde darstellt.

⑰

Wildpark Peter und Paul

Kirchlistr. 92 · +41 71 244 51 13 · tägl. · wildpark-peterundpaul.ch

Der Wildpark Peter und Paul liegt nordöstlich von St. Gallen auf dem Rosenberg (780 m). Hier leben vorwiegend einheimische Tiere wie Rothirsche, Sikahirsche, Damhirsche, Gämsen, Steinböcke, Murmeltiere, Wildschweine, Luchse und Wildkatzen.

Foxtrail

Foxtrail ist eine moderne Schnitzeljagd, bei der die Teilnehmer um die Ecke denken müssen. Nach dem Start am Hauptbahnhof St. Gallen entdecken Sie an kreativen Posten und originellen Aufgaben die gelegte Fährte. Sie erkunden prominente Plätze, unbekannte Wege und schöne Landschaften. Und nicht nur zu Fuß. Je nach Route geht's schon mal mit dem Bus weiter oder zurück in Richtung Bahnhof. Angeboten werden unterschiedlich lange Touren.
+41 58 510 74 00 · foxtrail.ch

18

St. Gallen: Stiftskirche

Klosterhof 6a Mo–Mi 6–18:30, Do–Sa 7–18:30, So 7:30–19:30 Mo 6:30, 8:15, Di 6:30, 12:05, Mi 6:30, 9, Do 8:15, 12:05, Fr 8:15, 18:15, Sa 8:15, 17:30, So 8:30, 10:30, 19:30

Das Benediktinerkloster von St. Gallen wurde 719 gegründet und erlebte vom 9. bis zum 11. Jahrhundert seine Blütezeit. Die romanische Kirche und das Kloster, die damals entstanden, sind – abgesehen von der Krypta mit den Gräbern der Äbte – nicht erhalten. Die heutige barocke Stiftskirche (Kathedrale) wurde 1755–67 unter Leitung von Johann Michael Beer von Bildstein erbaut. Den Innenraum gestalteten bekannte Künstler. Der Stiftsbezirk mit seinen Kunstwerken und der Stiftsbibliothek *(siehe S. 166f)* gehört seit 1983 zum UNESCO-Welterbe.

Das **Innere** der Kathedrale wartet mit Engeln, viel Gold, ausufernden Stuckaturen und beeindruckenden Deckenmalereien auf.

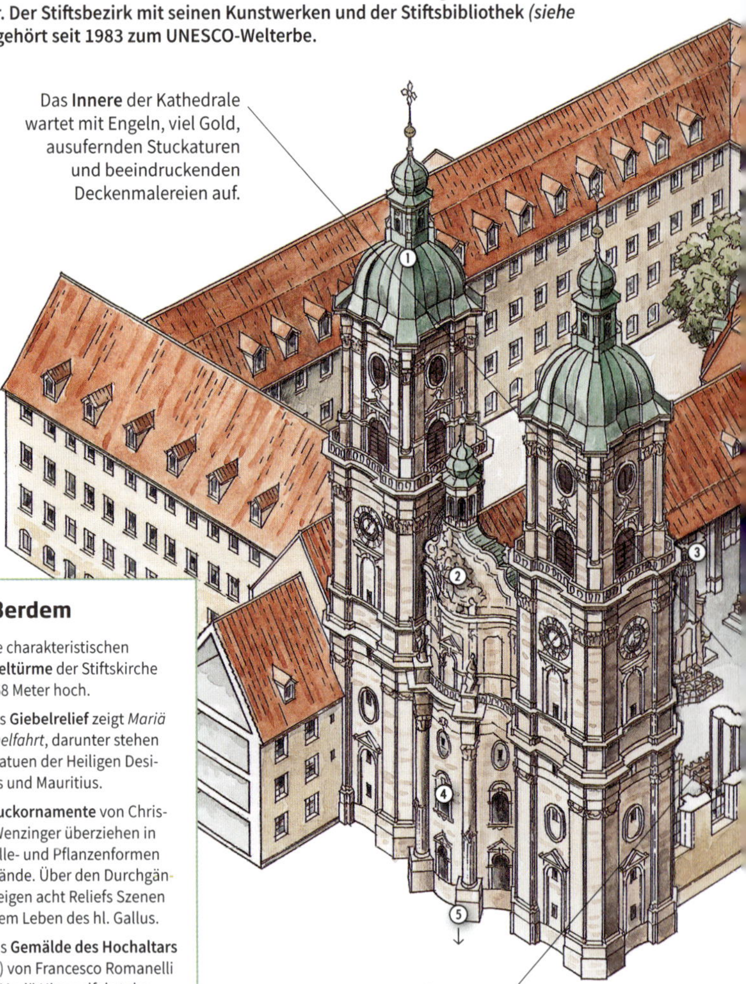

Außerdem

① Die charakteristischen **Doppeltürme** der Stiftskirche sind 68 Meter hoch.

② Das **Giebelrelief** zeigt *Mariä Himmelfahrt*, darunter stehen die Statuen der Heiligen Desiderius und Mauritius.

③ **Stuckornamente** von Christian Wenzinger überziehen in Rocaille- und Pflanzenformen die Wände. Über den Durchgängen zeigen acht Reliefs Szenen aus dem Leben des hl. Gallus.

④ Das **Gemälde des Hochaltars** (1645) von Francesco Romanelli stellt Mariä Himmelfahrt dar. Es wurde später leider stark retuschiert.

⑤ Unter der Kathedrale befindet sich die romanische **Krypta** des Vorgängerbaus.

Inmitten des Chorgestühls stehen zwei **Throne** von Joseph Anton Feuchtmayer, die mit Verzierungen der Brüder Dirr versehen sind.

Die Decke ist mit Fresken von Josef Wannenmacher verziert

Die 16 barocken **Beichtstühle** im Mittelschiff werden von Reliefmedaillons der Künstler Joseph Anton Feuchtmayer und Anton Dirr gekrönt. Sie stammen von 1761–63.

Die spätbarocke **Kanzel** von Anton Dirr zieren Figuren der Evangelisten sowie Engelsfiguren.

Haupteingang

Das barocke **Chorgestühl** (1763–70) mit 84 Sitzen von Joseph Anton Feuchtmayer besteht aus Walnussholz. Es ist vergoldet und mit Gemälden verziert.

Die Hauptorgel in der Stiftskirche – eine von drei – stammt aus dem Jahr 1968

Schloss Oberberg ist das Wahrzeichen von Gossau

6

Gossau

E7 17 990 Bahnhofstr. 25; +41 71 388 41 11 stadtgossau.ch

Gossau ist ein guter Ausgangspunkt für Ausflüge zum Bodensee und in den Kanton Appenzell. Wahrzeichen ist **Schloss Oberberg**, das 1262 erstmals urkundlich erwähnt wurde. Der imposante Bau diente u. a. als Sitz der Abtvögte von St. Gallen und beherbergt seit 1877 eine Gaststätte.

Motorradbegeisterte sollten das **Motorradmuseum Hilti** besuchen. In der größten privaten Motorradsammlung der Schweiz werden ca. 140 Motorräder gezeigt.

Im Norden liegt der größte Privatzoo der Schweiz, das Abenteuerland **Walter Zoo**. Hier leben rund 500 Tiere aus 100 Arten aus aller Welt. Auf dem Gelände befinden sich auch viele Spielmöglichkeiten für Kinder.

Schloss Oberberg
Oberberg 193
schlossoberberg.ch

Motorradmuseum Hilti
Kirchstr. 43 +41 71 385 42 90 nach tel. Vereinbarung

Walter Zoo
Neuchlen 200
+41 71 387 50 50 März–Okt: tägl. 9–18; Nov–Feb: 9–17 walterzoo.ch

7

Stein

F8 1390 Appenzellerland Tourismus AR, Bahnhofstr. 1, Heiden; +41 71 898 33 01 stein-ar.ch

Das Dörfchen Stein liegt zwischen den Flüssen Sitter und Urnäsch mitten in der Appenzeller Hügellandschaft. Im **Appenzeller Volkskunde-Museum** kann man in einer Alpkäserei, einem Webkeller und einem Sticklokal in die frühere Arbeitswelt eintauchen.

In der **Appenzeller Schaukäserei** erfährt man vielerlei rund um den Appenzeller Käse, über seine Entstehung vor mehr als 700 Jahren, die Qualitätsvoraussetzungen und die verschiedenen Sorten. Die Käseköstlichkeiten kann man im Restaurant (Höckli) probieren oder im Shop kaufen.

Aufgrund der Lage zwischen zwei Flüssen mussten die Wege nach Stein tief hinunter in Schluchten geführt werden. Zur Überbrückung der Flüsse wurden gedeckte Holzbrücken gebaut, von welchen noch drei erhalten geblieben sind.

Zwischen dem Weiler Störgel und dem St. Galler Ortsteil Haggen liegt der höchste Fußgängersteg Europas, der die 355 Meter breite Schlucht der Sitter in einer Höhe von bis zu 99 Metern überspannt. Die »Ganggelibrugg« (»wackelige Brücke«) genannte Stahlkonstruktion wurde 1937 erbaut.

Appenzeller Volkskunde-Museum
Dorf 711 +41 71 368 50 56 Di–So 10–17
appenzeller-museum.ch

Appenzeller Schaukäserei
Dorf 711 +41 71 368 50 70 tägl. 9–18:30
schaukaeserei.ch

8

Appenzell

F8 5750 Appenzellerland Tourismus, Hauptgasse 4; +41 71 788 96 41
Stosswallfahrt (Mai)
appenzell.info

Appenzell ist der Hauptort des Kantons Appenzell Innerrhoden. Das Dorf ist das touristische Zentrum des Appenzellerlands. Die meisten Häuser stammen aus der Zeit nach dem Brand von 1560. Viele Fassaden sind wunderschön bemalt.

Im **Museum Appenzell** sind kunsthistorische Sammlungen zu sehen, etwa Gegenstände der Appenzeller Weissküferei, Werke zeitgenössischer Bauernmaler, Fahnen sowie eine Stickereisammlung. Im Obergeschoss gewinnt man dank einer authentischen Gastzimmereinrichtung einen Einblick in die Geschichte des Tourismus.

Das **Kunstmuseum Appenzell** in einem Bau der Architekten Annette Gigon und Mike Guyer zeigt Kunst des 20. und 21. Jahrhunderts sowie Ausstellungen zur eigenen Sammlung.

Die **Kunsthalle Ziegelhütte** in einer Ziegelei aus dem 16. Jahrhundert ist den Malern Carl August Liner (1871–1946) und Carl Walter Liner (1914–1997) gewidmet. Sie dient der Pflege ihres Schaffens sowie der klassischen und zeitgenössischen Musik.

Umgebung: Sechs Kilometer südöstlich von Appenzell erhebt sich der Hohe Kasten (1795 m). In acht Minuten fährt man mit der Seilbahn von Brülisau auf den Gipfel. Dort kann man in einem modernen Panorama-Drehrestaurant die wunderbare Aussicht genießen. Rund um den Gipfel gibt es einen Europa-Rundweg, einen Alpengarten sowie einen Appenzeller Kräutergarten. Wie der Säntis gehört auch der Hohe Kasten zum Alpsteinmassiv, in dem es über 400 Kilometer beschilderte Bergwanderwege gibt sowie mehr als 20 Berggasthäuser zur Rast einladen.

Zehn Kilometer westlich von Appenzell liegt das landwirtschaftlich geprägte Dorf Urnäsch. Typische Appenzeller Häuser bilden rund um den Dorfplatz ein schönes Ensemble. Bekannt ist Urnäsch auch wegen der rege gepflegten Bräuche, etwa den Alpfahrten. Im Appenzeller Brauchtumsmuseum sind u. a. Trachten ausgestellt.

Von Urnäsch führt ein auch im Winter begehbarer Weg zur Schwägalp.

Museum Appenzell
Hauptgasse 4 +41 71 788 96 31 Apr – Okt: Mo – Fr 10 – 12, 13:30 – 17, Sa, So 11 – 17; Nov – März: Di – So 14 – 17 museum.ai.ch

Kunstmuseum Appenzell
Unterrainstr. 5 +41 71 788 18 00 Apr – Okt: Di – Fr 10 – 12, 14 – 17, Sa, So 11 – 17; Nov – März: Di – Sa 14 – 17, So 11 – 17 h-gebertka.ch

Kunsthalle Ziegelhütte
Ziegeleistr. 14 +41 71 788 18 60 wie Kunstmuseum h-gebertka.ch

Schwägalp

F9 Schwägalp-Schwinget (Mitte Aug)

Die Schwägalp liegt auf 1360 Meter Höhe in der Nähe des gleichnamigen Passes. Hier befindet sich die Talstation der Säntis-Schwebebahn *(siehe S. 174f)*, der »Luxus-Bunker« Säntis – das Hotel sowie die **Alpschaukäserei Schwägalp**. Im Sommer bringen über 50 Sennen ihre Alpenmilch in die Käserei.

Mitte August findet hier unter großer Besucherbeteiligung das Schwägalp-Schwinget statt, eine in der Schweiz beliebte Variante des Ringens.

Rund um die Schwägalp befindet sich der NaturErlebnispark Schwägalp/Säntis (www.naturerlebnispark.ch). Auf dem Themenweg Moor erfährt man mehr über die Tier- und Pflanzenwelt sowie die Bewirtschaftungsarten der Moorlandschaft Schwägalp. Der Themenweg Mensch & Umwelt gibt Auskunft über die Geschichte der Säntis-Schwebebahn, aber auch über die Alp- und Forstwirtschaft. Der Themenweg Alpwirtschaft führt in die Arbeit der Sennen ein. Auf dem Themenweg Wald wird klar, wie unverzichtbar Schutzwald ist. Und im Geologie Steinpark erkundet man Gesteinsformationen von der Kreidezeit an.

Alpschaukäserei Schwägalp
+41 71 365 65 65
siehe Website
alpschaukaeserei.ch

Bunt bemalte Häuserfassaden in der Hauptgasse in Appenzell

Restaurants

Gass 17
Traditionelle Appenzeller Gerichte.
Hauptgasse 17, 9050 Appenzell
+41 71 780 17 17
gass17.ch

Henessenmühle
Hervorragende regionale Gerichte.
9200 Gossau
+41 71 385 15 09
henessenmuehli.ch

Ausflug auf den Säntis

Der Säntis ist mit 2502 Metern der höchste Berg im Ostschweizer Alpstein – und von vielen Orten am Bodensee im Blickfeld. Rund um den Säntis und die Schwägalp gibt es ein ausgedehntes Wegenetz zum Wandern. Im Sommer kann man von der Schwägalp in knapp vier Stunden auf den Gipfel wandern, einfacher ist es jedoch, die Schwebebahn zu nehmen. Vom Gipfel hat man eine fantastische Panoramasicht über das Alpsteinmassiv und kann in sechs verschiedene Länder blicken: die Schweiz, Deutschland, Österreich, Liechtenstein, Frankreich und Italien. Für das leibliche Wohl ist auf dem Säntisgipfel bestens gesorgt: Das Panoramarestaurant mit Sonnenterrasse serviert Appenzeller Spezialitäten. In den neuen Erlebniswelten auf dem Gipfel, »Säntis – der Wetterberg« und »Säntis – die Eiswelt«, erfährt man alles über das Wetter am Säntis sowie über Eis, Schnee und Gletscher. Im Sommer kann man am Säntis der Hitze entfliehen, im Winter verwandelt der Schnee den Berg und die Schwägalp in ein wahres Winterwunderland, in dem man schneeschuhwandern oder Schlitten fahren kann.

Säntis-Schwebebahn

Seit 1935 fährt eine Schwebebahn von der Schwägalp in zehn Minuten auf den Gipfel des Säntis. Sie gehört zu den bestfrequentierten Bergbahnen der Schweiz, hat eine Länge von 2307 Metern und überwindet eine Höhe von 1123 Metern.

Wanderrouten am Säntis

Schwägalp ① – Tierwies ② – Säntis ③
Kürzeste Route den Säntis hinauf. Dauer: ca. 3,5 Std.; Anforderung: mittel; offen: Mai – Okt.

Säntis – Schäfler – Ebenalp – Weissbad
Felsige Bergwege bis Schäfler, Alp- und Weidegebiet ab Ebenalp bis Wasserauen. Dauer: 5 Std.; Anforderung: mittel; offen: Juni – Sep.

Säntis – Lisengrat – Rotsteinpass – Meglisalp – Seealpsee – Wasserauen
Die Wege sind stahlseilgesichert. Teils steile Abstiege zum Seealpsee. Dauer: 4,5 Std.; Anforderung: mittel; offen: Juni – Sep.

Säntis – Tierwies – Thurwis – Gamplüt – Wildhaus
Nach einem anspruchsvollen Abstieg bis Thurwis geht es gemütlich nach Gamplüt und von dort ins Tal. Dauer: 4 Std.; Anforderung: mittel; offen: Juni – Sep.

Wetterwarte

1887 wurde auf dem Säntisgipfel eine Wetterstation errichtet. Auf den Gipfel führte ein unterirdisch angelegter, in den Felsen gesprengter Gang, um die Station das ganze Jahr über betreiben zu können.

Erste Berghütte

Bereits 1842 wurde auf dem Säntis die erste Berghütte errichtet, 1846 wurde sie durch ein Gasthaus ersetzt.

»Gwönderfitzig«

Auf dem Gipfel klärt eine permanente Mineralienausstellung über die auf dem Säntis verborgenen Schätze auf. Die Ausstellung wird ergänzt durch einen Film über die Faszination geheimnisvoller Mineralien.

Säntis

Der Name Säntis taucht das erste Mal im 9. Jahrhundert auf. Seine Wurzeln liegen im früh-rätoromanischen Eigennamen Sambatinus (der am Samstag Geborene), womit wohl eine Alp gemeint war. Später wurde der Name auf den Gipfel übertragen und als Semptis oder Sämptis eingedeutscht.

Streckenprofil

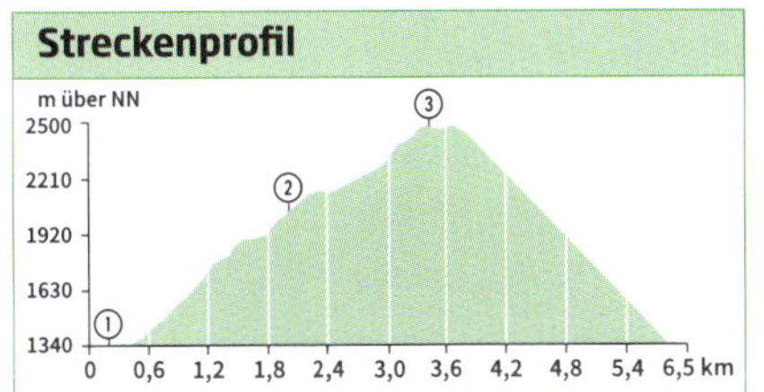

Anfahrt

Die Talstation der Schwebebahn auf den Säntisgipfel befindet sich auf der Schwägalp ①, die auch Ausgangspunkt für Wanderungen auf den Gipfel ist. Sie liegt im Herzen der Ostschweiz, etwa 45 Minuten Autofahrt vom Bodensee entfernt. Für die Zufahrt ist keine Autobahnvignette nötig. Die Schwägalp erreicht man ganzjährig auch mit öffentlichen Verkehrsmitteln.

Säntis-Schwebebahn

CH-9107 Urnäsch
+41 71 365 65 65
saentisbahn.ch

Fahrplan

Feb – Mitte Mai: Mo – Fr 8:30 – 17, Sa, So 8 – 17; Mitte Mai – Mitte Okt: Mo – Fr 7:30 – 18, Sa, So 7:30 – 18:30; Mitte Okt – Jan: tägl. 8:30 – 17

Fahrten alle 30 Min., letzte Bergfahrt 30 Min. vor Fahrplanende.

Events

Das ganze Jahr über

- **Appenzeller Sonntags-Buffet** (10 – 14 in der Event-Halle)
- **Säntis-Zmorge** (Frühstücksbuffet; tägl. bis 10:30)

Im Winter

- **Romantischer Laternliweg** Wanderung auf einem mit Petroleumlampen erleuchteten Weg, danach Essen im Restaurant Schwägalp oder im Gasthaus Passhöhe (Nov – März: Do – Sa).

Sonderfahrten

- **Sonnenaufgangsfahrten** So im Juli, Aug; erste Bergfahrt im Juli: 5 Uhr; im Aug: 6 Uhr.
- **Vollmondfahrten** An jedem Vollmondabend mit Buffet und Musik; Bergfahrten: 18 – 19:30; Talfahrten: ab 21 Uhr.
- **Säntis-Spitzegnoss** Einheimische Küche und Folklore an je einem Abend im Juni und Nov; Bergfahrten: 18 – 19; Talfahrten: ab 22 Uhr.
- **Metzgete »Rond oms Alpschwii«** Feines vom Alpschwein an zwei Wochenenden im Nov; Bergfahrten halbstündl. bis 19:30; Talfahrten halbstündl. (letzte: 22).

Wunderschön bemalte Häuserfassaden in der Stadtmitte von Stein am Rhein (siehe S. 181)

10 Arbon

G6 · 14 950 ·
Schmiedgasse 5; +41 71 531 01 75 · Seenachtsfest (Mitte Juli), Summerdays Festival (Anf. Sep)
arbontourismus.ch

Arbon erhielt seinen Namen von dem römischen Kastell *Arbor felix* (glücklicher Baum). Auf dessen Resten wurde das Schloss erbaut, in dem von 1285 bis 1798 die bischöflichen Vögte residierten. Beim Umbau 1518 blieb nur der Turm erhalten. Heute beherbergt das Schloss ein Café und das **Historische Museum**, das Funde aus der Siedlungsgeschichte zeigt. Ebenfalls auf den Resten des Kastells entstand zum Gedenken an Gallus, der um 640 in Arbon starb, die romanische Galluskapelle.

In der Altstadt stehen schöne Fachwerkhäuser, etwa das Bohlenständerhaus (1471) und das älteste Haus Arbons, der Rollenturm (13. Jh.).

Oldtimerliebhaber sollten das **Saurer Museum** besuchen. Dort sind Nutzfahrzeuge, Stickmaschinen und Webstühle der Firma Saurer ausgestellt.

Umgebung: Drei Kilometer westlich liegt Roggwil mit Schloss Mammertshofen, eine der besterhaltenen mittelalterlichen Burganlagen der Schweiz. Sie wurde im 13. Jahrhundert gebaut, charakteristisch ist der mächtige Bergfried. In seinem Mauerwerk liegen Findlinge, die bis zu drei Tonnen wiegen. Das Schloss ist in Privatbesitz und für Besucher geschlossen.

Historisches Museum
Im Schloss 3 · So 14–17 (Mitte Juni – Mitte Sep: tägl. 14–17) · museum-arbon.ch

Saurer Museum
Weitegasse 8 · tägl. 10–18 · saurermuseum.ch

11 Romanshorn

F5 · 11 300 ·
Friedrichshafnerstr. 55a; +41 71 531 01 31
Sommernachtsfest (Aug)
romanshorn.ch

Obwohl Romanshorn bereits 779 erstmals urkundlich erwähnt wurde, wurde das Dorf erst im 19. Jahrhundert mit dem Bau der Hafenanlage und der Thurtalbahn zu einem wichtigen Verkehrsplatz. Leider hat darunter das Stadtbild etwas gelitten. Aus der Frühzeit ist nur noch die mehrfach umgebaute Kirche St. Maria, Petrus und Gallus erhalten. Direkt am Hafen befindet sich ein Skaterpark mit Rampen, Quarterpipe und Funboxen.

Im größten Bodensee-Hafen widmen sich drei Museen der Technikgeschichte. Das **Museum am Hafen** zeigt Exponate zur Schifffahrt und Eisenbahn. Im **autobau™** sind Renn- und Sportwagen ausgestellt. Und im **Locorama** kann man historische Dampfloks bewundern.

Museum am Hafen
Hafenstr. 31
So 14–17
museumromanshorn.ch

autobau™
Egnacherweg 7 · +41 71 466 00 66 · So 10–17
autobau.ch

Locorama
Egnacherweg 1 · +41 71 460 24 27 · Mai – Okt: So 10–17 · locorama.org

12 Münsterlingen

E5 · 3500 ·
muensterlingen.ch

Münsterlingen entstand 1994 aus der Zusammenlegung der Orte Landschlacht und Scherzingen. Den Namen erhielt die Gemeinde vom Kloster Münsterlingen. Anfang des

Romanshorn ist der größte Hafen am Bodensee

Das Schloss Seeburg in Kreuzlingen liegt im gleichnamigen Park

18. Jahrhunderts wurde das Kloster am heutigen Standpunkt erbaut. Der Barockbaumeister Franz Beer errichtete die Klosterkirche. Vor dem Chorgitter steht die spätgotische Büste des Johannes, die seit 1573 bei jeder Seegfrörne (Zufrieren des Sees, das letzte Mal 1962/63) zwischen Hagnau und Münsterlingen über den See getragen wird. 1848 wurde das Kloster aufgehoben. Heute ist hier das Kantonsspital.

In Landschlacht steht die St. Leonhardskapelle, eine der ältesten romanischen Kapellen im Bodensee-Raum, die ab dem 11. Jahrhundert mit Fresken ausgemalt wurde

13 Kreuzlingen

E5 22 390
Seestr. 45; +41 71 531 01 31
Flohmarkt (Mitte Juni), Seenachtfest (Mitte Aug)
kreuzlingen.ch

Kreuzlingen ist die größte Stadt der Schweiz am Bodensee und geht fast übergangslos in Konstanz über. Die Landesgrenze markieren 22 sechs Meter hohe Tarotskulpturen von Johannes Dörflinger.

Seine Entstehung verdankt Kreuzlingen dem 1125 von Bischof Ulrich I. von Konstanz gegründeten Augustinerstift, heute die Pädagogische Maturitätsschule. Die Stiftsbasilika St. Ulrich und Afra besitzt eine Ölberggruppe (1720) und Gemälde von F. L. Herrmann.

In dem 2,5 Kilometer langen Seeburgpark, einer Mischung aus Erholungs- und Erlebnispark mit Tierpark, beherbergt die alte Kornschütte des Chorherrenstifts das **Seemuseum**, das einen Einblick in die Fischereigeschichte bietet. Im nördlichen Teil liegt die Seeburg, die als Landsitz für Konstanzer Bischöfe erbaut wurde und heute ein Restaurant beherbergt.

Das **Museum Rosenegg** in einer Villa zeigt kulturgeschichtliche Ausstellungen mit Kreuzlingen-Bezug.

Das **Puppenmuseum** auf Schloss Girsberg besitzt eine Sammlung von Puppen, Spielzeug und Spielzeugautomaten. Außerdem gibt es ein Zimmer mit Originalmöbeln und Erinnerungsstücken an Graf Zeppelin, der hier von 1890 bis 1900 arbeitete.

In **Planetarium und Sternwarte** werden Führungen und Beobachtungsabende angeboten. Planetenwege verdeutlichen die Entfernungen im Weltall.

Umgebung: In Wäldi, fünf Kilometer südwestlich von Kreuzlingen, lockt der Napoleonturm Hohenrain (www.napoleonturm-hohenrain.ch) mit einem fantastischen Panoramablick über den Bodensee und seine Landschaft.

In Lipperswil, elf Kilometer südwestlich von Kreuzlingen, liegt der Familienpark **Conny-Land** u. a. mit Seelöwenshows, Achterbahn, Klettergarten und Wasserrutsche.

Seemuseum
Seeweg 3 Nov–Juni: Mi, Sa, So 14–17; Juli–Sep: Di–So 11–17; Okt: Di–So 14–17 seemuseum.ch

Museum Rosenegg
Bärenstr. 6
+41 71 672 81 51
Mi 17–19, Fr, So 14–17
museumrosenegg.ch

Puppenmuseum
Schloss Girsberg
+41 71 672 46 55
1. So im Monat 15–17
schloss-girsberg.ch

Planetarium und Sternwarte
Breitenrainstr. 21
bodensee-planetarium.ch

Conny-Land
Connylandstr. 1
siehe Website
connyland.ch

Restaurants

Seegarten
Gerichte aus Produkten von heimischen Bauern.
Seestr. 66, CH-9320 Arbon
+41 71 447 57 57
hotelseegarten.ch

Schlossrestaurant
Moderne europäische Küche.
Schlossbergstr. 26, CH-8590 Romanshorn
+4171 466 78 00
schlossromanshorn.ch

Schloss Seeburg
Frisch zubereitete Gerichte mit Seeblick.
Seeweg 5, CH-8280 Kreuzlingen
+41 71 688 40 40
schloss-seeburg.ch

14
Gottlieben

E4 330 Kirchstr. 11; +41 71 669 12 82
Sommernachtsfest (Aug)
gottlieben.ch

Gottlieben liegt inmitten der Riedlandschaft am Seerhein. Das Ortsbild prägen schöne Häuser aus dem 17. Jahrhundert und die Wasserburg.

Obwohl Bischof Eberhard II. von Waldenburg 1251 eine Wasserburg baute, um Konstanz als befestigtem Handelsort Konkurrenz zu machen, ist der Ort heute eine der kleinsten Gemeinden der Schweiz. Während des Konzils von Konstanz diente die Burg als Kerker. Das Schloss kaufte 1950 die Opernsängerin Lisa Della Casa (1919–2012).

Im ehemaligen Wohnhaus des Schriftstellers und Dichters **Emanuel von Bodman** (1874–1946) wurde ein Literaturhaus eingerichtet.

Auf kulinarischer Ebene ist der Ort wegen der Gottlieber Hüppen *(siehe S. 26)* bekannt.

Bodman-Haus
Am Dorfplatz 1 +41 71 669 34 80 Mi 14–17 und bei Veranstaltungen
literaturhausthurgau.ch

15
Ermatingen

E4 3640 Bahnhof; +41 71 664 19 09
Groppenfasnacht (März), Gangfischschiessen (Mitte Dez) ermatingen.ch

Das malerische Ermatingen liegt auf einer Landzunge gegenüber der Insel Reichenau. Bekannt ist es vor allem wegen der Groppenfasnacht, die alle drei Jahre drei Wochen vor Ostern stattfindet. Bei diesem Fischer-, Frühlings- und Fasnachtsumzug, der viele Besucher anlockt, wirken etwa 1500 Personen mit.

In dem alten Fischerort stehen einige schöne Fachwerkhäuser, etwa das Rellingsche Schlösschen (1501), das Hotel Adler (Anfang 16. Jh.), der Kehlhof (1694), das Haus Rose (1774), das Haus Schiff (1708).

Das Museum **Vinorama** informiert in der Remise über die Geschichte Ermatingens mit dem Schwerpunkt Weinbau. Das Herrschaftshaus Phönix widmet sich dem herrschaftlichen Wohnen um 1900.

Vinorama
Hauptstr. 62 +41 71 660 01 01 Sa, So 14–17
vinorama-ermatingen.ch

16 
Schloss Arenenberg

D4 Salenstein +41 58 345 74 10 tägl. 10–17 (Okt–März: Di–So) Jan
napoleonmuseum.tg.ch

Auf einer Anhöhe über dem Untersee liegt Schloss Arenenberg. Es wurde 1546–48 erbaut. Nach mehrmaligem Besitzerwechsel kaufte es 1817 die ehemalige Königin von Holland, Hortense de Beauharnais. Hortense, die bis zu ihrem Tod 1837 das Schloss bewohnte, ließ es nach dem damaligen Pariser Geschmack einrichten. Ihr jüngster Sohn Louis Napoléon, der spätere Kaiser Napoléon III, wuchs teilweise in Arenenberg auf. Nach dem Tod des Kaisers schenkte dessen Frau Eugénie 1906 das Schloss dem Kanton Thurgau.

Heute beherbergt Schloss Arenenberg das Napoleonmuseum. Besichtigt werden können u. a. die Zimmer von Hortense, der Salon von Kaiserin Eugénie und das Schlafzimmer von Napoléon III. Rund um das Schloss ist ein französischer Park angelegt.

Schloss Arenenberg liegt sehr idyllisch inmitten eines Parks

17
Steckborn

D4 3840 Seestr. 123; +41 58 346 20 00
Martinimarkt (Nov)
steckborntourismus.ch

Der Ort hat eine kompakte Altstadt mit einer teilweise erhaltenen Stadtmauer, die von Türmen unterbrochen wird, und Fachwerkhäusern. Besonders schön ist das Rathaus (1667). Das Wahrzeichen von Steckborn ist der 1282 erbaute **Turmhof**. Der einstige Sitz der Äbte von Reichenau beherbergt heute ein Museum über die Geschichte der Stadt.

Steckborn ist die Heimat der Bernina Nähmaschinen. Das **Creative Center** bietet einen Ort für kreativen Austausch rund ums Nähen.

Steckborn am Südufer des Untersees wartet mit schönen Fachwerkhäusern auf

Umgebung: Drei Kilometer östlich liegt Berlingen. Hier lebte der Kunstmaler **Adolf Dietrich** (1877–1957). Sein **Haus** dient als Museum.

Museum im Turmhof
Seestr. 84a Mitte Mai – Mitte Okt: Mi, Sa, So 14–17 turmhof-museum.ch

Bernina Creative Center
Seestr. 161 +41 52 762 14 21 Fr 10–12, 14–16 bernina.ch

Adolf Dietrich-Haus
Seestr. 31 +41 58 345 10 60 Mai – Sep: Sa, So 14–18 adolf-dietrich.ch

18

Stein am Rhein

C4 3560 Oberstadt 3; +41 52 632 40 32 nordArt (Aug) tourismus.steinamrhein.ch

Stein am Rhein liegt am Ausfluss des Hochrheins aus dem Untersee. Schon die Römer hatten hier eine Festung gebaut. Heute zählt Stein am Rhein zu den schönsten mittelalterlichen Orten Europas. In der Altstadt steht ein wunderschönes Bürgerhaus neben dem anderen, alle haben bemalte Fassaden, kunstvolle Fachwerkaufbauten, steile Treppengiebel oder markante Erker. Am eindrucksvollsten ist der Marktplatz, der vom Rathaus (1542) überragt wird. Seine Fassadengemälde entstanden um 1900. Die ältesten Fassadenmalereien zieren das Haus zum Weißen Adler gegenüber vom Rathaus.

Südöstlich liegt die ehemalige Benediktinerabtei St. Georgen. Kirche und Kloster sind heute als **Klostermuseum St. Georgen** zugänglich.

Im **Museum Lindwurm** sieht man, wie eine bürgerliche Familie um 1850 wohnte. Im ältesten noch original erhaltenen Haus (1302) zeigt die **KrippenWelt** Krippen aus aller Herren Länder.

Im Stadtteil Burg wurden Reste des römischen Kastells freigelegt. In der Befestigung steht die Johanneskirche, deren Chor mit schönen Wandmalereien geschmückt ist.

Von der Stadt führt eine kleine Brücke auf die Rheininsel Werd, auf der seit 1957 Franziskanermönche leben. Die Kapelle St. Otmar (10. Jh.) steht auf der ehemaligen Grabstätte des ersten Abts von St. Gallen.

Überragt wird die Stadt von der Burg Hohenklingen (1218–67), einst eine Schutzburg, heute ein Restaurant.

Klostermuseum St. Georgen
Fischmarkt 3 Apr – Okt: Di – So 11–17 klostersanktgeorgen.ch

Museum Lindwurm
Understadt 18 +41 52 741 25 12 März – Okt: Di – So 10–17 museum-lindwurm.ch

KrippenWelt
Oberstadt 5 +41 52 721 00 05 Mi – So 10–17; Dez, Jan auch Mo krippenwelt-ag.ch

Stein am Rhein ist bekannt für seine schönen Fachwerkhäuser

REISE-INFOS

Ein Schiff steuert den Hafen von Meersburg an

BODENSEE REISEPLANUNG

Mit etwas Planung sind die Vorbereitungen für die Reise schnell zu erledigen. Die folgenden Seiten bieten Ihnen Tipps und Hinweise für alle Eventualitäten.

Klima

Von Juni bis August scheint die Sonne am längsten. In den Wintermonaten ist es vielerorts oft neblig.

Juli und August sind die wärmsten Monate, im Winter gibt es nur selten Frost.

Niederschlag fällt zu allen Jahreszeiten, der meiste Regen im Sommer. Im Winter kann es auch in den Tieflagen schneien.

Strom

In allen drei Ländern am Bodensee beträgt die Netzspannung 230 Volt bei einer Frequenz von 50 Hertz; flache zweipolige Stecker passen immer.

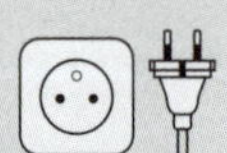

Einreise

Für Bürger aus Mitgliedsstaaten der Europäischen Union und der Schweiz gibt es bei der Ein- und Ausreise keine Grenzkontrollen. Für den Aufenthalt ist jedoch ein gültiger Personalausweis oder Reisepass erforderlich, um sich ausweisen zu können. Auch Kinder jeden Alters benötigen einen eigenen Ausweis.

Sicherheitshinweise

Aufgrund unvorhersehbarer Entwicklungen kann es zu Änderungen und Einschränkungen kommen. Aktuelle Hinweise zur Einreise sowie Sicherheitshinweise finden Sie beim deutschen Auswärtigen Amt (www.auswaertiges-amt.de), beim österreichischen Bundesministerium für europäische und internationale Angelegenheiten (www.bmeia.gv.at) oder beim Eidgenössischen Departement für auswärtige Angelegenheiten der Schweiz (www.eda.admin.ch).

Zoll

Bürger der EU und der Schweiz dürfen Waren für den persönlichen Gebrauch zollfrei aus- und einführen. Es besteht Anmeldepflicht, wenn Sie 10 000 € oder mehr an Barmitteln ein- oder ausführen wollen.

Versicherungen

In Krankheitsfällen genießen EU-Bürger und Bürger der Schweiz aufgrund des europäischen Sozialversicherungsabkommens Krankenversicherungsschutz, wenn sie gesetzlich versichert sind und die Europäische Krankenversicherungskarte (EHIC) mit sich führen. Nicht eingeschlossen sind etwa ein Krankenrücktransport oder Zahnbehandlungen.

Der Abschluss einer zusätzlichen Auslandsreise-Krankenversicherung ist empfehlenswert. Es gibt auch Kombi-Reiseversicherungen für Arztkosten, Diebstahl, Reiserücktritt etc.

Impfungen

Für einen Besuch der Bodensee-Region sind keine Impfungen erforderlich.

Bezahlen

Bargeldloses Bezahlen ist in allen drei Bodensee-Anrainerstaaten üblich. So gut wie alle Hotels, Restaurants und Läden akzeptieren die gängigen Kredit- und Debitkarten. Bargeld bekommen Sie problemlos an Automaten. Unterwegs sollten Sie immer etwas Bargeld für Kleinigkeiten dabeihaben.

Die Telefonnummer des Sperr-Notrufs bei Verlust einer Kredit- oder Debitkarte lautet: +49 116 116.

Unterkunft

Der Bodensee bietet eine große Vielfalt an Unterkünften, von familiengeführten B&Bs, günstigen Herbergen und Campingplätzen bis hin zu luxuriösen Fünf-Sterne-Hotels. Vor allem im Sommer und zu Ferienzeiten sollte man vorab buchen, da der Bodensee eine sehr beliebte Urlaubsdestination ist.

Bei der Unterkunftssuche helfen die jeweiligen Tourismusinformationen und etliche Portale weiter.

W bodensee.de
W bodensee.eu
W bodenseeferien.de
W bodenseehotels.com
W camping-bodensee.de
W gastgeberverzeichnis-bodensee.com

Reisende mit besonderen Bedürfnissen

Meist kommen behinderte Reisende in Deutschland, Österreich und der Schweiz gut zurecht: Öffentliche Gebäude, Ämter, Banken, Museen und Veranstaltungsräume haben fast immer einen barrierefreien Zugang in Form von Rampen oder Aufzügen. Viele Bahnhöfe verfügen über Lifte zu den Gleisen, oft sind absenkbare Rampen in Straßenbahnen und Bussen eingebaut. Viele Strandbäder haben entsprechende Zugänge ins Wasser eingerichtet.

Auf der Schweizer Seite können an einigen E-Bike-Vermietstationen auch behindertengerechte Spezialfahrräder von Draisin ausgeliehen werden. Selbst für Schwerstbehinderte ist es damit möglich, Fahrradausflüge zu unternehmen.

Etliche Hotels am Bodensee bieten spezielle Einrichtungen für behinderte Gäste wie Griffe an den Betten sowie in Badezimmer und Toilette. Manche haben auch größere Badezimmer für Rollstuhlfahrer. Mittlerweile gibt es auch immer mehr Restaurants mit Rampen für Rollstühle.

Auf allen großen Bodensee-Portalen *(siehe S. 190)* findet man entsprechende Abschnitte über barrierefreie Ausflugsziele und Unterkünfte.

Sprache

Offiziell wird rund um den Bodensee Deutsch gesprochen, er gehört jedoch weitgehend zum alemannischen Sprachraum. Badisch und Schwäbisch zählen ebenso zur alemannischen Sprachfamilie wie der Dialekt am österreichischen Ufer in Vorarlberg und das Schweizerdeutsch auf der Schweizer Seite des Bodensees. Somit wird rund um den Bodensee Alemannisch gesprochen. Der Sprachführer »Alemannisch für Anfänger« mit Glossar gibt eine Einführung in diesen Dialekt ab Seite 202.

Öffnungszeiten

Montag Einige Museen und Attraktionen sind an diesem Tag geschlossen.
Sonntag Einige Läden und die meisten Betriebe sind ganztags geschlossen.
Feiertage Schulen, Postämter, Banken sowie die meisten Läden haben geschlossen.

Feiertage

1. Jan	Neujahr
2. Jan	Berchtoldstag (CH)
6. Jan	Heilige Drei Könige
März/Apr	Ostern
1. Mai	Tag der Arbeit
Mai (Do)	Christi Himmelfahrt
Mai/Juni	Pfingsten
Mai/Juni (Do)	Fronleichnam (D, A)
1. Aug	Schweizer Nationalfeiertag
15. Aug	Mariä Himmelfahrt (D, A)
3. Okt	Tag der deutschen Einheit
26. Okt	Österreichischer Nationalfeiertag
1. Nov	Allerheiligen (D, A)
2. Nov	Allerseelen (CH)
25./26. Dez	Weihnachten

AM BODENSEE UNTERWEGS

Ob man nur am See bleibt oder auch das Hinterland erkunden will – hier erfahren Sie, wie Sie Ihre Wunschdestination am besten erreichen und sich in der Region bewegen.

Anreise mit dem Flugzeug

Am Bodensee gibt es zwei Verkehrsflughäfen: Friedrichshafen und St. Gallen-Altenrhein. Den **Bodensee-Airport Friedrichshafen** am Nordufer des Bodensees fliegen Lufthansa-Maschinen aus Frankfurt an. Vom Flughafen Friedrichshafen ist man mit dem Auto, dem Bus, der Bahn – es gibt eine eigene Bahnhaltestelle – oder mit einem Schiff schnell an jedem Ort am Bodensee.

Der **Airport St. Gallen-Altenrhein** am Schweizer Südufer des Bodensees wird vor allem von Privatfliegern genutzt, es gibt aber auch Linienverbindungen der Fluglinie People's von und nach Wien.

Bodensee-Airport Friedrichshafen
W bodensee-airport.eu
Airport St. Gallen-Altenrhein
W airport-stgallen.com

Anreise mit der Bahn

Der Bodensee ist aus allen Richtungen gut mit den Bahnunternehmen der drei Anrainerstaaten zu erreichen. Der Hauptbahnhof Lindau ist der Knotenpunkt im östlichen Bodensee-Raum. Hier halten regelmäßige Fernverbindungen aus und in Richtung München, Salzburg, Linz, Nürnberg und Leipzig. In Lindau kann man dann in Verbindungsbahnen zu Destinationen am ganzen See umsteigen.

Singen im Westen des Sees ist der Umsteigebahnhof für Reisende aus dem Nordwesten Deutschlands. Von dort geht es mit Regionalzügen weiter nach Radolfzell und Überlingen. Konstanz wird von InterCity-Zügen aus Baden-Württemberg und Hessen angefahren.

Bregenz erreicht man von Österreich aus über Innsbruck, Arlberg und Feldkirch, von Deutschland aus über Stuttgart oder München und aus der Schweiz über Zürich und St. Gallen. Zwischen St. Gallen und Zürich Hauptbahnhof/Flughafen verkehrt jede halbe Stunde ein Direktzug. Die Fahrtdauer liegt bei etwa einer Stunde. Des Weiteren verkehren direkte Schnellzüge von Bern, Genf und München nach St. Gallen. Von St. Gallen aus gelangt man mit Regionalzügen zu den Städten und Ortschaften am Schweizer Seeufer.

Anreise mit dem Auto

Der östliche Bodensee mit Lindau und Bregenz ist über die A96 von München aus zu erreichen. Bei Memmingen stößt die A7 auf die A96. Die Bundesstraße B31 führt von Lindau über Friedrichshafen bis nach Ludwigshafen.

Der westliche Bodensee wird durch die A81 von Stuttgart nach Singen (Kreuz Hegau) erschlossen. Von dort geht es über die A98 Richtung Ludwigshafen und über die vierspurige B33 Richtung Radolfzell am Untersee.

In Österreich führen die A12 und die S16 von Innsbruck nach Bregenz. Von Bregenz kommt man auf der A14 ins Rheintal.

In der Schweiz führt die A1 von Zürich via St. Gallen nach Rorschach. Bei Winterthur zweigt die A7 nach Kreuzlingen und weiter nach Konstanz ab.

Öffentlicher Nahverkehr

Regionalzüge

Das Netz von Regionalzügen rund um den Bodensee und ins Hinterland ist sehr gut ausgebaut. Die Bodenseegürtelbahn der **Regio Alb-Bodensee** entlang des nördlichen Seeufers führt von Radolfzell (Stahringen) über Ludwigshafen nach Überlingen und von da über Birnau, Uhldingen und Salem nach Friedrichshafen und von dort nach Lindau.

Auf dem Abschnitt Radolfzell – Friedrichshafen verkehrt die Nahverkehrslinie seehänsele. Außerdem fährt alle zwei Stunden der Interregio-Express Sprinter Ulm – Basel, der allerdings nur in Friedrichshafen, Überlingen und Radolfzell hält. Auf dem Abschnitt Friedrichshafen – Lindau sind Regionalzüge im Abstand von 40 bis 80 Minuten unterwegs.

Zwischen Konstanz und Engen verkehrt die Regionalbahn **seehas**. Sie erschließt die Städte und Gemeinden Engen, Singen, Radolfzell, Allensbach, Reichenau und Konstanz.

Die **Vorarlbergbahn** betreibt die S-Bahn Vorarlberg. Die Züge fahren von Lindau nach Bregenz, von dort nach Dornbirn und Hohenems (und weiter über Feldkirch bis Bludenz). In den Bregenzerwald fahren keine Züge. Hier ist man auf Busse angewiesen. Eine weitere Linie führt von Bregenz über Hard und Lustenau nach St. Margrethen. Dort hat man Anschluss an die S-Bahn nach St. Gallen.

Die Schweizer Regionalbahn **Thurbo** bedient den Regionalverkehr in der Ostschweiz und im Landkreis Konstanz. Befahren werden mehrere Strecken, u. a. von Konstanz/Kreuzlingen am Schweizer Ufer des Untersees entlang mit Anschluss nach St. Gallen.

Die **Appenzeller Bahnen** betreiben Bahnen in den Kantonen Appenzell Innerrhoden, Appenzell Ausserrhoden sowie St. Gallen.

Seit 2022 verkehrt eine S-Bahn (S7) länderübergreifend zwischen Lindau-Reutin und Romanshorn.

Regio Alb-Bodensee
W meine-rab.de
seehas (SBB Konstanz)
W sbb-deutschland.de/strecken/seehas
Vorarlbergbahn
W oebb.at
Thurbo
W thurbo.ch
Appenzeller Bahnen
W appenzellerbahnen.ch

Busse und PostAutos

Der öffentliche Personennahverkehr ins Hinterland wird hauptsächlich von Bussen geleistet. Das Gebiet des Verkehrsverbunds **bodo** umfasst alle Städte und Gemeinden der Landkreise Ravensburg und Lindau sowie des Bodenseekreises. Mit den Bussen fährt man am nördlichen Bodensee-Ufer entlang mit vielen Verbindungen ins Hinterland.

Der **Verkehrsverbund Hegau-Bodensee** bedient u. a. mit Bussen die Strecke zwischen Singen und Konstanz.

Zum **Verkehrsverbund Vorarlberg** gehören u. a. der Landbus Unterland, der das Gebiet rund um Bregenz bedient, sowie der Landbus Bregenzerwald.

Ostwind befährt die Kantone Appenzell Ausserrhoden, Appenzell Innerrhoden, St. Gallen und Thurgau.

Mit dem **PostAuto** kommt man selbst in die kleinsten Dörfer im Appenzellerland.

bodo
W bodo.de
Verkehrsverbund Hegau-Bodensee
W vhb-info.de
Verkehrsverbund Vorarlberg
W vmobil.at
Ostwind
W ostwind.ch
PostAuto
W postauto.ch

Schifffahrt

Die **Bodensee-Schifffahrt** (BSB) bietet von April bis Oktober mit einer Flotte von 15 Schiffen einen regelmäßigen Kursverkehr auf dem gesamten Bodensee an. Eine der wichtigsten, ganzjährigen Verbindungen ist die Autofähre Konstanz–Meersburg. Gemeinsam mit der SBS betreibt die BSB zudem ganzjährig im Stundentakt eine Fährverbindung zwischen Friedrichshafen und Romanshorn.

Zwischen Konstanz und Friedrichshafen verkehren direkt mehrmals täglich drei **Katamarane**. Den Überlinger See befährt **CMS Schifffahrt**. Anlaufstellen sind Bodman, Ludwigshafen, Sipplingen und Überlingen. Die Schiffe der **Personenschifffahrt Giess & Giess** fahren zwischen Überlingen und Wallhausen.

Zwischen Allensbach und der Insel Reichenau verkehrt **Schifffahrt Baumann**. **Schifffahrt Lang** verbindet die Ortschaften auf beiden Seiten des Untersees miteinander. Zwischen der Insel Reichenau und Mannenbach verkehrt die **Solarfähre**.

Heimathafen der **Schweizerischen Bodensee Schifffahrt** (SBS) ist Romanshorn. Von hier aus werden die Schweizer Stationen Rorschach, Horn, Arbon, Altnau, Bottighofen und Kreuzlingen sowie ab Rorschach die Stationen Staad, Altenrhein und Rheineck angelaufen. Die Schiffe fahren auch über den See nach Hagnau, Immenstaad, Lindau, Bad Schachen, Wasserburg, Langenargen, Friedrichshafen, Meersburg und zur Mainau.

Die **Schweizerische Schifffahrtsgesellschaft Untersee und Rhein** bedient den Untersee von Kreuzlingen/Konstanz bis Stein am Rhein und weiter nach Schaffhausen.

Die **Vorarlberg Lines** verkehren mehrmals täglich von Bregenz Richtung Konstanz über Lindau, Wasserburg, Nonnenhorn, Kressbronn, Langenargen, Friedrichshafen, Immenstaad, Hagnau, Meersburg und die Insel Mainau.

Eine Karte der Routen finden Sie auf den *hinteren Umschlaginnenseiten*.

Bodensee-Schifffahrt
W bsb.de
Katamaran-Reederei Bodensee
W der-katamaran.de
CMS Schifffahrt
W cms-schifffahrt.de
Personenschifffahrt Giess & Giess
W personenschifffahrt-bodensee.de
Schifffahrt Baumann
W schifffahrtbaumann.de
Schifffahrt Lang
W schifffahrtlang.de
Solarfähre
W solarfaehre-reichenau.de
Schweizerische Bodensee Schifffahrt
W sbsag.ch
Schweizerische Schifffahrtsgesellschaft Untersee und Rhein
W urh.ch
Vorarlberg Lines
W vorarlberg-lines.at

Tickets

Das **Bodensee Ticket** ist eine länderübergreifende Fahrkarte. Mit der Karte, die es für zwei unterschiedliche Zonen gibt, kann man einen Tag oder drei Tage lang sämtliche öffentlichen Verkehrsmittel nutzen. Ermäßigungen von 25 Prozent erhält man auf Fahrten mit Kursschiffen (ausgenommen Katamaran). Die Karte erhält man an allen Bahnhöfen und Verkaufsstellen der Bahnen.

Mit der **eCard** von bodo, die man online über das Kundenportal bestellen kann, fährt man bargeldlos und mit bis zu 20 Prozent Rabatt mit Bus und Bahn. Sie funktioniert nach dem Check-in/Check-out-Prinzip: Beim Einstieg meldet man sich an (Check-in), beim Ausstieg wieder ab (Check-out).

Mit der **Bodensee Kinderkarte** erhalten Kinder/Enkelkinder zwischen sechs und 15 Jahren in Begleitung ihrer Eltern/Großeltern eine ermäßigte Tageskarte. Sie ist auf allen Kursschiffen und auf bestimmten Ausflugsfahrten gültig. Erhältlich ist sie bei allen Schifffahrtsbetrieben.

Bodensee Ticket
W bodensee-ticket.com
eCard
W bodo-ecard.de
Bodensee Kinderkarte
W bsb.de

Auto

Verkehrsregeln

Die Verkehrsregeln sind in allen drei Bodensee-Anrainerstaaten sehr ähnlich. Überall herrscht Anschnallpflicht. Die Verwendung von Mobiltelefonen ist nur mit Freisprecheinrichtung gestattet. Der Alkoholgehalt im Blut darf bei Fahrern 0,5 Promille nicht überschreiten. Für Motorradfahrer gilt Helmpflicht. Tempolimits siehe *Seite 186*.

Autobahnmaut

In Österreich und der Schweiz gilt auf allen Autobahnen und ausgewiesenen Schnellstraßen Mautpflicht.

In Österreich gibt es Vignetten für zehn Tage (9,60 €), für zwei Monate (28,20 €) und für ein Jahr (93,80 €, alle Preise für 2023).

In der Schweiz braucht man für Nationalstraßen (Autobahnen und Schnellstraßen mit weiß-grüner Beschilderung) eine Vignette. Sie gilt für ein Jahr, es gibt keine Tages-, Wochen- oder Monatsvignetten. Der Preis beträgt 40 Franken für das Jahr 2023.

Fahrrad

Eine sehr gute Möglichkeit, den Bodensee und die Umgebung in all seinen Facetten kennenzulernen, ist eine Fahrradtour. Ausleihmöglichkeiten gibt es rund um den See, etwa in Sportgeschäften, bei Hotels, Fahrradvermietungen oder Tourismusinformationen. Auch an den Bahnhöfen der drei Bahngesellschaften DB, ÖBB und SBB lassen sich in den Sommermonaten Fahrräder mieten. Wenn man sich für ein E-Bike entscheidet, ist das Ganze auch noch ohne Kraftanstrengung zu haben. Es gibt auch immer mehr Akkuwechselstationen, damit die Tour bequem weitergehen kann.

Da die Radwege am Bodensee größtenteils auf eigenen Wegen verlaufen, muss man sich auch nicht groß um den Verkehr kümmern. Ein großer Vorteil, am See zu radeln, besteht auch darin, dass sämtliche Schifffahrtsbetriebe (ebenso wie Züge) auch Fahrräder mitnehmen. Das bedeutet, dass man Streckenabschnitte mit dem Schiff bewältigen oder mit Schiff oder Zug bequem an den Ausgangspunkt zurückkehren kann.

Der Bodensee-Radweg, der durch drei Länder führt *(siehe S. 86–93)*, gehört zu den beliebtesten Radwegen Europas. Die Route verläuft teils sehr nah am Ufer, teils auch etwas weiter weg im attraktiven Umland. Wachsender Beliebtheit erfreut sich bei Radfahrern der Gepäcktransport. Dabei wird das Gepäck von einem Hotel zum nächsten Zielort gebracht. Man kann diesen Service im Voraus buchen oder kurz entschlossen auch erst am Tag davor. Viele Veranstalter haben Pauschalangebote für unterschiedliche Bodensee-Radtouren, bei denen auch die Übernachtungen schon gebucht sind.

Egal, ob man nur für wenige Stunden oder mehrere Tage mit dem Fahrrad unterwegs ist, man sollte immer einen Helm tragen.

Wandern

Die Landschaft rund um den Bodensee ist so abwechslungsreich, dass sie sowohl für Spaziergänger als auch für ambitionierte Wanderer viele Möglichkeiten bereithält. Etliche Ortschaften rund um den See haben Themenwege angelegt, auf denen man mehr über Natur und Anbaumethoden erfährt.

Für Bergtouren eignen sich Wanderungen auf den Säntis, etwas gemütlicher ist die Besteigung des Pfänder. Natürlich gibt es auch einen **Bodensee-Rundwanderweg**. Für die rund 270 Kilometer sollte man mindestens zehn Tage einkalkulieren. Wie beim Bodensee-Radweg kann man auch nur Teilstücke absolvieren. Die Markierung des Bodensee-Rundwegs ist ein rechtsgerundeter Pfeil um einen blauen Punkt.

Zwischen Konstanz und Überlingen verläuft der **Premiumwanderweg SeeGang**. In vier Etappen geht es zuerst von Konstanz über die Blumeninsel Mainau nach Wallhausen, dann über den Bodanrück nach Bodman. Etappe drei führt von Bodman durch das Aachried nach Ludwigshafen und auf dem Blütenweg nach Sipplingen. Den Abschluss bildet die Strecke von Sipplingen durch die Steiluferlandschaft nach Überlingen.

Bodensee-Rundwanderweg
W wildganz.com
Premiumwanderweg SeeGang
W premiumwanderweg-seegang.de

Helikopter, Ballon und Zeppelin

Aus der Luft bekommt man vom Bodensee und der Umgebung einen einmaligen Eindruck. Für Technikbegeisterte ist der Flug mit einem **Helikopter** die spannendste Variante. Ebenso interessant ist jedoch die Fahrt mit einem **Zeppelin**. Schließlich ist Friedrichshafen die »Geburtsstadt« des Zeppelins. **Ballonfahrten** haben einen ganz eigenen Charme. Man hilft bei Auf- und Abbau, und es gibt keine festgelegte Route, denn die Fahrtrichtung des Ballons bestimmt der Wind.

Helikopter
W bodensee-helicopter.de
W heli-flights.de
W konair.de
Zeppelin
W zeppelinflug.de
Ballon
W ballonfahrten-allgäu-bodensee.de
W ballonfahrten-bodensee.de
W ballonwittwer.ch

Segelboote und Kanus

Eine Bootsfahrt ist immer ein Erlebnis. Mehrere Unternehmen bieten das Chartern von Segelbooten und Katamaranen an. Falls Sie nicht über das Bodenseeschifferpatent verfügen, ist das Boot auch mit Skipper zu haben. Möchte man windunabhängiger sein, kann man bei vielen kleineren Schifffahrtsbetrieben Boote chartern, u. a. auch die **Solarfähre »Sole Mio«**.

Etwas gemächlicher kommen Sie mit einem Kanu voran. Ein Vorteil ist, dass man die Tour überall unterbrechen kann, da sich die Kanus leicht ans Ufer ziehen lassen. An zahlreichen Stationen verschiedener Anbieter können Sie Kanus mieten.

Infos über Charterunternehmen und Ausleihstationen erhalten Sie bei den Tourismusinformationen vor Ort oder bei **Boatfinder**.

Solarfähre »Sole Mio«
W de-de.facebook.com/solarfaehre
Boatfinder
W bodensee.boat-finder.de

PRAKTISCHE HINWEISE

Ein paar wenige Kenntnisse der lokalen Gegebenheiten genügen – hier finden Sie die wichtigsten Hinweise und Tipps für Ihren Aufenthalt in der Bodensee-Region.

Auf einen Blick

Notrufnummern

Europäische Notrufnummer	Ambulanz, Feuerwehr
112	**112**
Polizei	**Ärztlicher Bereitschaftsdienst**
110	**116117**

Zeit

MEZ (Mitteleuropäische Zeit); von Ende März bis Ende Oktober MESZ (Mitteleuropäische Sommerzeit)

Leitungswasser

Falls nicht anders angegeben, ist Leitungswasser trinkbar. Trinken Sie nicht aus Brunnen.

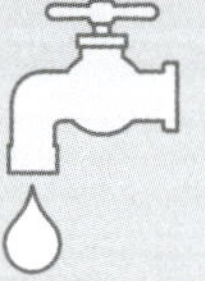

Websites und Apps

W bodensee.eu
Offizielle Website der Tourismusorganisation der Vierländerregion.

W bodensee-vorarlberg.com
Offizielle Website von Bodensee-Vorarlberg Tourismus.

W echt-bodensee.de
Website des deutschen Bodensees mit entsprechender App zum Herunterladen.

W blue360.eu
Der Bodensee virtuell.

W bodenseetouren.eu
Tourenportal für Radfahren, Wandern & Co am Bodensee.

Persönliche Sicherheit

Die Bodensee-Region ist ein sicheres Reisegebiet. Besucher werden kaum mit Kriminalität konfrontiert. Man sollte lediglich wegen Taschendieben vorsichtig sein. Polizei und Notdienste sind gegebenenfalls in allen drei Ländern schnell zur Stelle. Wird Ihnen etwas gestohlen, melden Sie dies unverzüglich auf dem nächsten Polizeirevier. Für Ihre Versicherung brauchen Sie unbedingt ein Polizeiprotokoll.

Vorsicht ist bei sportlichen Aktivitäten auf dem See geboten, da das Wetter schnell umschlagen kann. Der Sturmwarndienst mit mehr als 60 Warnleuchten rings um den See operiert mit orangefarbenen Blitzlichtern. 40 Blitze pro Minute bedeuten Starkwindwarnung, 90 Blitze pro Minute Sturmwarnung. Wenn Sie mit einem Boot unterwegs sind, sollten Sie schon bei Starkwindwarnung sofort den nächsten Anlegeplatz/Hafen aufsuchen.

Gesundheit

Machen Sie als Deutsche/r Urlaub im eigenen Land, brauchen Sie sich um Ihre Krankenversicherung keine Gedanken zu machen, denn natürlich ist jeder bundesweit für ärztliche Leistungen versichert. Auch für Aufenthalte in Österreich und in der Schweiz ist die Versorgung bzw. Kostenrückerstattung im Fall einer Krankheit oder eines Unfalls über die Europäische Krankenversichertenkarte (EHIC) abgesichert. Achtung: Bei gesetzlichen Versicherungen ist meist kein Rücktransport nach einer schweren Erkrankung oder einem Unfall im Ausland enthalten. Dafür müssen Sie eine Auslandskrankenversicherung abschließen.

Falls Ihr Gesundheitsproblem nicht ganz so akut ist, erfahren Sie Adresse und Telefonnummer des nächsten Arztes oder der nächsten Apotheke in Ihrem Hotel, bei der Tourismusinfo oder in der örtlichen Tageszeitung.

Portal für Arztsuche
W med-kolleg.de
Portal für Apotheken und Notdienste
W apotheken.de

Rauchen, Alkohol und Drogen

In Baden-Württemberg ist das Rauchen in Lokalen erlaubt, wenn hierfür ein abgetrennter Nebenraum eingerichtet ist. In Bayern ist das Rauchen in den Innenräumen aller Gaststätten verboten. In Vorarlberg gilt seit November 2019 das Rauchverbot in der Gastronomie. Im Kanton St. Gallen besteht die Möglichkeit, zum Rauchen abgetrennte Räume zur Verfügung zu stellen. Im Thurgau sind Rauchräume und -lokale gestattet.

Das Fahren unter Alkoholeinfluss ist in allen drei Anrainerstaaten verboten. Der Grenzwert liegt für Auto- und Motorradfahrer bei 0,5 Promille, als Schiffsführer auf dem Bodensee beträgt die Promillegrenze 0,8.

Für Drogenbesitz gibt es je nach Art des Betäubungsmittels in allen drei Ländern am Bodensee schwere Strafen.

Etikette

Grundsätzlich geht es am Bodensee sehr leger zu, man sollte sich jedoch für festliche Anlässe wie etwa Festspiele und für den Besuch eines Gourmetrestaurants auch entsprechend kleiden.

Sind Sie mit einer erbrachten Leistung zufrieden, sollten Sie Trinkgeld geben. In Restaurants und bei Taxifahrten sollten das etwa zehn Prozent des Rechnungsbetrags sein. Der Hotelservice freut sich über zwei Euro am Tag, Gepäckträger über einen Euro pro Koffer.

LGBTQ+

Am Bodensee werden in allen drei Ländern LGBTQ+ Rechte respektiert. Auf der Website von **Queer Lake** findet man Festivals und Events, Organisationen sowie News rund um den Bodensee.

Queer Lake
W queer-lake.net

Mobiltelefone und WLAN

Alle in Europa gängigen GSM- und UMTS-Handys und Smartphones funktionieren in Deutschland, Österreich und der Schweiz problemlos. Seit 2017 sind sämtliche Roaming-Gebühren in der EU, aber nicht in der Schweiz entfallen. Falls Sie in Ihrem Mobiltelefon die automatische Netzwahl eingeschaltet haben, kann es am Bodensee passieren, dass sich Ihr Gerät in das Schweizer Netz einbucht, selbst wenn Sie sich in Deutschland oder Österreich befinden. Schalten Sie deshalb »Automatische Netzwahl« besser ab.

Kostenloses WLAN gibt es an vielen Plätzen wie Hotels, Läden, Restaurants, Cafés, Bahnhöfen und Häfen rund um den See.

Post

Die Post arbeitet in allen drei Bodensee-Ländern zuverlässig und effektiv. Eine Postkarte kostet in Deutschland 70 Cent, ein Standardbrief bis 20 Gramm 85 Cent, in Österreich 74/85 Cent und in der Schweiz 0,90 Franken.

Mehrwertsteuer-Rückerstattung Schweiz

Der normale Mehrwertsteuersatz liegt in der Schweiz bei 7,7 Prozent. Zwar kann man sich ab einem Warenwert von 400 Franken die Schweizer Mehrwertsteuer rückerstatten lassen, muss aber dann beim Import die Einfuhrumsatzsteuer (in Deutschland 19 Prozent) bezahlen – kein guter Deal.

Besucherpässe

Mit der **Bodensee Card plus** für drei oder sieben einzeln wählbare Tage (Erwachsene: 72/114 €; Kinder 6–15: 43/69 €) erhält man zu über 160 Ausflugs- und Freizeitzielen in allen drei Ländern kostenlosen oder ermäßigten Eintritt und hat freie Fahrt mit den Linienschiffen.

In vielen Orten am Bodensee erhalten Gäste eine Gästekarte von Ihrem Gastgeber. Diese sind im Übernachtungspreis (bzw. in der Kurtaxe) inbegriffen. Je nach Art berechtigt die Gästekarte zur freien Fahrt mit dem öffentlichen Nahverkehr (Bus, Bahn) und bringt Vorteile bei ausgewählten Sehenswürdigkeiten in der Region mit sich. In St. Gallen gibt es zum Beispiel in Hotels das »Mobility-Ticket St. Gallen-Bodensee«.

Die **Bodensee-Vorarlberg Freizeitkarte** für einen, zwei oder drei Tage (Erwachsene: 16/25/32 €; Kinder 6–15: 8/12,50/16 €) bietet für über 50 Sehenswürdigkeiten und Ausflugsziele sowie für öffentliche Verkehrsmittel Ermäßigungen.

Bodensee Card plus
W bodensee.eu
Bodensee-Vorarlberg Freizeitkarte
W bodensee-vorarlberg.com

REGISTER

Seitenzahlen in **fetter** Schrift verweisen auf Haupteinträge.

A

B

C

D

E

F

G

H

I

J

K

L

M

N

O

P

Q

R

T

U

V

W

Z

ALEMANNISCH FÜR ANFÄNGER

Die Römer gehen …

Als sich die Römer im 5. Jahrhundert aus der Provinz Raetia und der Region rund um den Bodensee zurückzogen, siedelten dort bereits seit langer Zeit keltische Gruppen – die Kelten hatten ja bekanntermaßen schon immer ein Faible für Grundstücke mit See- und Bergblick. Aber auch so mancher Römer wusste den Reiz der Landschaft und das milde Klima zu würdigen. Und so kann man sich gut vorstellen, dass sich der eine oder andere auf seinem **Guëtshof** oder in seinem **Buurehuus** so wohlfühlte, dass er auch ohne römische Verwaltung ganz gern dablieb.

… und die Germanen kommen

In den Jahrzehnten vor und nach dem römischen Rückzug ließen sich zudem immer mehr germanische Einwanderer in dem Gebiet rund um den Bodensee nieder. Die Neuankömmlinge waren wie viele andere zu jener Zeit in Europa durch die große Völkerwanderung von einer Ecke des Kontinents in eine andere gespült worden. Offensichtlich kamen die Immigranten in durchwachsenen Grüppchen, denn der germanische Name, unter dem sie in die Geschichte eingingen, bedeutet im übertragenen Sinn wohl so viel wie »alle Männer« oder »alle wehrpflichtigen Männer« oder aber »bunt zusammengewürfelte Menschen«: **Alemannen**.

Typisch deutsch?!

Im Französischen sind die alemannischen *Alémans* als nächste Nachbarn gleichbedeutend mit den deutschen *Allemands* geworden. Übernommen haben dies auch die Spanier und Portugiesen, die die Deutschen *alemanes* beziehungsweise *alemães* nennen. Und selbst im Türkischen sind die Deutschen alemannische *Almanlar*.

In der Sprachwissenschaft ist das Alemannische hingegen die Bezeichnung für die deutschen Dialekte, die insgesamt rund zwölf Millionen Menschen im Elsass und im österreichischen Vorarlberg, in der Schweiz und in Liechtenstein, in einigen winzigen Sprachinseln in Norditalien sowie grob gesagt im Südwesten Deutschlands **schwätzen**. Dabei tut sich so manche Plaudertasche in Vorarlberg **schwätzgoschig** beim **Pläfora** hervor, im Badischen dagegen so mancher **Babbler** mit einer **Schnorra** beim **Schnorra**.

Alle Mannen am See

So mag der Bodensee heute politisch zwar zu drei verschiedenen Ländern gehören, sprachlich ist er jedoch fest geeint. Denn rund um den See wird ausnahmslos Alemannisch gesprochen, wenn auch in nuancenreichen Varianten: Badisch oder Bodenseealemannisch im Westen und Nordwesten, Schwäbisch im Nordosten und mit Vorarlbergerisch und Schwyzerdütsch Hochalemannisch im Südosten beziehungsweise Süden.

Die Ohren offen halten

Die Feinheiten und Unterschiede der verschiedenen Mundarten wird man als Gast, **Zuëgreister** oder **Hergloffener** teilweise hören, aber nur selten oder nach reichlich Übung zuordnen können. Das ist nicht weiter schlimm, sondern eine Wissenschaft für sich und ein lohnendes und beliebtes Thema für Sprachforscher. Diese finden in der ganzen Region einen wahren Schatz an wunderbaren Wörtern, Ausdrücken und Redewendungen, die mit ihrer Bildhaftigkeit jedem, der kein **Trochehüüler** ist, sondern ein Fünkchen Humor besitzt, ein Lächeln ins Gesicht zaubern. Wer auf einige Kostproben dieser Sprachmacht **wunderfitzig** oder **wündrig** ist, kann sich auf einen schönen **Basseltang** gefasst machen.

Dabei wundert er sich vielleicht, warum ein Mensch, der **partu** nur isst, was ihm schmeckt, **Schneiger** genannt wird. Deutlicher ist der Zusammenhang beim **Hosischisser** oder **Ducklimuuser** und natürlich bei der **Großgosche**. Dass es in der Nähe des Sees häufig **luftet** und man für die vielen **Mugge** einen **Muggedatscher** braucht, versteht sich von selbst. Und dass ein **Muggesäckele** nur eine winzige Maßeinheit sein kann, auch. Wer dagegen den Zusammenhang zwischen dem Namen und der Form der äußerst beliebten **Buëbespitzle** nicht versteht, ist wahrscheinlich gerade **tuubedänzig** und hat deshalb gar keinen Sinn zum klaren Denken. In diesem Zustand kann man aber auch nicht **schaffen** oder gar **oxen** und muss **umenonder gingele**, damit einem nicht **drimmlig** oder **sürmlig** wird.

Kleine Fallstricke

Wer kein alemannischer Muttersprachler ist, für den reicht es, diese und viele andere fabelhaften Ausdrücke zu entdecken und nach und nach zu verstehen. Man sollte sich jedoch nicht dazu verleiten lassen, selbst alemannischen Dialekt nachzumachen – die richtige Aussprache wird man kaum treffen, und nur allzu schnell steht man dann als **Dubel**, **Simpel**, **Sürmel** oder gar **Bachel** oder **Seggel** da. Diese Regel gilt aber nicht für Konstanz, das immer und in allen Fällen **Konschtanz** heißt.

Darüber hinaus sollte man als Nicht-Alemanne vielleicht wissen, dass es nicht unbedingt charmant ist, wenn auf Schweizer Seite von **Schwaben** die Rede ist. Denn damit meint man oft nicht die Schwaben im Besonderen, sondern Deutsche im Allgemeinen. Andererseits gilt es auch nicht als charmant, Badener als Schwaben und umgekehrt zu bezeichnen. Auf die Differenzierung wird bei beiden Gruppen heftig gepocht, unter anderem mit einer Unzahl von Witzen über den jeweiligen Nachbarn. Auch reagieren Badener manchmal **verschnupft**, wenn man sie Badenser nennt – warum, ist ehrlich gesagt nicht so ganz klar und wird häufig mit **Liideschaft dischgeriert**.

Die feinen Unterschiede

In der Regel werden einem als Gast viele feine Unterschiede verborgen bleiben, doch manche Besonderheiten der Mundarten können auch ungeübte Ohren ausmachen. So wechselt etwa je nach Region die **Kartoffel** ihren Namen vom Erdapfel über die Bodenbirne zur Grundbirne, besser gesagt vom **Erdöpfel** über die **Bodabiera** zur **Grumbiere** oder **Chrumbiere**. Und der **Feldsalat**, der in der Schweiz als **Nüsslisalat** schmeckt, wird im Schwäbischen zum **Aggrsalat** oder **Nisselsalat** und im Badischen zum **Döchderlesalat** oder gar zum poetischen **Sunnewirbele**. Mancherorts ist ein Sunnewirbele jedoch ein Löwenzahn – anschaulicher und treffender lässt sich die goldgelb strahlende Blüte der Blume kaum beschreiben.

Die Usschprooch

Regionale Abweichungen zeigen sich aber auch in der Aussprache. So ändert sich Richtung Schweiz das »k« ziemlich deutlich zum kehligeren »ch«. Aus dem Küchenschrank wird hier der **Chuchichaschte**. Der steht – wo auch sonst – in der **Chuchi**, in der wiederum gern Kuchen mit **Chriesi** gebacken wird, die auf der deutschen Seite **Griesa** oder **Kriesi** heißen und im Rest der Republik Kirschen. Diese werden häufig zu **Kriesikratzete** oder **Chriesichratzete** verarbeitet – zu einem lockeren, luftigen Kirschenschmarrn aus feinem Pfannkuchenteig. **Kratzete** ohne Kirschen, dafür jedoch knusprig ausgebraten, sind zudem die klassische Beilage zu Spargel.

Das Schwäbische wiederum unterscheidet sich von den anderen alemannischen Mundarten am Bodensee durch seine Doppellaute. Hat man nämlich etwa im Schwäbischen in seinem Häusle Zeit zum Zeitunglesen, braucht man im Badischen dagegen **Zit**, um in seinem **Huus** die **Zittig** zu lesen. Dabei kommt man bei den Klatschnachrichten nicht nur als **wündrige Rätschbase** und **Raffle** auf seine Kosten.

Ein Schtumpe zum Schtümple

Trotz aller Unterschiede bieten die alemannischen Dialekte rund um den Bodensee jedoch vor allem große Gemeinsamkeiten. Typisch ist für alle Mundarten das »sch«, das untrennbar mit dem »t« und »p« verbunden ist und sich auch sonst in zahlreiche Wörter einschleicht. So rauchen bevorzugt ältere Herren ihre **Schtumpen** und leeren zum wohlverdienten **Fiirobe** auch noch das letzte **Schtümple** aus der Weinflasche, wohingegen Kleinkindern – für Uneingeweihte irritierenderweise – der **Schoppe** schmeckt. Tatsächlich handelt es sich dabei um ein kindgerechtes Fläschchen Milch, wohingegen Erwachsene am **Obe** lieber ein **Viertele schlotzen**, vorzugsweise mit dem **Gschpusi**. Wen es im Hals kratzt, der **schlotzt** dagegen ein **Huschdeguëtzle** und zieht sich eine **Tschoppe** an zum **Uffwärme**.

Einig sind sich zudem alle Mundarten, dass sie bei der Bezeichnung der Wochentage von **Mäntig** bis **Sunntig** in verschiedenen Variationen lieber vom hellen »tig« als vom dunklen »tag« sprechen. Eine Besonderheit ist der **Zischtig**, der Dienstag. Dieser war bei den Römern dem Kriegsgott Mars gewidmet, als die Germanen die Bezeichnungen für die siebentägige Woche übernahmen, setzten sie anstelle des römischen den Namen ihres eigenen Kriegsgottes Ziu ein. Aus dieser Übersetzung entstand der Ziostag, der sich im Alemannischen von Zaischdig bis Zischtig erhalten hat.

Vom gleichen Schlag

Darüber hinaus lässt sich durch die Sprache deutlich erkennen, dass die Menschen rund um den See eine ähnliche Lebenseinstellung vereint. Heißt es im Schwäbischen »Raffe, schaffe, Häusle baue«, toppt dies der Vorarlberger mit **Schaffa, schpära, husa – d'Katz varkofa, selbar musa**. Andererseits plädiert man im **Ländle**, wie die Vorarlberger ihre Heimat nennen, auch für das Gegenteil dieses strengen Mottos: **Liabr an Buuch vom Fressa als an Buckl vom Schaffa**. Das lässt sich leichter unterschreiben.

Grammatik für Eingeweihte

Einigkeit herrscht zudem, wenn es um Relativsätze geht. Ein nacktes »der«, »die« oder »das« kommt nicht infrage, sondern wird entweder durch ein »wo« ergänzt oder ganz ersetzt. So spricht man nicht vom Mann, der drüben sitzt, sondern vom **Ma, der wo driaba hockt** oder vom **Ma, wo driaba hockt**. Eine besonders elegante Relativkonstruktion kennen Fußballfans mit **Mir sin die wo gwinne welle**. Sie wurde zur Erheiterung des Fußball- und Antifußballvolks zwei – übrigens astrein alemannischen – Nationaltrainern in den Mund gelegt und ist nicht nur am Bodensee in den allgemeinen Sprachgebrauch übergegangen.

Bei den Gsibergern

Höhere alemannische Weihen erhält, wem auffällt, dass Schwaben **ganget**, wenn sie zu Fuß unterwegs sind, und Badener **gond**, wenn sie gehen. Und wenn sie irgendwo gewesen sind, sind Schwaben **gwä**, Badener, Schweizer und Vorarlberger dagegen **gsi** oder **debi gsi si**. Sie sind also »ge-sein« oder »dabei ge-sein sein« – eigentlich ganz logisch. Leider nur folgen die restlichen deutschen Mundarten und vor allem das Hochdeutsche nicht dieser vorbildlichen sprachlichen Stringenz. Die Vorarlberger nehmen es aber dennoch nicht übel, dass sie in Österreich **Xsi** oder **Gsiberger** genannt werden – ist ja auch freundlich gemeint. Anstoß an diesem Spitznamen oder gar am **gsi** selbst nehmen nur die **Düpflischisser** oder **Heftlimacher**, die es nun mal überall gibt.

Von Barbara Rusch

GLOSSAR

Buur	**Bauer**
Buurehuus	**Bauernhaus, dementsprechend z. B. auch Buurebrot für Bauernbrot**
Guëtshof	**Gutshof**
schwätzen	**reden, sprechen**
schwätzgoschig	**gesprächig, redselig, verschwatzt**
pläfora	**viel plaudern**
Babbler	**Schwätzer**
Schnorra	**böses Mundwerk**
schnorra	**viel reden**
Zuëgreister	**Zugereister**
Hergloffener	**Dahergelaufener, Zugereister**
Trochehüüler	**»Trockenheuler«, einer, der ohne Tränen weint, ein Heuchler oder auch ein humorloser Mensch**
Wunderfitz	**Neugier**
wunderfitzig	**neugierig**
wündrig	**neugierig**
Basseltang	**Zeitvertreib, von französisch: *passer le temps***
partu	**unbedingt, absolut**
Schneiger	**eine Person, die nur isst, was ihr schmeckt**
Hosischisser	**Angsthase, Hosenscheißer**
Ducklimuuser	**Duckmäuser, Feigling**
Großgosche	**Schwätzer, Großmaul, Angeber**
Gosche	**Mund, dementsprechend auch Goschehobel für Mundharmonika**
gosche	**maulen, schimpfen, meckern**
luften	**winden, wenn es luftet, weht der Wind**
Mugge	**Mücke, Fliege**
Muggedatscher	**Fliegenklatsche**
Muggesäckele	**»Fliegenpenis«, die kleinste mögliche Maßeinheit für Längen**
Buëbespitzle	**Schupfnudeln, die Form erinnert genau an das, was einem bei der Bezeichnung in den Sinn kommt**
tuubedänzig	**wirr im Kopf, verwirrt**
schaffen	**arbeiten**
oxen	**schuften**
umenonder gingele	**beim Arbeiten mit nutzlosen Aktivitäten beschäftigt tun**
drimmlig	**schwindlig, taumelig, auch fidledrimmlig**
sürmlig	**schwindlig, taumelig**
Dubel	**Dussel, Dummkopf**
Simpel	**Dussel, Dummkopf**
Sürmel	**Dussel, Dummkopf**
Bachel	**Idiot**
Seggel	**Idiot, in der Steigerung wird der Lumbeseggel zum Nichtsnutz**
verschnupft	**beleidigt**
Liideschaft	**Leidenschaft**
dischgerieren	**diskutieren**
Erdöpfel	**Kartoffel**
Bodabiera	**Kartoffel**
Grumbiere	**Kartoffel**
Chrumbiere	**Kartoffel**
Nüsslisalat	**Feldsalat**
Aggrsalat	**Feldsalat**
Nisselsalat	**Feldsalat**
Döchderlesalat	**Feldsalat**
Sunnewirbele	**Feldsalat oder Löwenzahn**
Usschprooch	**Aussprache**
Chuchichaschte	**Küchenschrank**
Chuchi	**Küche**
Chriesi, Kriesi	**Kirschen**
Griesa	**Kirschen**
Chriesichratzete	**Kirschenschmarrn**
Kratzete	**zerteilter Pfannkuchenteig, ähnlich einem Schmarrn, knusprig ausgebraten eine klassische Beilage u. a. zu Spargel**
Zit	**Zeit**
Huus	**Haus, im Plural Hüüser oder Hieser, dementsprechend z. B. auch Chrankehuus für Krankenhaus oder Tuubehuus für Taubenhaus**
Zittig	**Zeitung Die Nachsilbe -ung wird oft zu -ig, z. B. in Leitig für Leitung oder Unterhaltig für Unterhaltung**
Rätschbase	**Klatschbase**
Raffle	**Klatschmaul, Lästerer, Schwätzer**
Schtumpe	**Stumpen, Zigarre**
Fiirobe	**Feierabend**
Schtümple	**letzter Rest in der Weinflasche**
Schoppe	**Schoppen, Babyflasche**
Obe	**Abend**
Viertele	**Viertel Wein**
schlotzen	**trinken, lecken, lutschen**
Gschpusi	**Freund, Freundin**
Huschdeguëtzle	**Hustenbonbon**
Tschoppe	**Jacke, Männersakko**
uffwärme	**aufwärmen**
Mäntig	**Montag**
Zischtig	**Dienstag**
Middwuch	**Mittwoch**
Dunnschtig	**Donnerstag**
Frittig	**Freitag**
Samschtig	**Samstag**
Sunntig	**Sonntag**
Schaffa, schpära, husa – d'Katz varkofa, selbar musa	**Arbeiten, sparen, haushalten – die Katze verkaufen und selbst die Mäuse jagen**
Liabr an Buuch vom Fressa als an Buckl vom Schaffa	**Lieber einen Bauch vom Essen als einen Buckel vom Arbeiten**
Ma	**Mann**
driaba	**drüben**
hocken	**sitzen**
welle	**wollen**
ganget	**wir, ihr, sie gehen**
gond	**wir, ihr, sie gehen**
gwä	**gewesen**
gsi	**»ge-sein«, gewesen**
debi gsi si	**»dabei ge-sein sein«**
Xsi, Gsiberger	**Vorarlberger**
Düpflischisser	**Pedant, kleinkarierter Mensch**
Heftlimacher	**Pedant, kleinkarierter Mensch**

BODENSEE IN LITERATUR UND FILM

Literatur

Die Alemannen prägten die Anfänge der Literatur am Bodensee ebenso wie spätmittelalterliche Minnesänger. Bedeutend ist die Weingartner Liederhandschrift (Liederhandschrift B), die Minnelyrik verschiedener Dichter vom Anfang des 14. Jahrhunderts enthält und vermutlich in Konstanz entstanden ist.

Ab dem 18. Jahrhundert zog die Gegend diverse Schriftsteller und Schriftstellerinnen an, die am Bodensee vorübergehend ein Zuhause fanden. Sie begriffen den See als Idyll und beschrieben ihn in Gedichten. Die Dichterin Annette von Droste-Hülshoff (1797–1848) wohnte zeitweise bei ihrer Schwester auf Schloss Meersburg und widmete der Region das Gedicht *Am Bodensee*. Eduard Mörike (1804–1875) verarbeitete einen Aufenthalt in *Idylle vom Bodensee oder Fischer Martin*.

In der ersten Hälfte des 20. Jahrhunderts lockte die Halbinsel Höri Schriftsteller wie Hermann Hesse und Künstler wie Otto Dix an. Mittlerweile ist das einstige Idyll häufig Schauplatz für Regionalkrimis, die in den letzten Jahren immer mehr an Beliebtheit gewannen.

Bedeutende Schriftsteller

Hermann Hesse (1877–1962): Bekannt ist Hesse, der von 1904 bis 1912 in Gaienhofen lebte, für seine Prosadichtungen.

Golo Mann (1909–1994): In seinem autobiografischen Werk *Erinnerungen und Gedanken* verarbeitet der Sohn von Thomas Mann seine Schulzeit in Schloss Salem.

Martin Walser (* 1927): Das Mitglied der Gruppe 47 hat mit *Heimatlob* eine Hommage an seine Heimat verfasst.

Manfred Bosch (* 1947): Der Konstanzer Autor befasst sich in seinen Werken mit der Geschichte des Bodensees und der Radolfzeller Mundart. In *Bohème am Bodensee* und *Die Manns am Bodensee* widmet er sich Schriftstellern, die zeitweise dort lebten.

Geschichte und Kultur

Otto Feger: In *Die Geschichte des Bodenseeraumes* (1956, 3 Bde.) beschreibt der ehemalige Konstanzer Stadtarchivar die Entwicklung der Region von der Steinzeit bis zur Gegenwart.

Siegmund Kopitzki (Hg.): Die Anthologie *Drei Tagesritte vom Bodensee* (2011) versammelt Kurzgeschichten zu unterschiedlichen historischen Persönlichkeiten, die sich zeitweise höchstens drei Tagesritte vom Bodensee entfernt aufhielten.

Werner Mezger: Für das Überblickswerk *Schwäbisch-alemannische Fastnacht* (2015) erhielt Mezger den Bodensee-Literaturpreis der Stadt Überlingen.

Karl Fritz/Reiner Jäckle: Die Autoren geben in *Der Siegeszug der Motorschiffe auf dem Bodensee* (2015) einen Überblick über die Entwicklung der dortigen Schifffahrt.

Harald Derschka/Jürgen Klöckler: Der Sammelband *Der Bodensee – Natur und Geschichte aus 150 Perspektiven* (2018) enthält 150 Aufsätze, die sich mit Themen rund um den Bodensee befassen – von der Natur über seine Anwohner bis hin zu Bauwerken.

Romane und Krimis

Martin Walser: Seine Novelle *Ein fliehendes Pferd* (1977) erzählt vom Urlaub zweier Paare am Bodensee und verhalf Walser zum Durchbruch als Autor.

Zsuzsanna Gahse: Die preisgekrönte Autorin stellt in *durch und durch. Müllheim/Thur in drei Kapiteln* (2004) Beobachtungen zum Durchreiseverkehr und Leben in Müllheim an.

Hermann Hesse: Die literarische Beschäftigung des Schriftstellers mit seiner zeitweiligen Heimat ist in *Jahre am Bodensee. Erinnerungen, Betrachtungen, Briefe und Gedichte* (herausgegeben von Volker Michels, 2010) gesammelt.

Tina Schlegel: In *Schreie im Nebel* (2015), dem ersten Band einer Krimireihe, ermittelt Kommissar Paul Sito in Konstanz.

Guntram Zoppel: *Mord am vierten Loch* (2017) bildet den Auftakt zu einer Krimireihe rund um zwei Kommissare im Bregenzerwald.

Antje Windgassen: Die *Zeppelin-Verschwörung* (2017) ist ein historischer Roman über Graf Ferdinand von Zeppelin.

Erich Schütz: Köche aus der Region verraten in *Das kulinarische Erbe des Bodensees* ihre liebsten Rezepte, Bauern berichten von der Ernährungsgeschichte.

Kinder- und Jugendbücher

Sabine Kleiner/Stefanie Steinmayer: In der Reihe *Luina – Die Seejungfrau* (2014) erlebt das Meerwesen Abenteuer rund um Lindau.

Annette Neubauer/Joachim Krause: Zwei Kinder versuchen in dem Ratekrimi *Sabotage auf dem Luftschiff* (2010) einen Anschlag auf Ferdinand von Zeppelins Luftschiff zu verhindern.

Filme

Der Bodensee ist ein beliebter Drehort für deutsche Filmproduktionen. Insbesondere in Krimis bildet er regelmäßig eine Kulisse, unter anderem in dem (mittlerweile eingestellten) *Tatort Konstanz* sowie dem *Tatort*-Nachfolger *WaPo Bodensee*. Doch auch internationale Filme wurden hier gedreht: Regisseur David Cronenberg war so angetan vom Schaufelraddampfer *Hohentwiel*, dass er Szenen seines Films *Eine dunkle Begierde* (2011) vom Zürisee an den Bodensee verlegte.

Die Fischerin vom Bodensee (1956): Titelgebend für den Heimatfilm über ein Fischermädchen war ein Volkslied von Franz Winkler.

Drei Mann in einem Boot (1961): In dem Film mit Heinz Erhardt unternehmen drei Männer auf der Flucht vor ihren Frauen eine turbulente Bootsreise vom Bodensee bis Amsterdam.

Die Toten vom Bodensee (seit 2014): Die deutsche und österreichische Polizei ermitteln in der Krimireihe gemeinsam.

Ein Quantum Trost (2008): Daniel Craig besucht als James Bond im Rahmen eines Auftrags eine *Tosca*-Aufführung während der Bregenzer Festspiele.

Elser – Er hätte die Welt verändert (2015): Der Spielfilm von Oliver Hirschbiegel porträtiert den Hitler-Attentäter Georg Elser und wurde teils in Lindau gedreht.

Die göttliche Ordnung (2017): Petra Volpe erzählt vom Einsatz dreier Frauen für das Frauenwahlrecht in der Schweiz 1971.

Foundation (2021): Die Apple-Serie basiert auf Sci-Fi-Romanen von Isaac Asimov.

Der Kommissar und der See (seit 2022): Fortsetzung der Reihe *Der Kommissar und das Meer* mit Walter Sittler am Bodensee.

DANKSAGUNG

Dorling Kindersley bedankt sich bei allen, die bei der Entstehung dieses Buchs mitgewirkt haben.

Autorinnen

Dr. Gabriele Rupp Die studierte Historikerin lebt und arbeitet in Krailling.

Sie ist Autorin der Vis-à-Vis-Reiseführer *Teneriffa*, *Gran Canaria* und *Kopenhagen* und hat sich als langjährige Reiseführer-Redakteurin des DK Verlags schon mit zahlreichen Regionen dieser Welt beschäftigt.

Auf ihren vielen Reisen hat es sie jedoch immer wieder an den Bodensee gezogen, dessen vielfältige Natur, die außergewöhnliche Kultur und liebenswerte Menschen sie faszinieren.

»Der Bodensee ist Abwechslung pur. Nach einer ausgedehnten Wanderung in der vielfältigen Landschaft kann man in einer der Thermen relaxen, am nächsten Tag in vielen Städten das überragende Kulturangebot entdecken – von Museen über Architektur bis zu Musik – oder einfach nur Sonne und Wasser genießen. Jeder Besuch bringt neue Begegnungen und neue Überraschungen. Am besten, Sie finden es selbst heraus.«

Regina Franke Die Forstwissenschaftlerin ist als freiberufliche Fachredakteurin, Dokumentarin und Autorin für verschiedene renommierte Buch- und Zeitschriftenverlage tätig. Ihre Schwerpunkte sind die Bereiche Naturwissenschaften, Wanderreisen und nachhaltiger Tourismus.

Barbara Rusch Die Autorin hat in einer Reihe von Büchern und Zeitschriften über Kultur und Kunst veröffentlicht und u. a. für Dumont, Bruckmann und Brockhaus über Reisen in Deutschland und anderen Ländern geschrieben. Sie hat zahlreiche Reiseführer für DK ins Deutsche übersetzt.

BILDNACHWEIS

Dorling Kindersley dankt folgenden Personen, Institutionen und Bildarchiven für die Genehmigung zur Reproduktion ihrer Fotografien:

o = oben, m = Mitte, u = unten, l = links, r = rechts, d = Detail.

123rf.com: ruslankphoto 45lm.

Alamy Stock Photo: Antiqua Print Gallery 45lo; Arco / G. Lacz/imagebroker 80ol; Bildagentur-online 46 – 47o; Werner Dieterich 164ml; Sergey Dzyuba 8 – 9; Sina Ettmer 98o; Jürgen Fälchle 11or; imageBROKER 168u; Johannes Rigg 90ul; Nigel Sawyer 74ur; Daniel Schoenen/ imageBROKER 10 –11u.

Appenzell.ch: 37ur, 173o.

Bodensee Schifffahrtsbetriebe GmbH: 41or.

Bodensee Therme Überlingen: 28 – 29u, 29ur.

Bodenseefestival GmbH: Victor Marin 31o, 31mr, 49rm, 49um.

Bregenz Tourismus: Achim Mende 145o.

Bregenzer Festspiele: Anja Köhler 150m; Königsfreunde 150 –151o.

Dorling Kindersley: 52ml, 55ol, 58ol, 66ul, 74ol; Peter Anderson 81ol; Ted Benton 59mr; Blackpool Zoo, Lancashire, UK 67mru; Deni Bown 54mr, 58or, 79ur; Geoff Brightling 75ul; British Wildlife Centre, Surrey, UK 57o; Gerard Brown 86ml; Alan Buckingham 79ur; Peter Cross 75ol; Kevin Cullimore 68 – 69; Nigel Dennis 54ml; Roger Dixon 70ur; Neil Fletcher 78ur, 79or, 81or, 81ur; Frank Greenaway 52or; Nigel Hicks 55ol; Dorota Jarymowicz/Mariusz Jarymowicz 74ul; Mike Lane 66ul; Andrew Mackay 67ul; Lynne McPeake 49ro; Wojech und Katrazyna Medrzak 59ol; Katarzyna Medrzakowie/ Wojciech Medrzakowie 171ol, 171mr; Jane Miller 66ol; Mockford and Bonetti 39ml; Colin Newman 70ol, 71ur; Brian North 25ml; Sam Scottt-Hunter 79ol; Roger Tidman 54or, 66mr, 66mru, 67or; James Young 76 – 77; ZSL Whipsnade Zoo 56ml.

Dreamstime.com: Nick Biemans 2 – 3; Yuliya Borodina 78ul; Musat Christian 74or; Olga Demchishina 21ol; Elena Duvernay 92ur; Hans Peter Egert 53ol; Stefano Ember 171um; Markus Gann 12ul; Gepapix 48mr; Gunold 13ur; Hajes29a 11ur; Hel080808 47ur; ImageDellix 13mr; Rex Jarvis 89ur; Karin59 57mlu; Georgios Kollidas 45ro; Mario Krpan 169o; Volodymyr Kucherenko 60 – 61; Vadim Lerner 44ur; Olga Lupol 138o; Orest Lyzhechka 78ol; Manfredxy 182 –183; Manni1982 62; Kosta Manzhura 24ul; Margouillat 25ul; Markusbeck 48um; Mikelane45 80ur; Enrico Morando 58mr; Maciej Olszewski 67ol; Martin Pelanek 59or, 74ul; Peter.wey 156u; Gaid Phitthayakormsilp 20ol; Plotnikov 176 –177; Markus Rauschenbach 93ur; Scaliger 12o; Scattoselvaggio 75ur; Sgushhenka 10ol; Stuartan 50 –51; Tigger76 20 – 21m; Tkphotography 8lo, 16m, 94 – 95; Topdeq 91ol; Tossi66 72 – 73; Heidi Tuller 75or; Ivan Vander Biesen 46ur; Viter8 80or; Whiskybottle 78or; Wibaimages 46ol; Eduard Zayonchkovski 48 – 49o; Michael Zech 20or.

Getty Images/iStock: 4FR/E+. 84 – 85; bbsferrari 127o; Markus Beck 23ml; Georg Hanf 22ul, 44ol; merc67 24or; Conny Pokorny 6 – 7, 47or; reach-art 17or, 140 –141.

Gottlieber Spezialitäten AG: 25or, 26u.

Haen, Renate: 110o.

Hohentwiel Schifffahrtsgesellschaft m.b.H.: 40ol, 122ur, 123o; Adolf Bereuter 122ul; Markus Gmeiner 122m.

Insel Mainau: Peter Allgaier 42ul; 120u; Marketing 120m; Achim Mende 121o, 121ul, 121ur.

Internationale Bodensee Tourismus GmbH: Achim Mende 43ul.

Kalugin und Kimmerle: 87ol, 87ul, 88ur, 102u, 103ol, 103or, 103ul, 103ur, 107m.

Kersting, Gerhard: 34u, 70or, 71ol, 71ul, 83o, 134mr, 134ur.

La Canoa – Kanuzentrum Konstanz: 110u.

Lindau Tourismus und Kongress GmbH: David Knipping 137o; Achim Mende 136u; Hari Pulko 139o.

Marketing & Tourismus Konstanz/MTK: Chris Danneffel 33ur; Aurelia Scherrer 32u; Dagmar Schwelle 11mr, 18o, 100u, 101o, 104u, 105o.

Marktgemeinde Lustenau: Lukas Hämmerle 155o.

Narrenvereinigung Hegau-Bodensee: 8lm, 32–33o, 43om.

Naturschutzverein Rheindelta: 154u.

Naturschutzzentrum Eriskirch: Gerhard Kersting 134ol, 135mr, 135ul.

Outdoor – Input for Life: 152u, 153o, 153u.

Pfahlbauten Unteruhldingen am Bodensee: F. Müller 119o; M. Schellinger 116u; G. Schöbel 118u.

Pfänderbahn AG: 145u; Anton Breuer 35u; Othmar Heidegger 34–35o, 36ul, 144o, 144u, 145m.

Rupp, Gabriele: 45ur, 49ur, 89ol, 106o, 106u, 118o, 119u, 174ur.

Sandskulpturen.ch: Urs Koller 18rm.

Säntis-Schwebebahn AG: 174ml, 174–175m, 175ol.

Schaffhauserland Tourismus: Bruno Sternegg 27o, 181ur.

Schwarzenberg Tourismus: 30u, 157o.

SSG: Günther B. 132o; Armin Weischer 22or.

St. Gallen-Bodensee Tourismus: 166o; Daniel M. Frei 23or; Mattias Nutt 17ur, 18ul, 158–159; 163o, 165o.

St. Galler Festspiele: 30or; T+T Fotografie/Toni Sutter und Tanja Dorendorf 42ur.

Staatliche Schlösser und Gärten Baden-Württemberg: 115mr; Ulrich Knapp 124o.
Stadt Meersburg: Martin Maier Photography BFF 18ru, 28–29o, 124u.

Strandbad Bodmann: 111o.

Thurgau Bodensee: 26or, 178u, 179o, 180u, 181ol.

Tourismusinformation Gossau: 172o.

Tourismusinformation St. Gallen: 162o.

Tourist-Information Friedrichshafen: 27ur, 35ml, 37or, 37ml, 38u, 39u, 126m, 128o, 129u.

Tourist-Information Kressbronn a. B.: 133u; Anja Fessler 133o.

Tourist-Information Reichenau: Stefan Arendt 108u; Achim Mende 107o.

Touristinformation Hagnau: 125o.

Touristinformation Singen: 113m, 115o.

Überlingen Marketing und Tourismus GmbH: 117o.

Visit Bregenz: Christiane Setz 4, 8lu, 13or, 21or, 23ur, 31ur, 36–37o, 38o, 39or, 40–41u, 41ml, 43ur, 146o, 146u, 148o, 149u.

Wollmatinger Ried: Heiko Hörster 10ul, 64–65, 82o, 109o, 135ol.

Zeppelin Museum: 130–131o, Myrzik 48ol, 131m; Späth 12–13u; Katrin Wurzer 131u.

Extrakarte
iStock.com: Flavio Vallenari.

Umschlag
Vorderseite und Buchrücken: **iStock.com:** Flavio Vallenari.
Rückseite: **Dorling Kindersley:** Lynne McPeake mr; **Dreamstime.com:** Markus Gann ml; Tigger76 or.
Sticker: **iStock.com:** Bwiselizzy.

Dieser Reiseführer wird regelmäßig aktualisiert. Angaben wie Telefonnummern, Öffnungszeiten, Adressen, Preise und Fahrpläne können sich jedoch ändern. Der Verlag kann für fehlerhafte oder veraltete Angaben nicht haftbar gemacht werden. Für Hinweise, Verbesserungsvorschläge und Korrekturen ist der Verlag dankbar. Bitte richten Sie Ihr Schreiben an:

Dorling Kindersley Verlag GmbH
Redaktion Reiseführer
Arnulfstraße 124 • 80636 München
reise@dk.com

www.dk-verlag.de

Produktion DK Verlag GmbH, München
Verlagsleitung Monika Schlitzer, DK Verlag
Programmleitung Heike Faßbender, DK Verlag
Redaktionsleitung Stefanie Franz, DK Verlag
Projektbetreuung Theresa Fleichaus, DK Verlag
Herstellungskoordination Antonia Wiesmeier, DK Verlag

Text Dr. Gabriele Rupp, Krailling
Zusätzliche Texte Regina Franke, Barbara Rusch
Zusätzliche Fotografien Olaf Kalugin, Barbara Kimmerle, Dr. Gabriele Rupp
Illustrationen Gregor Nagler, Augsburg; Eva Sixt, München
Kartografie Antonia Wiesmeier, DK Verlag; Petra Kühner, Germering
Gestaltung und Umschlag Ute Berretz, München
Redaktion Dr. Gabriele Rupp, Krailling
Schlussredaktion Philip Anton, Köln
Druck Foshan Nanhai Xingfa Printing Co. Ltd., China

Zuerst erschienen 2014 in Deutschland
bei Dorling Kindersley Verlag GmbH, München
Ein Unternehmen der
Penguin Random House Group

Aktualisierte Neuauflage 2023 / 2024

ISBN 978-3-7342-0708-2
4 5 6 7 8 25 24 23 22

Vis-à-Vis-Reiseführer

Nordamerika
Kanada
USA
Alaska
Chicago
Florida
Hawaii
Kalifornien
Las Vegas
Neuengland
New Orleans
New York
San Francisco
USA Nordwesten & Vancouver
USA Südwesten & Nationalparks
Washington, DC

Mittelamerika und Karibik
Costa Rica
Karibik
Kuba
Mexiko

Südamerika
Argentinien
Brasilien
Chile
Peru

Afrika
Ägypten
Marokko
Südafrika

Südeuropa
Italien
Apulien
Bologna & Emilia-Romagna
Florenz & Toskana
Gardasee
Ligurien
Mailand
Neapel
Rom
Sardinien
Sizilien
Südtirol
Umbrien
Venedig & Veneto

Spanien
Barcelona & Katalonien
Gran Canaria
Madrid
Mallorca
Nordspanien
Sevilla & Andalusien
Teneriffa

Portugal
Lissabon

Westeuropa
Irland
Dublin

Großbritannien
London
Schottland
Südengland

Niederlande
Amsterdam

Belgien & Luxemburg
Brüssel

Frankreich
Bretagne
Korsika
Loire-Tal
Paris
Provence & Côte d'Azur
Straßburg & Elsass
Südwestfrankreich

Nordeuropa
Dänemark
Kopenhagen

Schweden
Stockholm

Norwegen

Mitteleuropa
Deutschland
Berlin
Bodensee
Dresden
Hamburg
München & Südbayern

Österreich
Wien
Schweiz
Slowenien
Kroatien
Tschechien & Slowakei
Prag
Polen
Danzig & Ostpommern
Krakau
Baltikum
Budapest (Ungarn)

Osteuropa
Moskau
Sankt Petersburg

Südosteuropa
Griechenland Athen & Festland
Griechische Inseln
Kreta

Östliches Mittelmeer
Türkei
Istanbul
Zypern
Jerusalem (Israel)

Südasien
Indien
Delhi, Agra & Jaipur
Indiens Süden
Sri Lanka

Südostasien
Bali & Lombok
Kambodscha & Laos
Malaysia & Singapur
Myanmar
Thailand
Thailand – Strände & Inseln
Vietnam & Angkor

Ostasien
China
Beijing & Shanghai
Japan
Tokyo

Australasien
Australien
Neuseeland

Bodensee-Schifffahrt

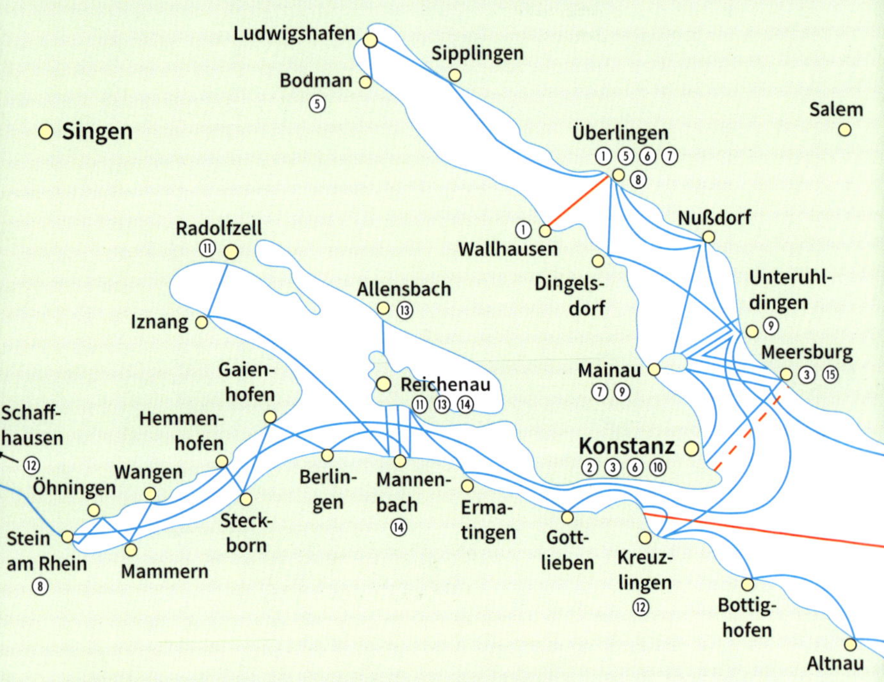

Streckenübersicht der Start- und Zielhäfen

Fahrtzeiten in Stunden : Minuten

Nr.	Strecke	Fahrtzeit
①	**Überlingen – Wallhausen**	0:15
②	**Konstanz – Friedrichshafen**	0:50
③	**Konstanz – Meersburg**	0:15
④	**Friedrichshafen – Romanshorn**	0:41
⑤	**Überlingen – Bodman** (Überlingen – Sipplingen – Ludwigshafen – Bodman)	1:05
⑥	**Überlingen – Konstanz** (Überlingen – Dingelsdorf – Unteruhldingen – Mainau – Meersburg – Konstanz)	2:00
⑦	**Überlingen – Mainau** (Überlingen – Nußdorf – Mainau)	0:35
⑧	**Überlingen – Stein am Rhein** (Überlingen – Nußdorf – Unteruhldingen – Stein am Rhein)	2:45
⑨	**Unteruhldingen – Mainau**	0:12
⑩	**Konstanz – Bregenz** (Konstanz – Mainau – Meersburg – Hagnau – Immenstaad – Friedrichshafen – Langenargen – Kressbronn – Nonnenhorn – Wasserburg – Lindau – Bregenz)	3:42
⑪	**Reichenau – Radolfzell** (Reichenau – Mannenbach – Iznang – Radolfzell)	0:45
⑫	**Kreuzlingen – Schaffhausen** (Kreuzlingen – Konstanz – Gottlieben – Ermatingen – Reichenau – Mannenbach – Berlingen – Gaienhofen – Steckborn – Hemmenhofen – Wangen – Mammern – Öhningen – Stein am Rhein – Schaffhausen)	3:45
⑬	**Reichenau – Allensbach**	0:15
⑭	**Reichenau – Mannenbach**	0:15
⑮	**Rorschach – Meersburg** (Rorschach – Langenargen – Horn – Arbon – Romanshorn – Uttwil – Altnau – Bottighofen – Kreuzlingen – Unteruhldingen – Mainau – Meersburg)	3:25
⑯	**Rorschach – Rheineck** (Rorschach – Staad – Altenrhein – Rheineck)	1:00
⑰	**Rorschach – Lindau** (Rorschach – Wasserburg – Bad Schachen – Lindau)	1:10
⑱	**Rorschach – Lindau**	0:50